부수명칭(部首名稱)

	1획			大	큰 대		木	나무 목
一	한 일		女	계집 녀		欠	하품 흠
丨	뚫을 곤		子	아들 자		止	그칠 지
丶	점 주(점)		宀	집 면(갓머리)		歹(歺)	뼈앙상할 알(죽을사변)
丿	삐칠 별(삐침)		寸	마디 촌		殳	칠 수 (갖은등글월문)
乙(乚)	새 을		小	작을 소		毋	말 무
亅	갈고리 궐		尢(尣)	절름발이 왕		比	견줄 비
	2획			尸	주검 시		毛	터럭 모
二	두 이		屮(艸)	싹날 철		氏	각시 씨
亠	머리 두(돼지해머리)		山	메 산		气	기운 기
人(亻)	사람 인(인변)		巛(川)	개미허리(내 천)		水(氵)	물 수(삼수변)
儿	어진사람 인		工	장인 공		火(灬)	불 화
入	들 입		己	몸 기		爪(爫)	손톱 조
八	여덟 팔		巾	수건 건		父	아비 부
冂	멀 경(멀경몸)		干	방패 간		爻	점괘 효
冖	덮을 멱(민갓머리)		幺	작을 요		爿	조각널 장(장수장변)
冫	얼음 빙(이수변)		广	집 엄(엄호)		片	조각 편
几	안석 궤(책상궤)		廴	길게걸을 인(민책받침)		牙	어금니 아
凵	입벌릴 감 (위터진입구)		廾	손맞잡을 공(밑스물입)		牛(牜)	소 우
刀(刂)	칼 도		弋	주살 익		犬(犭)	개 견
力	힘 력		弓	활 궁			5획
勹	쌀 포		彐(彑)	돼지머리 계(터진가로왈)		玄	검을 현
匕	비수 비		彡	터럭 삼(삐친석삼)		玉(王)	구슬 옥
匚	상자 방(터진입구)		彳	조금걸을 척(중인변)		瓜	오이 과
匸	감출 혜(터진에운담)			4획		瓦	기와 와
十	열 십		心(忄·㣺)	마음 심(심방변)		甘	달 감
卜	점 복		戈	창 과		生	날 생
卩(㔾)	병부 절		戶	지게 호		用	쓸 용
厂	굴바위 엄(민엄호)		手(扌)	손 수(재방변)		田	밭 전
厶	사사로울 사(마늘모)		支	지탱할 지		疋	필 필
又	또 우		攴(攵)	칠 복 (등글월문)		疒	병들 녁(병질엄)
	3획			文	글월 문		癶	걸을 발(필발머리)
口	입 구		斗	말 두		白	흰 백
囗	에울 위(큰입구)		斤	도끼 근(날근)		皮	가죽 피
土	흙 토		方	모 방		皿	그릇 명
士	선비 사		无(旡)	없을 무(이미기방)		目(罒)	눈 목
夂	뒤져올 치		日	날 일		矛	창 모
夊	천천히걸을 쇠		曰	가로 왈		矢	화살 시
夕	저녁 석		月	달 월		石	돌 석

示(ネ)	보일 시	谷	골 곡	\multicolumn{2}{l}{10 획}
内	짐승발자국 유	豆	콩 두	馬	말 마
禾	벼 화	豕	돼지 시	骨	뼈 골
穴	구멍 혈	豸	발없는벌레 치(갖은돼지시변)	高	높을 고
立	설 립	貝	조개 패	髟	머리털늘어질 표(터럭발)
\multicolumn{2}{l}{6 획}	赤	붉을 적	鬥	싸울 투
竹	대 죽	走	달아날 주	鬯	술 창
米	쌀 미	足(𧾷)	발 족	鬲	솥 력
糸	실 사	身	몸 신	鬼	귀신 귀
缶	장군 부	車	수레 거	\multicolumn{2}{l}{11 획}
网(㓁·罒)	그물 망	辛	매울 신	魚	물고기 어
羊	양 양	辰	별 진	鳥	새 조
羽	깃 우	辵(辶)	쉬엄쉬엄갈 착(책받침)	鹵	소금밭 로
老(耂)	늙을 로	邑(阝)	고을 읍(우부방)	鹿	사슴 록
而	말이을 이	酉	닭 유	麥	보리 맥
耒	쟁기 뢰	釆	분별할 변	麻	삼 마
耳	귀 이	里	마을 리	\multicolumn{2}{l}{12 획}
聿	붓 율	\multicolumn{2}{l}{8 획}	黃	누를 황
肉(月)	고기 육(육달월변)	金	쇠 금	黍	기장 서
臣	신하 신	長(镸)	길 장	黑	검을 흑
自	스스로 자	門	문 문	黹	바느질할 치
至	이를 지	阜(阝)	언덕 부(좌부방)	\multicolumn{2}{l}{13 획}
臼	절구 구(확구)	隶	미칠 이	黽	맹꽁이 맹
舌	혀 설	隹	새 추	鼎	솥 정
舛(牟)	어그러질 천	雨	비 우	鼓	북 고
舟	배 주	靑	푸를 청	鼠	쥐 서
艮	그칠 간	非	아닐 비	\multicolumn{2}{l}{14 획}
色	빛 색	\multicolumn{2}{l}{9 획}	鼻	코 비
艸(艹)	풀 초(초두)	面	낯 면	齊	가지런할 제
虍	범의문채 호(범호)	革	가죽 혁	\multicolumn{2}{l}{15 획}
虫	벌레 충(훼)	韋	다룸가죽 위	齒	이 치
血	피 혈	韭	부추 구	\multicolumn{2}{l}{16 획}
行	다닐 행	音	소리 음	龍	용 룡
衣(衤)	옷 의	頁	머리 혈	龜	거북 귀(구)
襾	덮을 아	風	바람 풍	\multicolumn{2}{l}{17 획}
\multicolumn{2}{l}{7 획}	飛	날 비	龠	피리 약변
見	볼 견	食(飠)	밥 식(변)	*는	*忄심방(변) *扌재방(변)
角	뿔 각	首	머리 수	부수의	*氵삼수(변) *犭개사슴록(변)
言	말씀 언	香	향기 향	변형글자	*阝(邑)우부(방) *阝(阜)좌부(변)

3단계 고사성어 故事成語 쓰기교본

국립중앙도서관 출판시도서목록(CIP)

3단계 고사성어 쓰기교본 / 감수자: 최청화, 유향미.
―― 서울 : 창, 2015 p. ; cm
표제관련정보: 초·중·고에서 일반인까지 꼭 필요한 고사성어
권말부록: 부수(部首) 일람표 등 색인수록

ISBN 978-89-7453-224-6 13710 : ₩12000
고사 성어[古事成語]

714.4-KDC6
495.78-DDC23 CIP2015011621

3단계 고사성어 쓰기교본

2015년 1월 20일 1쇄 발행
2024년 5월 15일 6쇄 발행

감수자 | 최청화/유향미
펴낸이 | 이규인
펴낸곳 | 도서출판 **창**
등록번호 | 제15-454호
등록일자 | 2004년 3월 25일

주소 | 서울특별시 마포구 대흥로 4길 49, 용강동, 월명빌딩 4층
전화 | (02) 322-2686, 2687 / **팩시밀리** | (02) 326-3218
홈페이지 | http://www.changbook.co.kr
e-mail | changbook1@hanmail.net

ISBN 978-89-7453-224-6 13710

정가 12,000원
*잘못 만들어진 책은 〈도서출판 **창**〉에서 바꾸어 드립니다.

*이 책의 저작권은 〈도서출판 **창**〉에 있습니다.
 저작권법에 의해 보호를 받는 저작물이므로 무단 전재와 복제를 금합니다.

3단계 고사성어 故事成語 쓰기교본

최청화·유향미 감수

창 Chang Books

Foreword

머리말

여러분은 지금 국제화 시대에 살고 있습니다. 한자는 중국 등 한자문화권 국가와의 비즈니스 관계에 따라 영어와 마찬가지로 여러분과 떼려야 뗄 수 없는 불가분의 관계입니다. 지구상의 글자를 소리글자와 뜻글자로 크게 분류한다면 소리글자가 영어, 뜻글자는 한자입니다. 현재 중국, 한국, 일본 등에서 쓰이고 있으며, 이러한 시대 상황을 고려하여 편집·제작된 3단계 고사성어 쓰기교본은 교육부에서 발표한 21세기 한자·한문 교육의 내실을 기하며, 새로운 교육적 전망을 확립하기 위하여 만들어졌습니다. 고사성어(古事成語)란 옛날에 있었던 일에서 유래하여 관용적인 뜻으로 굳어 쓰이는 글귀이며, 사자성어(四字成語)는 네 개의 한자로 이루어져 관용적으로 쓰이는 글귀 즉, 한자 성어입니다.

본교재(本教材)는 이러한 사자성어를 포함한 숙어를 수준별로 구성하여 단계적으로 학습할 수 있게 엮었다는 특징을 갖고 있습니다. 고사 성어는 선인들이 우리에게 물려준 정신적 문화 유산이자 소중한 보물입니다. 따라서 한자 능력시험의 8급~1급까지의 기초한자 및 필수한자와 핵심 한자 등을 포함해서 누구나 부담없이 공부할 수 있도록 단계별로 구성하였습니다. 그리고 왕초보자를 위해 필순을 넣어 쉽게 쓸 수 있도록 하였을 뿐만 아니라 쓰기 연습을 넣어 한 번에 완벽하게 끝낼 수 있도록 하였으며, 또한 10년 이상 각종 시험자료에서 입증된 핵심한자와 수능시험에 다년간 출제된 고사성어를 집중적으로 구성하였습니다. 우리글은 상당 부분을 한자에서 유래된 말이 많이 차지하고 있어 비록 복잡하지만 공부해보면 정말 신비하고 재미있는 철학이 담겨 있다는 것을 알게 될 것입니다.

이 책의 구성을 살펴보면,
Part I   1단계 기본 고사성어(초급 단계)
Part II 2단계 필수 고사성어(중급 단계)
Part III 3단계 핵심 고사성어(고급 단계)

이와 같이 고사 성어를 단계와 급수별로 분류한 후, 찾기 쉽게 '가나다(ㄱ, ㄴ, ㄷ)'순으로 한 후 주요 한자순으로 배열·수록하였으며, 학생들이 학습에 필요한 고사성어와 숙어

Foreword

를 학습하고, 국가공인 한자자격증 시험을 준비하는 데 도움을 주고자 상용 한자 어휘의 자료를 충실히 반영하고, 그외 다양한 실생활과 학업에 필요한 고사성어를 총망라하여 약 500개를 열거하였습니다. 또한 보다 쉽고 찾기 쉬운 사전적 구성과 현대적 감각 출제 빈도가 높으면서 꼭 알고 반드시 숙지해야 할 고사성어를 사전적으로 구성하여 접근성을 높였습니다. 급수 표기는 ㈔대한민국한자교육연구회(대한검정회)와 ㈔한국어문회가 배정한 공동으로 사용되는 급수를 앞에 수록하였으며, 중국어 간체자뿐만 아니라 일본어 약자 및 파생어 등도 함께 수록하여 한자 익히기에 도움을 주었습니다.

부록은 한자 학습에 꼭 필요한 알찬 내용만을 엄선하여 실었습니다. 아무쪼록 이 책을 통하여 고사성어가 한자 지식을 넓히는 것은 물론, 인생의 지혜를 깨우쳐서 일상 생활에서도 차원 높고 풍부한 어휘를 구사하여 삶의 지혜를 체득하는 지름길이 되었으면 합니다.

참고로 이 책을 학습하는 데 필요한 사용기호를 살펴보면,

기본 뜻 외에 영어, 중국어, 일본어 등을 표기하고 교육용 1000 기본한자는 대자와 상대자, 약자와 속자 등을 제시하고 영 → 영어 중 → 중국어 일 → 일본어 유 → 유의어 반 → 반의어를 표시하였습니다.

〈본문설명〉

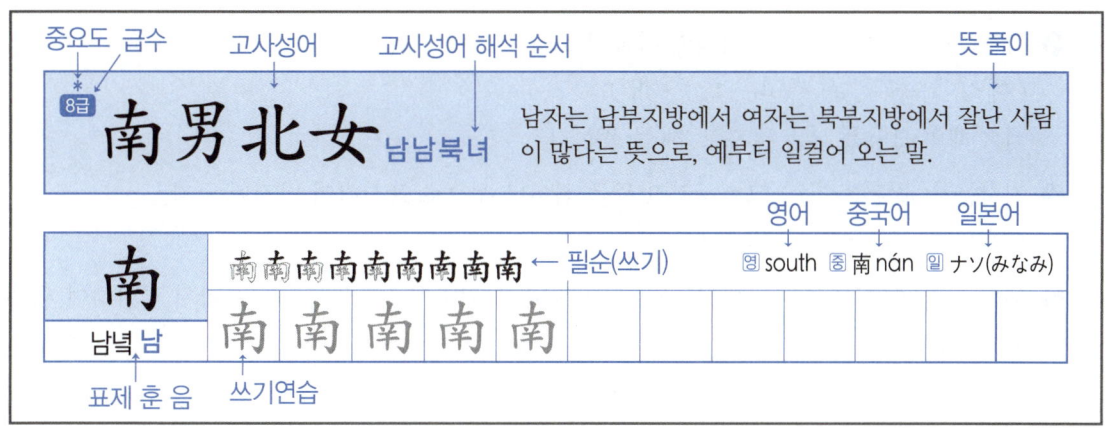

한자(漢字)에 대하여

1. 한자(漢字)의 필요성
지구상에서 한자가 통용되는 인구는 줄잡아 14억을 넘고 있다. 최근 글로벌 시대를 맞이하여 한자를 사용하고 있는 한국·중국·일본을 중심으로 한 동아시아의 경제와 문화가 급격히 부상하면서 한자 학습의 중요성이 더욱 강조되고 있다.

2. 한자(漢字)의 생성 원리
한글은 말소리를 나타내는 소리글자 즉, 표음문자(表音文字)이지만, 한자는 그림이나 사물의 형상을 본떠서 시각적으로 의미를 전달하는 뜻글자로 표의문자(表意文字)이다. 대부분의 사람들은 한자를 공부하는 데 우선 어렵다고 느껴지겠지만 한자의 기본 원칙인 육서(六書)를 익혀두고, 기본 부수풀이를 익힌다면 한자를 이해하는 데 많은 도움이 될 것이다.

(가) 한자(漢字)의 세 가지 요소
모든 한자는 고유한 모양 '형(形)'과 소리 '음(音)'과 뜻 '의(義)'의 세 가지 요소로 이루어져 있으며, 일반적으로 뜻을 먼저 읽고 나중에 음을 읽는다.

모양	天	地	日	月	山	川
소리	천	지	일	월	산	천
뜻	하늘	땅	해·날	달	메	내

(나) 한자(漢字)를 만든 원리
❶ 상형문자(象形文字) : 구체적인 사물의 모양을 본떠 만든 것.
   (예 : ☉ → 日 , ⛰ → 山 , 〰 → 川)
   日 : 해의 모양을 본뜬 글자로 '해'를 뜻한다.
❷ 지사문자(指事文字) : 그 추상적인 뜻을 점이나 선으로 표시하여 발전한 글자.
   (예 : 上, 下, 一, 二, 三)
❸ 회의 문자(會意文字) : 상형이나 지사의 원리에 의하여 두 글자의 뜻을 합쳐 결합하여 새로운 뜻을 나타내는 글자.
   (예 : 日 + 月 → 明 , 田 + 力 → 男)

❹ 형성문자(形聲文字) : 상형이나 지사문자들을 서로 결합하여 뜻 부분과 음 부분 나타내도록 만든 글자.
(예 : 工 + 力 → 功)

❺ 전주문자(轉注文字) : 이미 만들어진 글자를 최대한으로 다른 뜻으로 유추하여 늘여서 쓰는 것.
(예 : 樂 → 풍류 악, 즐거울 락, 좋아할 요 惡 → 악할 악, 미워할 오)

❻ 가차문자(假借文字) : 이미 있는 글자의 뜻에 관계 없이 음이나 형태를 빌어다 쓰는 글자.
(예 : 自 → 처음에는 코(鼻 : 코 비)라는 글자였으나 그음을 빌려서 '자기'라는 뜻으로 사용.

(다) 부수(部首)의 위치와 명칭

❶ 머리(冠) · 두(頭)
부수가 글자의 위에 있는 것.
대표부수: 宀, 冖, 竹, 艹(艸)

　　宀 갓머리(집면) : 官(벼슬 관)
　　艹(艸) 초두머리(풀초) : 花(꽃 화), 苦(쓸 고)

❷ 변(邊)
부수가 글자의 왼쪽에 있는 것.
대표부수: 人(亻), 彳, 心(忄), 手(扌), 木, 水(氵), 石

　　亻(人) 사람인변 : 仁(어질 인), 代(대신 대)
　　禾 벼화변 : 科(과목 과), 秋(가을 추)

❸ 발 · 다리(脚)
부수가 글자의 아래에 있는 것.
대표부수: 儿, 火(灬), 皿

　　儿 어진사람인 : 兄(형 형), 光(빛 광)
　　灬(火) 연화발(불화) : 烈(매울 열), 無(없을 무)

❹ 방(傍)
부수가 글자의 오른쪽에 있는 것.
대표부수: 刀(刂), 攴(攵), 欠, 見, 邑(阝)

　　刂(刀) 선칼도방 : 刻(새길 각), 刑(형벌 형)
　　阝(邑) 우부방 : 郡(고을 군), 邦(나라 방)

❺ 엄(广)
부수가 글자의 위에서 왼쪽으로 덮여 있는 것.
대표부수: 厂, 广, 疒, 虍

  广 엄호(집엄) : 序(차례 서), 度(법도 도)
  尸 (주검시) : 居(살 거), 局(판 국)

❻ 받침
부수가 왼쪽에서 밑으로 있는 것.
대표부수: 廴, 走, 辵(辶)

  廴 민책받침(길게걸을인) : 廷(조정 정), 建(세울 건)
  辶(辵) 책받침(쉬엄쉬엄갈착) : 近(가까울 근), 追(따를 추)

❼ 몸
부수가 글자를 에워싸고 있는 것.
대표부수: 凵, 口, 門

  凵 위튼입구몸(입벌릴감) : 凶(흉할 흉), 出(날 출)

  匸 감출혜 : 匹(짝 필), 區(구분할 구)
  匚 튼입구몸(상자방) : 匠(장인 장), 匣(갑 갑)

  門 문문 : 開(열 개), 間(사이 간)

  口 큰입구몸(에운담) :
  四(넉 사), 困(곤할 곤), 國(나라 국)

❽ 제부수
부수가 그대로 한 글자를 구성한다.

  木(나무목) : 本(근본 본), 末(끝 말)
  車(수레거) : 軍(군사 군), 較(비교할 교)
  馬(말마) : 驛(역마 역), 騎(말탈 기)

한자 쓰기의 기본 원칙

1. 위에서 아래로 쓴다.

위를 먼저 쓰고 아래는 나중에

工(장인 공) → 一 丁 工, 三(석 삼) → 一 二 三

2. 왼쪽에서 오른쪽으로 쓴다.

왼쪽을 먼저, 오른쪽을 나중에

川(내 천) → 丿 丿l 川,   江(강 강) → 丶 丶 氵 汀 江

3. 가로획과 세로획이 겹칠 때에는 가로획을 먼저 쓴다.

木(나무 목) → 一 十 才 木
吉(길할 길) → 一 十 士 古 吉 吉

4. 삐침과 파임이 만날 때에는 삐침을 먼저 쓴다.

人(사람 인) → 丿 人
文(글월 문) → 丶 一 ナ 文

5. 좌우가 대칭될 때에는 가운데를 먼저 쓴다.

小(작을 소) → 亅 小 小
水(물 수) → 亅 氺 氺 水

6. 둘러싼 모양으로 된 자는 바깥쪽을 먼저 쓴다.

同(같을 동) → 丨 冂 冂 同 同 同
固(굳을 고) → 冂 冂 冋 周 周 固

7. 글자 전체를 꿰뚫는 획은 나중에 쓴다.

中(가운데 중) → 丨 口 口 中
事(일 사) → 一 一 亐 写 亊 事

8. 글자를 가로지르는 획은 나중에 긋는다.

女(계집 여) → く 夊 女
丹(붉을 단) → ﾉ 冂 月 丹

9. 오른쪽 위에 점이 있는 글자는 그 점을 나중에 찍는다.

犬(개 견) → 一 ナ 大 犬
伐(칠 벌) → ﾉ 亻 仁 代 伐 伐

10. 세로획을 먼저 쓴다.

세로획을 먼저 쓰는 경우 由(말미암을 유) → ﾉ 冂 巾 由 由
둘러싸여 있지 않을 경우 王(임금 왕) → 一 丅 千 王

11. 가로획과 왼쪽 삐침일 경우, 가로획을 먼저 쓴다.

가로획을 먼저 쓸 경우 左(왼 좌) → 一 ナ 左 ナ 左
삐침을 먼저 쓰는 경우 右(오른 우) → ﾉ ナ ナ 右 右

12. 책받침(辶·廴)은 나중에 쓴다.

遠(멀 원) → 十 土 吉 吉 袁 遠
建(세울 건) → ㄱ ㅋ 聿 聿 建 建

※ 받침이 있을 때 먼저 쓰는 글자 : 起(일어날 기) 題(제목 제)

영자팔법(永字八法)

영자팔법(永字八法)은 붓글씨를 쓸 때 한자의 글씨 쓰는 법을 가르치는 방법의 하나로 자주 나오는 여덟 가지 획의 종류를 '永(길 영)'자 한자 속에 쓰는 방법이다. 一(측:側)은 윗점, 二(늑:勒)는 가로획, 三(노:努)은 가운데 내리 획, 四(적:趯)는 아래 구부림, 五(책:策)는 짧은 가로획, 六(약:掠)은 오른쪽에서 삐침, 七(탁:啄)은 짧은 오른쪽 삐침, 八(책:磔)은 왼쪽에서 삐침을 설명한 것이다.

* '①~⑤'은 획순이며, '一~八'은 획의 종류 설명이다.

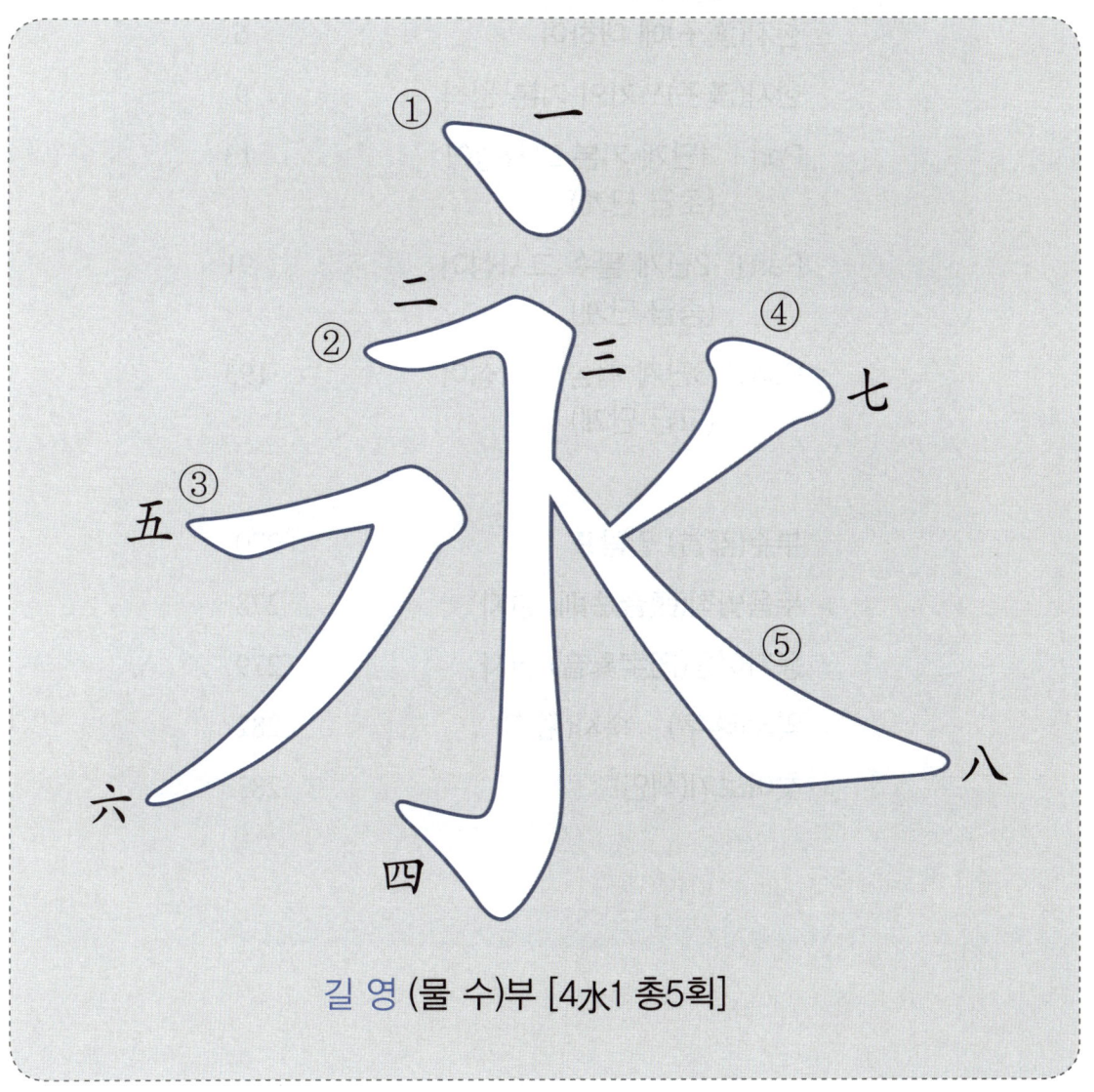

길 영 (물 수)부 [4水1 총5획]

c · o · n · t · e · n · t · s

차례

- 머리말 4
- 한자(漢子)에 대하여 6
- 한자(漢子)쓰기의 기본 원칙 9
- Part I 1단계 기본 고사성어 (초급 단계) 13
- Part II 2단계 필수 고사성어 (중급 단계) 91
- Part III 3단계 핵심 고사성어 (고급 단계) 193

〈부록〉

- 부수(部首) 일람표 270
- 두음법칙(頭音法則) 한자 278
- 동자이음(同字異音) 한자 279
- 약자(略字) · 속자(俗字) 282
- 찾아보기(색인) 283

3단계 고사성어 故事成語 쓰기교본

Part I

1단계

● 기본 고사성어 ●
(초급 단계)

8급 南男北女 남남북녀
남자는 남부지방에서 여자는 북부지방에서 잘난 사람이 많다는 뜻으로, 예부터 일컬어 오는 말.

| 南 남녘 남 | 南南南南南南南南 南 南 南 南 南 | 영 south 중 南 nán 일 ナン(みなみ) |

| 男 사내 남 | 男男男男男男男 男 男 男 男 男 | 영 man 중 男 nán 일 ダン(おとこ) |

| 北 북녘 북 | 北北北北北 北 北 北 北 北 | 영 north 중 北 běi 일 ホク(きた) |

| 女 여자 녀 | 女女女 女 女 女 女 女 | 영 female 중 女 nǚ 일 ジョ(おんな) |

8급 三三五五 삼삼오오
셋씩 또는 다섯씩이라는 뜻으로, 사람들이 무리지어 다니거나 무슨 일을 하는 모양을 일컫는 말.
유 삼오삼오(三五三五)

| 三 석 삼 | 三三三 三 三 三 三 三 | 영 three 중 三 sān 일 サン(みっつ) |

| 三 석 삼 | 三三三 三 三 三 三 三 | 영 three 중 三 sān 일 サン(みっつ) |

| 五 다섯 오 | 五五五五 五 五 五 五 五 | 영 five 중 五 wǔ 일 ゴ(いつつ) |

| 五 다섯 오 | 五五五五 五 五 五 五 五 | 영 five 중 五 wǔ 일 ゴ(いつつ) |

8급 十中八九 십중팔구
열 중 여덟이나 아홉이라는 뜻으로, 거의 예외없이 그러할 것이라는 추측을 말함.
(유) 십상팔구(十常八九)

十	十十					영 ten 중 十 shí 일 ジュウ(とお)
열 십	十	十	十	十	十	

中	中中中中					영 middle 중 中 zhōng 일 チュウ(なか)
가운데 중	中	中	中	中	中	

八	八八					영 eight 중 八 bā 일 ハチ·ハツ(やっつ)
여덟 팔	八	八	八	八	八	

九	九九					영 nine 중 九 jiǔ 일 キュウ·ク(ここのつ)
아홉 구	九	九	九	九	九	

7급 見物生心 견물생심
물건을 보고 마음이 생긴다는 뜻으로, 사람의 마음에 실물을 보면 욕심이 생긴다는 뜻.
(유) 이목지욕(耳目之慾)

見	見見見見見見見					영 see, watch 중 见 jiàn 일 ケン(みる)
볼 견	見	見	見	見	見	

物	物物物物物物物物					영 matter, goods 중 物 wù 일 ブツ(もの)
물건 물	物	物	物	物	物	

生	生生生生生					영 born 중 生 shēng 일 セイ(なま)
날 생	生	生	生	生	生	

心	心心心心					영 heart 중 心 xīn 일 シン(こころ)
마음 심	心	心	心	心	心	

7급 男女老少 남녀노(로)소 — 남자와 여자와 늙은이와 젊은이라는 뜻으로, 모든 사람을 가리킴.
유 대소남녀(大小男女)

| 男 사내 남 | 男男男男男男男 男 男 男 男 男 | 영 man 중 男 nán 일 ダン(おとこ) |

| 女 달 녀 | 女女女 女 女 女 女 女 | 영 female 중 女 nǔ 일 ジョ(おんな) |

| 老 늙을 노(로) | 老老老老老老 老 老 老 老 老 | 영 old 중 老 lǎo 일 ロウ(おいる) |

| 少 적을 소 | 少少少少 少 少 少 少 少 | 영 few 중 少 shǎo 일 ショウ(すくない) |

7급 名山大川 명산대천 — 이름난 산과 큰 내라는 뜻으로, 경치 좋고 이름난 산천의 자연을 일컫는 말.
참 명산대찰(名山大刹), 금수강산(錦繡江山)

| 名 이름 명 | 名名名名名名 名 名 名 名 名 | 영 name 중 名 míng 일 メイ(な) |

| 山 뫼 산 | 山山山 山 山 山 山 山 | 영 mountain 중 山 shān 일 サン(やま) |

| 大 큰 대 | 大大大 大 大 大 大 大 | 영 great 중 大 dà 일 タイ(おおきい) |

| 川 내 천 | 川川川 川 川 川 川 川 | 영 stream 중 川 chuān 일 セン(かわ) |

三日天下 삼일천하 [7급]

사흘 동안 천하를 얻는다는 뜻으로, 아주 짧은 기간 동안 정권을 잡았다가 무너짐을 가리킴.
유 오일경조(五日京兆), 백일천하(百日天下)

| 三 석 삼 | 三 三 三 | | | | | 영 three 중 三 sān 일 サン(みっつ) |
| | 三 | 三 | 三 | 三 | 三 | |

| 日 날 일 | 日 日 日 日 | | | | | 영 day, sun 중 日 rì 일 ジツ・ニチ(ひ) |
| | 日 | 日 | 日 | 日 | 日 | |

| 天 하늘 천 | 天 天 天 天 | | | | | 영 heaven 중 天 tiān 일 テン(そう) |
| | 天 | 天 | 天 | 天 | 天 | |

| 下 아래 하 | 下 下 下 | | | | | 영 below 중 下 xià 일 カ(した) |
| | 下 | 下 | 下 | 下 | 下 | |

一日三秋 일일삼추 [7급]

하루가 삼 년 같다는 뜻으로, 그리워하는 정이 몹시 간절하여 애태우며 기다리는 것을 비유.
유 일각여삼추(一刻如三秋), 일일천추(一日千秋)

| 一 한 일 | 一 | | | | | 영 one 중 一 yī 일 イチ(ひと) |
| | 一 | 一 | 一 | 一 | 一 | |

| 日 날 일 | 日 日 日 日 | | | | | 영 day, sun 중 日 rì 일 ジツ・ニチ(ひ) |
| | 日 | 日 | 日 | 日 | 日 | |

| 三 석 삼 | 三 三 三 | | | | | 영 three 중 三 sān 일 サン(みっつ) |
| | 三 | 三 | 三 | 三 | 三 | |

| 秋 가을 추 | 秋 秋 秋 秋 秋 秋 秋 秋 秋 | | | | | 영 autumn 중 秋 qiū 일 シュウ(あき) |
| | 秋 | 秋 | 秋 | 秋 | 秋 | |

7급 作心三日 작심삼일

품은 마음이 삼 일을 못 간다는 뜻으로, 결심이 굳지 못함을 일컫는 말. ㉶ 조령석개(朝令夕改), 조령모개(朝令暮改)

| 作 지을 작 | 作作作作作作作 作 作 作 作 作 | 영 make 중 作 zuò 일 サク(つくる) |

| 心 마음 심 | 心心心心 心 心 心 心 心 | 영 heart 중 心 xīn 일 シン(こころ) |

| 三 석 삼 | 三三三 三 三 三 三 三 | 영 three 중 三 sān 일 サン(みっつ) |

| 日 날 일 | 日日日日 日 日 日 日 日 | 영 day, sun 중 日 rì 일 ジツ・ニチ(ひ) |

6급 街談巷說 가담항설

길거리나 항간에 떠도는 소문이라는 뜻으로, 세상의 하찮은 이야기나 뜬소문을 말함. ㉶ 도청도설(道聽塗說), 유언비어(流言蜚語)

| 街 거리 가 | 街街街街街街街街街街街街 街 街 街 街 街 | 영 street 중 街 jiē 일 カイ(まち) |

| 談 말씀 담 | 談談談談談談談談談談談談 談 談 談 談 談 | 영 speak 중 谈 tán 일 ダン(はなす) |

| 巷 거리 항 | 巷巷巷巷巷巷巷巷巷 巷 巷 巷 巷 巷 | 영 street 중 巷 xiàng 일 コウ(ちまた) |

| 說 말씀 설 | 說說說說說說說說說說說說說 說 說 說 說 說 | 영 speak 중 说 shuō 일 セツ(とく) |

6급 苛斂誅求 가렴주구

가혹한 정치를 하거나 세금을 가혹하게 거두어들여 재물을 빼앗는다는 뜻으로, 혹정(酷政)을 가리킴.
㊌ 가정맹어호(苛政猛於虎)

| 苛 가혹할 가 | 苛苛苛苛苛苛苛苛 苛 苛 苛 苛 苛 | 영 severe 중 苛 kē 일 カ(きびしい) |

| 斂 거둘 렴 | 斂斂斂斂斂斂斂斂斂斂斂 斂 斂 斂 斂 斂 | 영 gather 중 敛 liǎn 일 レン(おさめる) |

| 誅 벨 주 | 誅誅誅誅誅誅誅誅誅誅誅 誅 誅 誅 誅 誅 | 영 cut 중 诛 zhū 일 チュ,チュウ(ころす) |

| 求 구할 구 | 求求求求求求求 求 求 求 求 求 | 영 obtain, get 중 求 qiú 일 キユウ(もとめる) |

6급 佳人薄命 가인박명

미인의 수명은 짧다는 뜻으로, 용모가 너무 아름답고 재주가 많으면 불행해지거나 명이 짧음을 말함.
㊌ 미인박명(美人薄命), 다재다병(多才多病)

| 佳 아름다울 가 | 佳佳佳佳佳佳佳佳 佳 佳 佳 佳 佳 | 영 beautiful 중 佳 jiā 일 カ |

| 人 사람 인 | 人人 人 人 人 人 人 | 영 person 중 人 rén 일 ジン・ニン(ひと) |

| 薄 엷을 박 | 薄薄薄薄薄薄薄薄薄薄 薄 薄 薄 薄 薄 | 영 thin 중 薄 báo 일 ハク(うすい) |

| 命 목숨 명 | 命命命命命命命命 命 命 命 命 命 | 영 life 중 命 mìng 일 メイ(いのち) |

教外別傳 교외별전

6급

선종에서 부처의 가르침을 말이나 글에 의하지 않고 바로 마음에서 마음으로 전하여 진리를 깨닫게 하는 법.
유 이심전심(以心傳心), 심심상인(心心相印)

| 教 가르침 교 | 教教教教教教教教教教 | 영 educate 중 教 jiào 일 教 キョウ(おしえる) |

| 外 밖 외 | 外外外外外 | 영 outside 중 外 wài 일 ガイ(そと) |

| 別 나눌 별 | 別別別別別別別 | 영 different 중 別 bié 일 ベツ(わかれる) |

| 傳 [伝] 전할 전 | 傳傳傳傳傳傳傳傳傳傳傳 | 영 convey 중 传 chuán 일 伝 デン(つたえる) |

代代孫孫 대대손손

6급

대대로 이어 내려오는 자손이라는 뜻으로, 세세손손, 자자손손을 말함.
유 세세손손(世世孫孫), 자손만대(子孫萬代)

| 代 이을 대 | 代代代代代 | 영 substitute 중 代 dài 일 ダイ(かわる) |

| 代 이을 대 | 代代代代代 | 영 substitute 중 代 dài 일 ダイ(かわる) |

| 孫 자손 손 | 孫孫孫孫孫孫孫孫孫孫 | 영 grandson 중 孙 sūn 일 ソン(まご) |

| 孫 자손 손 | 孫孫孫孫孫孫孫孫孫孫 | 영 grandson 중 孙 sūn 일 ソン(まご) |

6급 大明天地 대명천지

크게 밝은 하늘과 땅이라는 뜻으로, 아주 밝은 세상을 말함.

| 大 큰 대 | 大大大 | 영 great 중 大 dà 일 タイ(おおきい) |

| 明 밝을 명 | 明明明明明明明明 | 영 light 중 明 míng 일 メイ(あかり) |

| 天 하늘 천 | 天天天天 | 영 heaven 중 天 tiān 일 テン(そう) |

| 地 땅 지 | 地地地地地地 | 영 earth, land 중 地 dì 일 チ(つち) |

6급* 東問西答 동문서답

동을 물었는데 서를 답한다는 뜻으로, 묻는 내용과는 전혀 관련이 없는 엉뚱한 대답을 하는 것을 말함.
윤 문동답서(問東答西)

| 東 동녘 동 | 東東東東東東東東 | 영 east 중 东 dōng 일 トウ(ひがし) |

| 問 물을 문 | 問問問問問問問問問問 | 영 ask 중 问 wèn 일 モン(とう) |

| 西 서녘 서 | 西西西西西西 | 영 west 중 西 xī 일 セイ(にし) |

| 答 답할 답 | 答答答答答答答答答答答 | 영 answer 중 答 dá 일 トウ(こたえる) |

明明白白 명명백백

의심의 여지가 없이 매우 뚜렷하다는 뜻으로 명백하다는 말.

참 확고부동(確固不動)

明 밝을 명 — 영 light 중 明 míng 일 メイ(あかり)

明 밝을 명 — 영 light 중 明 míng 일 メイ(あかり)

白 흰 백 — 영 hundred 중 百 bǎi 일 ヒャク(もも)

白 흰 백 — 영 hundred 중 百 bǎi 일 ヒャク(もも)

無不通知 무불통지

통해서 알지 못하는 것이 없다는 뜻으로, 두루 통하여 모든 것을 잘 아는 것을 의미함.

유 무불통달(無不通達), 무소부지(無所不至)

無 无 없을 무 — 영 nothing 중 无 wú 일 ム(ない)

不 아닐 불 — 영 not 중 不 bù 일 フ·ブ

通 통할 통 — 영 go through 중 通 tōng 일 ツ(とおす)

知 알 지 — 영 know 중 知 zhī 일 シキ(しる)

白面書生 백면서생 [6급]

얼굴이 흰 선비라는 뜻으로, 오로지 글만 읽고 세상일에 경험이 없는 사람이나 풋내기라는 말.

유 백면랑(白面郎), 백면서랑(白面書郎)

한자	필순	영	중	일
白 (흰 백)	白白白白白	hundred	百 bǎi	ヒャク(もも)
面 (낯 면)	面面面面面面面面面	face	面 miàn	メン(かお)
書 (글 서)	書書書書書書書書書書	writing	书 shū	ショ(かく)
生 (날 생)	生生生生生	born	生 shēng	セイ(なま)

百發百中 백발백중 [6급]

백 번 쏘아 백 번 맞춘다는 뜻으로, 예상한 일이 꼭 들어맞아 하는 일마다 잘되는 것을 말함.

유 백전백승(百戰百勝), 일발필중(一發必中)

한자	필순	영	중	일
百 (일백 백)	百百百百百百	hundred	百 bǎi	ヒャク(もも)
發 (発) (쏠 발)	發發發發發發發發發發發發	bloom	发 fā	発 ハツ(ひらく)
百 (일백 백)	百百百百百百	hundred	百 bǎi	ヒャク(もも)
中 (가운데 중)	中中中中	middle	中 zhōng	チュウ(なか)

不立文字 불립문자

불도의 깨달음은 마음에서 마음으로 전하는 것이므로 말이나 글에 의지하지 않는다는 말.

不 아닐 불 — 영 not 중 不 bù 일 フ・ブ

立 설 립(입) — 영 stand 중 立 lì 일 ツ(たてる)

文 글월 문 — 영 letter 중 文 wén 일 ブン(もじ)

字 글자 자 — 영 letter 중 字 zì 일 ジ(もじ)

父子有親 부자유친

아버지와 자식간에는 친함이 있어야 한다는 뜻으로, 부자간의 도리는 사랑과 공경의 친애함에 있다는 인간의 기본 도리인 오륜(五倫) 중의 하나.

父 아비 부 — 영 father 중 父 fù 일 フ(ちち)

子 자식 자 — 영 son 중 子 zǐ 일 シ・ス(こ)

有 있을 유 — 영 exist 중 有 yǒu 일 ユウ(ある)

親 친할 친 — 영 friendly 중 亲 qīn 일 シン(おや・したしい)

6급 父傳子傳 부전자전

아버지가 전하고 아들이 전한다는 뜻으로, 대대로 아버지가 아들에게 전해주며 이어준다는 뜻.
㊤ 부자상전(父子相傳), 부전자승(父傳子承)

| 父 아비 부 | 父父父父 | 영 father | 중 父 fū | 일 フ(ちち) |

| 傳 (伝) 전할 전 | 傳傳傳傳傳傳傳傳傳傳 | 영 convey | 중 传 chuán | 일 伝 デン(つたえる) |

| 子 아들 자 | 子子子 | 영 son | 중 子 zǐ | 일 シ・ス(こ) |

| 傳 (伝) 전할 전 | 傳傳傳傳傳傳傳傳傳傳 | 영 convey | 중 传 chuán | 일 伝 デン(つたえる) |

6급 事親以孝 사친이효

부모 섬기기를 효도로써 한다는 뜻으로, 세속오계(世俗五戒)의 하나.

| 事 일 사 | 事事事事事事事事 | 영 work | 중 事 shì | 일 ジ(こと) |

| 親 어버이 친 | 親親親親親親親親親親親 | 영 friendly | 중 亲 qīn | 일 シン(おや・したしい) |

| 以 써 이 | 以以以以以 | 영 by, with | 중 已 yǐ | 일 イ(もって) |

| 孝 효도 효 | 孝孝孝孝孝孝 | 영 filial duty | 중 孝 xiào | 일 コウ(まこと) |

6급 四通八達 사통팔달

길이나 교통망, 통신망 등이 이리저리 막힘없이 통한다는 뜻으로, 길이 여러 군데로 막힘없이 통한다는 말.
유 사통오달(四通五達), 사달오통(四達五通)

| 四 넉 사 | 四四四四四 | 영 four | 중 四 sì | 일 シ(よ·よつ) |

四 四 四 四 四

| 通 통할 통 | 通通通通通通通通通通 | 영 go through | 중 通 tōng | 일 ツ(とおす) |

通 通 通 通 通

| 八 여덟 팔 | 八八 | 영 eight | 중 八 bā | 일 ハチ·ハツ(やっつ) |

八 八 八 八 八

| 達 이를 달 | 達達達達達達達達達達達達 | 영 succeed | 중 达 dá | 일 タツ(さとる) |

達 達 達 達 達

6급 山戰水戰 산전수전

산에서의 싸움과 물에서의 싸움이라는 뜻으로, 세상의 온갖 고난을 다 겪어 세상일에 경험이 많음을 일컫는 말.
유 백전노장(百戰老將)

| 山 뫼 산 | 山山山 | 영 mountain | 중 山 shān | 일 サン(やま) |

山 山 山 山 山

| 戰(戦) 싸움 전 | 戰戰戰戰戰戰戰戰戰戰戰戰 | 영 war | 중 战 zhàn | 일 戦 セン(たたかう) |

戰 戰 戰 戰 戰

| 水 물 수 | 水水水水 | 영 water | 중 水 shuǐ | 일 スイ(みず) |

水 水 水 水 水

| 戰(戦) 싸움 전 | 戰戰戰戰戰戰戰戰戰戰戰戰 | 영 war | 중 战 zhàn | 일 戦 セン(たたかう) |

戰 戰 戰 戰 戰

6급 身土不二 신토불이
몸과 태어난 땅은 하나라는 뜻으로, 자기 몸과 같은 땅에서 산출된 것이라야 체질에 잘 맞는다는 말.

身 몸 신 — 영 body 중 身 shēn 일 シン(み)

土 흙 토 — 영 soil, earth 중 土 tǔ 일 ト・ド(つち)

不 아닐 불 — 영 not 중 不 bù 일 フ・ブ

二 두 이 — 영 two 중 二 èr 일 ニ(ふたつ)

6급 愛之重之 애지중지
매우 사랑하고 소중히 여긴다는 뜻으로, 어떤 사람이나 물건을 무척 아끼고 소중히 여긴다는 말.
유 부육(傅育)

愛 사랑 애 — 영 love 중 爱 ài 일 アイ(あいする)

之 갈 지 — 영 go 중 之 zhī 일 シ(ゆく・これ)

重 무거울 중 — 영 heavy 중 重 zhòng 일 ジュウ(かさなる)

之 갈 지 — 영 go 중 之 zhī 일 シ(ゆく・これ)

1단계 기본 고사성어 | 27

6급 樂山樂水 요산요수

산을 좋아하고 물을 좋아한다는 뜻으로, 산수(山水 : 자연)를 좋아함을 말함.

⊕ 지자요수(知者樂水), 인자요산(仁者樂山)

樂 좋아할 요
樂樂樂樂樂樂樂樂樂樂樂
영 pleasure 중 乐 lè 일 楽 ラク(たのしい)

山 메 산
山山山
영 mountain 중 山 shān 일 サン(やま)

樂 좋아할 요
樂樂樂樂樂樂樂樂樂樂樂
영 pleasure 중 乐 lè 일 楽 ラク(たのしい)

水 물 수
水水水水
영 water 중 水 shuǐ 일 スイ(みず)

*6급 有口無言 유구무언

입은 있으나 말이 없다는 뜻으로, 변명할 말이 없다는 의미의 말.

有 있을 유
有有有有有有
영 exist 중 有 yǒu 일 ユウ(ある)

口 입 구
口口口
영 mouth 중 口 kǒu 일 コウ(くち)

無(无) 없을 무
無無無無無無無無無無無無
영 nothing 중 无 wú 일 ム(ない)

言 말씀 언
言言言言言言言
영 talk 중 言 yán 일 ゲン(こと)

[6급] 以心傳心 이심전심

불도, 즉 부처의 마음이 제자인 가섭의 마음에 전해진다는 뜻으로, 마음에서 마음으로 전한다는 말.
⊕ 심심상인(心心相印), 염화미소(拈華微笑)

以 써 이
以以以以以
영 by, with 중 已 yǐ 일 イ(もって)

心 마음 심
心心心心
영 heart 중 心 xīn 일 シン(こころ)

傳 [伝] 전할 전
傳傳傳傳傳傳傳傳傳傳
영 convey 중 传 chuán 일 伝 デン(つたえる)

心 마음 심
心心心心
영 heart 중 心 xīn 일 シン(こころ)

[6급] 一字千金 일자천금

글자 하나에 천 금의 가치가 있다는 뜻으로, 아주 빼어난 글씨나 문장을 일컫는 말.
⊕ 일자백금(一字百金)

一 한 일
一
영 one 중 一 yī 일 イチ(ひと)

字 글자 자
字字字字字字
영 letter 중 字 zì 일 ジ(もじ)

千 일천 천
千千千
영 thousand 중 千 qiān 일 セン(ち)

金 쇠 금
金金金金金金金金
영 gold 중 金 jīn 일 キン(かな)

1단계 기본 고사성어 | 29

一朝一夕 일조일석

6급

하루 아침과 하룻 저녁이라는 뜻으로, 짧은 시간을 일컫는 말.

유 일조(一朝)

一 한 일	一	영 one 중 一 yī 일 イチ(ひと)
	一 一 一 一 一	

朝 아침 조	朝朝朝朝朝朝朝朝朝朝	영 morning 중 朝 zhāo 일 チョウ(あさ)
	朝 朝 朝 朝 朝	

一 한 일	一	영 one 중 一 yī 일 イチ(ひと)
	一 一 一 一 一	

夕 저녁 석	夕夕夕	영 evening 중 夕 xī 일 セキ(ゆう)
	夕 夕 夕 夕 夕	

自問自答 자문자답

6급

스스로 묻고 스스로 대답한다는 뜻으로, 마음속으로 대화함을 이르는 말.

自 스스로 자	自自自自自自	영 self 중 自 zì 일 シジ(みずから)
	自 自 自 自 自	

問 물을 문	問問問問問問問問問	영 ask 중 问 wèn 일 モン(とう)
	問 問 問 問 問	

自 스스로 자	自自自自自自	영 self 중 自 zì 일 シジ(みずから)
	自 自 自 自 自	

答 대답 답	答答答答答答答答答答	영 answer 중 答 dá 일 トウ(こたえる)
	答 答 答 答 答	

6급 子子孫孫 자자손손

자손의 여러 대라는 뜻으로, 후세에까지 대를 이어 줄 곧 이어진다는 말. ⊕ 자손만대(子孫萬代), 대대손손(代代孫孫)

子 아들 자	子子子 / 子 子 子 子 子	영 son 중 子 zǐ 일 シ·ス(こ)
子 아들 자	子子子 / 子 子 子 子 子	영 son 중 子 zǐ 일 シ·ス(こ)
孫 손자 손	孫孫孫孫孫孫孫孫孫孫 / 孫 孫 孫 孫 孫	영 grandson 중 孙 sūn 일 ソン(まご)
孫 손자 손	孫孫孫孫孫孫孫孫孫孫 / 孫 孫 孫 孫 孫	영 grandson 중 孙 sūn 일 ソン(まご)

6급* 電光石火 전광석화

번개와 부싯돌의 불꽃이라는 뜻으로, 번갯불이나 부싯돌의 불이 번쩍이는 것처럼 몹시 짧은 시간을 비유하는 말. ⊕ 전광조로(電光朝露)

電 번개 전	電電電電電電電電電電電電電 / 電 電 電 電 電	영 lightning 중 电 diàn 일 電 デン(いなづま)
光 빛 광	光光光光光光 / 光 光 光 光 光	영 light 중 光 guāng 일 コウ(ひかり)
石 돌 석	石石石石石 / 石 石 石 石 石	영 stone 중 石 shí 일 セキ(いし)
火 불 화	火火火火 / 火 火 火 火 火	영 fire 중 火 huǒ 일 カ(ひ)

6급 正正堂堂 정정당당

태도나 수단이 공정하고 떳떳하다는 뜻으로, 공명정대한 모습을 일컫는 말.
참 정정방방(正正方方)

| 正 바를 정 | 正正正正正 | 영 straight 중 正 zhèng 일 セイ(ただしい) |
| | 正 正 正 正 正 | |

| 正 바를 정 | 正正正正正 | 영 straight 중 正 zhèng 일 セイ(ただしい) |
| | 正 正 正 正 正 | |

| 堂 집 당 | 堂堂堂堂堂堂堂堂堂堂 | 영 house 중 堂 táng 일 ドウ(おもてざしき) |
| | 堂 堂 堂 堂 堂 | |

| 堂 집 당 | 堂堂堂堂堂堂堂堂堂堂 | 영 house 중 堂 táng 일 ドウ(おもてざしき) |
| | 堂 堂 堂 堂 堂 | |

6급 淸風明月 청풍명월

맑은 바람과 밝은 달이라는 뜻으로, 풍자와 해학으로 세상사를 비판하거나 결백하고 온건한 성격을 비유하는 말.
유 강호연파(江湖煙波), 산명수려(山明水麗)

| 淸 맑을 청 | 淸淸淸淸淸淸淸淸淸淸 | 영 clear 중 清 qīng 일 セイ(きよい) |
| | 淸 淸 淸 淸 淸 | |

| 風 바람 풍 | 風風風風風風風風風 | 영 wind 중 风 fēng 일 フウ(かぜ) |
| | 風 風 風 風 風 | |

| 明 밝을 명 | 明明明明明明明明 | 영 light 중 明 míng 일 メイ(あかり) |
| | 明 明 明 明 明 | |

| 月 달 월 | 月月月月 | 영 moon 중 月 yuè 일 ゲツ(つき) |
| | 月 月 月 月 月 | |

6급 草綠同色 초록동색

풀과 녹색은 서로 같은 색이라는 뜻으로, 사람은 같은 처지에 있는 사람끼리 어울리거나 편들게 마련이라는 말.
㈜ 동병상련(同病相憐)

| 草 풀 초 | 草草草草草草草草草 | 영 grass 중 草 cǎo 일 ソウ(くさ) |

| 綠 초록색 록 | 綠綠綠綠綠綠綠綠綠綠綠綠綠綠 | 영 green 중 绿 lǜ 일 緑 ロク(みどり) |

| 同 같을 동 (소) | 同同同同同同 | 영 same 중 同 tóng 일 トウ(おなじ) |

| 色 색 색 | 色色色色色色 | 영 color 중 色 sè 일 ショク(いろ) |

6급 八方美人 팔방미인

어느 모로 보나 아름다운 미인이라는 뜻으로, 어떤 일에나 두루 조금씩 손대거나 관여하는 사람을 조롱하여 이르는 말.
㈜ 재주꾼

| 八 여덟 팔 | 八八 | 영 eight 중 八 bā 일 ハチ·ハツ(やつつ) |

| 方 방향 방 | 方方方方 | 영 square 중 方 fāng 일 ホウ(かた) |

| 美 아름다울 미 | 美美美美美美美美美 | 영 beautiful 중 美 měi 일 ビ(うつくしい) |

| 人 사람 인 | 人人 | 영 person 중 人 rén 일 ジン·ニン(ひと) |

1단계 기본 고사성어

6급 形形色色 형형색색

모양의 종류가 다른 여러 가지라는 뜻으로, 다채롭고 다양한 모양을 가리킴.
유 각양각색(各樣各色), 다종다양(多種多樣)

| 形 형상 형 | 形形形形形形形 | 形 形 形 形 形 | | 영 form | 중 形 xíng | 일 ケイ(かたち) |

| 形 형상 형 | 形形形形形形形 | 形 形 形 形 形 | | 영 form | 중 形 xíng | 일 ケイ(かたち) |

| 色 빛 색 | 色色色色色色 | 色 色 色 色 色 | | 영 color | 중 色 sè | 일 ショク(いろ) |

| 色 빛 색 | 色色色色色色 | 色 色 色 色 色 | | 영 color | 중 色 sè | 일 ショク(いろ) |

*5급 結草報恩 결초보은

풀을 묶어 은혜를 갚는다는 뜻으로, 아비의 혼령이 풀을 묶어 딸의 은인을 궁지에서 구하고 은혜를 갚는다는 말.
유 결초(結草), 각골난망(刻骨難忘)

| 結 매듭 결 | 結結結結結結結結結結 | 結 結 結 結 結 | 영 join·tie | 중 结 jié | 일 ケツ(むすぶ) |

| 草 풀 초 | 草草草草草草草草草 | 草 草 草 草 草 | 영 grass | 중 草 cǎo | 일 ソウ(くさ) |

| 報 갚을 보 | 報報報報報報報報報報 | 報 報 報 報 報 | 영 repay | 중 报 bào | 일 ホウ(むくいる) |

| 恩 은혜 은 | 恩恩恩恩恩恩恩恩恩 | 恩 恩 恩 恩 恩 | 영 favor | 중 恩 ēn | 일 オン |

[5급] 交友以信 교우이신

벗을 믿음으로써 사귀어야 한다는 뜻으로, 세속오계(世俗五戒)의 하나.

| 交 사귈 교 | 交交交交交交 | 영 associate 중 交 jiāo 일 コウ(まじわる) |

| 友 벗 우 | 友友友友 | 영 friend 중 友 yǒu 일 コウ(とも) |

| 以 써 이 | 以以以以以 | 영 by, with 중 已 yǐ 일 イ(もって) |

| 信 믿을 신 | 信信信信信信信信信 | 영 believe, trust 중 信 xìn 일 シン(まこと) |

[5급] 句句節節 구구절절

모든 구절마다라는 뜻으로, 말이나 글 따위의 전부를 가리킴.
㊤ 구절구절(句節句節)

| 句 글귀 구 | 句句句句句 | 영 phrase 중 句 jù 일 ク |

| 句 글귀 구 | 句句句句句 | 영 phrase 중 句 jù 일 ク |

| 節 마디 절 | 節節節節節節節節節節 | 영 joint 중 节 jié 일 セツ(ふし) |

| 節 마디 절 | 節節節節節節節節節節 | 영 joint 중 节 jié 일 セツ(ふし) |

1단계 기본 고사성어 | 35

5급 九十春光 구십춘광

석 달 동안의 화창한 봄 날씨. 또는 노인의 마음이 청년처럼 젊음을 가리키는 말.

| 九 아홉 구 | 九九 | 영 nine 중 九 jiǔ 일 キユウ·ク(ここのつ) |

九 九 九 九 九

| 十 열 십 | 十十 | 영 ten 중 十 shí 일 ジユウ(とお) |

十 十 十 十 十

| 春 봄 춘 | 春春春春春春春春春 | 영 spring 중 春 chūn 일 シユン(はる) |

春 春 春 春 春

| 光 빛 광 | 光光光光光光 | 영 light 중 光 guāng 일 コウ(ひかり) |

光 光 光 光 光

5급 落花流水 낙(락)화유수

떨어지는 꽃잎과 흐르는 물이라는 뜻으로, 지나가는 봄 경치나 서로 그리워하는 남녀의 관계. 또는 사람이나 사회가 영락(零落)하고 쇠퇴해 가는 것을 말함.

| 落 떨어질 낙 | 落落落落落落落落落落落落 | 영 fall 중 落 luò 일 ラク(おちる) |

落 落 落 落 落

| 花 꽃 화 | 花花花花花花花花 | 영 flower 중 花 huā 일 カ(はな) |

花 花 花 花 花

| 流 흐를 유 | 流流流流流流流流流流 | 영 stream 중 流 liú 일 リュウ(ながれる) |

流 流 流 流 流

| 水 물 수 | 水水水水 | 영 water 중 水 shuǐ 일 ヌイ(みず) |

水 水 水 水 水

論功行賞 논공행상 [5급]

'공을 따져 상을 준다'는 뜻으로, 공(功)이 있고 없음이나 크고 작음을 따져 거기에 알맞은 상을 준다는 말.
⊕ 신상필벌(信賞必罰), 상공(賞功)

| 論 논할 논 | 論論論論論論論論論論論論論
論 論 論 論 論 | 영 discuss　중 论 lùn　일 ロン |

| 功 공 공 | 功功功功功
功 功 功 功 功 | 영 merits　중 功 gōng　일 コウ(いさお) |

| 行 다닐 행 | 行行行行行行
行 行 行 行 行 | 영 go　중 行 xíng　일 コウ(いく) |

| 賞 상줄 상 | 賞賞賞賞賞賞賞賞賞賞賞賞
賞 賞 賞 賞 賞 | 영 reward　중 赏 shǎng　일 ショウ(ほめる) |

多多益善 다다익선 [5급]

많으면 많을수록 좋다는 뜻으로, 병력을 몇 명이나 지휘할 능력이 있느냐는 한나라 유방의 질문에 장수인 한신이 답한 말.
⊕ 다다익판(多多益辦)

| 多 많을 다 | 多多多多多多
多 多 多 多 多 | 영 many　중 多 duō　일 タ(おおい) |

| 多 많을 다 | 多多多多多多
多 多 多 多 多 | 영 many　중 多 duō　일 タ(おおい) |

| 益 더할 익 | 益益益益益益益益益益
益 益 益 益 益 | 영 increase　중 益 yì　일 エキ(ます) |

| 善 좋을 선 | 善善善善善善善善善善善
善 善 善 善 善 | 영 good　중 善 shàn　일 ゼン(よい) |

1단계 기본 고사성어 | 37

5급 大書特筆 대서특필

뚜렷이 드러나게 큰 글자로 쓴다는 뜻으로, 신문 따위의 출판물에서 어떤 기사에 큰 비중을 두어 다룸을 일컫는 말.
⊕ 대서특기(大書特記), 특필대서(特筆大書)

| 大 큰 대 | 大大大 | 영 great 중 大 dà 일 タイ(おおきい) |

| 書 글 서 | 書書書書書書書書書書 | 영 writing 중 书 shū 일 ショ(かく) |

| 特 유다를 특 | 特特特特特特特特特特 | 영 special 중 特 tè 일 トク(ことに) |

| 筆 붓 필 | 筆筆筆筆筆筆筆筆筆筆 | 영 pen·writing brush 중 笔 bǐ 일 ヒツ(ふで) |

5급 獨不將軍 독불장군

혼자서는 장군이 되지 못한다는 뜻으로, 남의 의견을 묵살하고 저혼자 모든 일을 처리하는 사람이나 따돌림을 받는 사람.
⊕ 고장난명(孤掌難鳴), 순망치한(脣亡齒寒)

| 獨 独 홀로 독 | 獨獨獨獨獨獨獨獨獨獨獨 | 영 alone 중 独 dú 일 独 ドク |

| 不 아닐 불 | 不不不不 | 영 not 중 不 bù 일 フ·ブ |

| 將 将 장수 장 | 將將將將將將將將將將 | 영 general 중 将 jiàng 일 将 ショウ(はた) |

| 軍 군사 군 | 軍軍軍軍軍軍軍軍軍 | 영 military·district 중 军 jūn 일 グン(いくさ) |

5급 落落長松 낙락장송

가지가 아래로 축축 늘어진 키 큰 소나무를 말함.

| 落 떨어질 낙 | 落落落落落落落落落落落落落 / 落 落 落 落 落 | 영 fall 중 luò 일 ラク(おちる) |

| 落 떨어질 락 | 落落落落落落落落落落落落落 / 落 落 落 落 落 | 영 fall 중 落 luò 일 ラク(おちる) |

| 長 길 장 | 長長長長長長長長 / 長 長 長 長 長 | 영 long 중 长 cháng 일 チョウ(ながい) |

| 松 소나무 송 | 松松松松松松松松 / 松 松 松 松 松 | 영 pine 중 松 sōng 일 ショウ(まつ) |

5급 利用厚生 이용후생

기구를 편리하게 쓰고 먹을 것 입을 것을 넉넉하게 하여 백성의 생활을 나아지게 함.
윤 경세치용(經世致用)

| 利 이로울 이 | 利利利利利利利 / 利 利 利 利 利 | 영 profit 중 利 lì 일 ソ(えきする) |

| 用 쓸 용 | 用用用用用 / 用 用 用 用 用 | 영 use, employ 중 用 yòng 일 ヨウ(もちいる) |

| 厚 두터울 후 | 厚厚厚厚厚厚厚厚 / 厚 厚 厚 厚 厚 | 영 thick 중 厚 hòu 일 コウ(あつい) |

| 生 날 생 | 生生生生生 / 生 生 生 生 生 | 영 born 중 生 shēng 일 セイ(なま) |

5급 文房四友 문방사우

글방의 네가지 친구라는 뜻으로, 종이, 붓, 벼루, 먹을 가리킴.
⊕ 문방사보(文房四寶), 지필연묵(紙筆硯墨)

| 文 글월 문 | 文文文文 | 영 letter 중 文 wén 일 ブン(もじ) |

文 文 文 文 文

| 房 방 방 | 房房房房房房房房 | 영 room 중 房 fáng 일 ボウ(へや) |

房 房 房 房 房

| 四 넉 사 | 四四四四四 | 영 four 중 四 sì 일 シ(よ·よつ) |

四 四 四 四 四

| 友 벗 우 | 友友友友 | 영 friend 중 友 yǒu 일 コウ(とも) |

友 友 友 友 友

5급 門前成市 문전성시

대문 앞이 시장을 이룬다는 뜻으로, 찾아오는 손님이 많음을 이루는 말.
⊕ 문정여시(門庭如市), ⊕ 문외작라(門外雀羅)

| 門 문 문 | 門門門門門門門門 | 영 door 중 门 mén 일 モン(かど) |

門 門 門 門 門

| 前 앞 전 | 前前前前前前前前 | 영 front 중 前 qián 일 ゼン(まえ) |

前 前 前 前 前

| 成 이룰 성 | 成成成成成成 | 영 accomplish 중 成 chéng 일 セイ(なる) |

成 成 成 成 成

| 市 저자 시 | 市市市市市 | 영 market 중 市 shì 일 シ(いち) |

市 市 市 市 市

百年大計 백년대계 [5급]

백년에 걸치는 큰 계획이라는 뜻으로, 먼 장래를 내다보고 긴 안목에서 세우는 중요한 계획을 말함.

유 백년지계(百年之計)

| 百 일백 백 | 百百百百百百 | 영 hundred 중 百 bǎi 일 ヒャク(もも) |

| 年 해 년 | 年年年年年年 | 영 year 중 年 nián 일 ネン(とし) |

| 大 큰 대 | 大大大 | 영 great 중 大 dà 일 タイ(おおきい) |

| 計 꾀 계 | 計計計計計計計計計 | 영 count 중 计 jì 일 ケイ(はからう) |

百年河淸 백년하청 [5급]

백년을 기다린다 해도 황하의 물이 맑아지지 않는다는 뜻으로, 아무리 기다려도 바라는 것이 이루어지기 어렵다는 말.

유 하청난사(河淸難俟)

| 百 일백 백 | 百百百百百百 | 영 hundred 중 百 bǎi 일 ヒャク(もも) |

| 年 해 년 | 年年年年年年 | 영 year 중 年 nián 일 ネン(とし) |

| 河 황하 하 | 河河河河河河河河 | 영 river 중 河 hé 일 カ(かわ) |

| 淸 맑을 청 | 淸淸淸淸淸淸淸淸淸淸 | 영 clear 중 清 qīng 일 セイ(きよい) |

百戰老將 백전노장 [5급]

수없이 많은 전투를 치른 노련한 장수라는 뜻으로, 세상 일을 겪어서 여러 가지로 능란한 사람을 비유하는 말.
유 산전수전(山戰水戰)

| 百 일백 백 | 百百百百百百 | 영 hundred 중 百 bǎi 일 ヒャク(もも) |

| 戰 싸움 전 (戦) | 戰戰戰戰戰戰戰戰戰戰戰戰 | 영 war 중 战 zhàn 일 戦 セン(たたかう) |

| 老 늙을 노 | 老老老老老老 | 영 old 중 老 lǎo 일 ロウ(おいる) |

| 將 장군 장 (奖) | 將將將將將將將將將將 | 영 general 중 将 jiàng 일 将 ショウ(はた) |

百害無益 백해무익 [5급]

모두 해롭기만 하고 이익이 없다는 뜻으로, 해롭기만 할 뿐 조금도 이로울 것이 없다는 뜻.
유 백해무일리(百害無一利)

| 百 일백 백 | 百百百百百百 | 영 hundred 중 百 bǎi 일 ヒャク(もも) |

| 害 해로울 해 | 害害害害害害害害害害 | 영 harm 중 害 hài 일 ガイ(そこなう) |

| 無 없을 무 (无) | 無無無無無無無無無無無無 | 영 nothing 중 无 wú 일 ム(ない) |

| 益 더할 익 | 益益益益益益益益益益 | 영 increase 중 益 yì 일 エキ(ます) |

不問曲直 불문곡직 [5급]

굽음과 곧음을 묻지 않는다는 뜻으로, 옳고 그름을 가리지 않고 함부로 일을 처리함을 말함.

⊕ 곡직불문(曲直不問), 불문곡절(不問曲折)

不 아닐 불	不不不不	영 not 중 不 bù 일 フ・ブ
問 물을 문	問問問問問問問問問問問	영 ask 중 问 wèn 일 モン(とう)
曲 굽을 곡	曲曲曲曲曲曲	영 bent 중 曲 qǔ 일 キョク(まげる)
直 곧을 직	直直直直直直直直	영 straight 중 直 zhí 일 チョク(なお)

夫婦有別 부부유별 [5급]

남편과 아내는 구별이 있어야 한다는 뜻으로, 과거 오륜(五倫)의 하나로 엄격한 구별이 있어야 하는 내외 간의 도리를 말함.

참 오륜(五倫)

夫 지아비 부	夫夫夫夫	영 husband 중 夫 fū 일 フ(おっと)
婦 지어미 부	婦婦婦婦婦婦婦婦婦婦	영 wife 중 妇 fù 일 フ(おんな)
有 있을 유	有有有有有有	영 exist 중 有 yǒu 일 ユウ(ある)
別 다를 별	別別別別別別別	영 different 중 別 bié 일 ベツ(わかれる)

5급 不問可知 불문가지

묻지 않아도 알 수 있다는 뜻으로, 옳고 그름을 묻고 확인하지 않아도 알 수 있음을 말함.
⊕ 불언가상(不言可想), 명약관화(明若觀火)

| 不 아닐 불 | 不不不不 | 영 not 중 不 bù 일 フ・ブ |

| 問 물을 문 | 問問問問問問問問問問 | 영 ask 중 问 wèn 일 モン(とう) |

| 可 옳을 가 | 可可可可可 | 영 right 중 可 kě 일 カ(よい) |

| 知 알 지 | 知知知知知知知知 | 영 know 중 知 zhī 일 シキ(しる) |

5급 氷山一角 빙산일각

빙산의 한 모서리라는 뜻으로, 대부분이 숨겨져 있고 외부로 나타나 있는 것은 극히 일부에 지나지 않는다는 말.

| 氷 얼음 빙 | 氷氷氷氷氷 | 영 ice 중 冰 bīng 일 ヒョウ(こおり) |

| 山 뫼 산 | 山山山 | 영 mountain 중 山 shān 일 サン(やま) |

| 一 한 일 | 一 | 영 one 중 一 yī 일 イチ(ひと) |

| 角 뿔 각 | 角角角角角角角 | 영 horn 중 角 jiǎo 일 カク(つの) |

三十六計 삼십육계 [5급]

서른여섯 번째 계책이라는 뜻으로, 일의 형편이 아주 불리할 때는 이것저것 계획을 세우기보다는 달아나서 몸의 안전을 꾀하는 것이 상책이라는 말.

三 석 삼 — 영 three 중 三 sān 일 サン(みっつ)

十 열 십 — 영 ten 중 十 shí 일 ジュウ(とお)

六 여섯 육 — 영 six 중 六 liù 일 ロク

計 꾀 계 — 영 count 중 计 jì 일 ケイ(はからう)

說往說來 설왕설래 [5급]

말이 가고 말이 온다라는 뜻으로, 옳고 그름을 따지느라고 서로 옥신각신함을 일컫는 말.

유 언왕설래(言往說來), 언거언래(言去言來)

說 말씀 설 — 영 speak 중 说 shuō 일 セツ(とく)

往 갈 왕 — 영 go 중 往 wǎng 일 オウ(ゆく)

說 말씀 설 — 영 speak 중 说 shuō 일 セツ(とく)

來 (来) 올 래 — 영 come 중 来 lái 일 来 ライ(きたる)

始終如一 시종여일

처음과 끝이 한결같다는 뜻으로, 처음부터 끝까지 변하지 않고 한결같음을 가리키는 말.

윤 시종일관(始終一貫), 수미일관(首尾一貫)

| 始 비로소 시 | 始始始始始始始 | 영 begin 중 始 shǐ 일 シ(はじめ) |

| 終 마칠 종 | 終終終終終終終終終終 | 영 finish 중 终 zhōng 일 シュウ(おえる) |

| 如 같을 여 | 如如如如如如 | 영 same 중 如 rú 일 ジョ·ニョ(ごとし) |

| 一 한 일 | 一 | 영 one 중 一 yī 일 イチ(ひと) |

身言書判 신언서판

신수와 말씨, 그리고 글씨와 판단력이라는 뜻으로, 당나라 시대에 관리를 뽑을 때 인물을 평가하던 네 가지 기준을 말함.

| 身 몸 신 | 身身身身身身身 | 영 body 중 身 shēn 일 シン(み) |

| 言 말씀 언 | 言言言言言言言 | 영 talk 중 言 yán 일 ゲン(こと) |

| 書 글 서 | 書書書書書書書書書 | 영 writing 중 书 shū 일 ショ(かく) |

| 判 판단할 판 | 判判判判判判判 | 영 judge 중 判 pàn 일 ハン(わける) |

[5급] 心心相印 심심상인

마음과 마음이 서로 도장찍은 것 같다는 뜻으로, 묵묵한 가운데 마음과 마음이 서로 통함을 뜻함.

㊤ 이심전심(以心傳心), 교외별전(敎外別傳)

| 心 마음 심 | 心心心心 | 영 heart 중 心 xīn 일 シン(こころ) |

心 心 心 心 心

| 心 마음 심 | 心心心心 | 영 heart 중 心 xīn 일 シン(こころ) |

心 心 心 心 心

| 相 서로 상 | 相相相相相相相相相 | 영 mutually 중 相 xiàng 일 ショウ(あい) |

相 相 相 相 相

| 印 도장 인 | 印印印印印印 | 영 seal 중 印 yìn 일 イン(しるし) |

印 印 印 印 印

[5급] 十年知己 십년지기

오래전부터 친하게 사귀어 온 친구를 일컫는 말.

㊤ 구년친구(舊年親舊)

| 十 열 십 | 十十 | 영 ten 중 十 shí 일 ジユウ(とお) |

十 十 十 十 十

| 年 해 년 | 年年年年年年 | 영 year 중 年 nián 일 ネン(とし) |

年 年 年 年 年

| 知 알 지 | 知知知知知知知知 | 영 know 중 知 zhī 일 シキ(しる) |

知 知 知 知 知

| 己 몸 기 | 己己己 | 영 self 중 己 jǐ 일 コ・キ(おのれ) |

己 己 己 己 己

1단계 기본 고사성어 | 47

野壇法席 야단법석

불교에서 야외에서 베푸는 강좌라는 뜻으로, 부처님의 설법을 듣고자 온 사람들이 매우 많아 북적거린다는 말.

野 들 야 — field / 野 yě / ヤ(の)

壇 단 단 — altar / 坛 tán / ダン(だん)

法 법 법 — law / 法 fǎ / ホウ(のり)

席 자리 석 — seat / 席 xí / セキ(むしろ·せき)

語不成說 어불성설

말이 안 된다는 뜻으로, 하는 말이 조금도 사리에 맞지 아니한다는 말. 만불성설(萬不成說), 언어도단(言語道斷)

語 말씀 어 — words / 语 yǔ / ゴ·ギョ(かたる)

不 아닐 블 — not / 不 bù / フ·ブ

成 이룰 성 — accomplish / 成 chéng / セイ(なる)

說 말 설 — speak / 说 shuō / セツ(とく)

有名無實 유명무실 [5급]

소문난 잔치에 먹을 것 없다는 뜻으로, 명성은 높은데 실속은 없다는 말.
유 명존무실(名存無實), 허명무실(虛名無實)

有 있을 유	영 exist 중 有 yǒu 일 ユウ(ある)
名 이름 명	영 name 중 名 míng 일 メイ(な)
無 (无) 없을 무	영 nothing 중 无 wú 일 ム(ない)
實 열매 실	영 fruit 중 实 shí 일 実 ジツ(みのる)

利害得失 이해득실 [5급]

이로움과 해로움 및 얻음과 잃음이라는 뜻으로, 이득과 손해가 있음을 따진다는 말.
참 이해타산(利害打算)

利 이로울 이	영 profit 중 利 lì 일 ソ(えきする)
害 해로울 해	영 harm 중 害 hài 일 ガイ(そこなう)
得 얻을 득	영 get 중 得 dé 일 トク(える)
失 잃을 실	영 lose 중 失 shī 일 シツ(うしなう)

5급 人事不省 인사불성

사람의 일을 살피지 못한다는 뜻으로, 큰 병이나 중상 등으로 의식을 잃어버린 상태나 사람으로서 예절을 차릴 줄 모르는 행위를 말함.

人 사람 인	영 person 중 人 rén 일 ジン・ニン(ひと)
事 일 사	영 work 중 事 shì 일 ジ(こと)
不 아닐 불	영 not 중 不 bù 일 フ・ブ
省 살필 성	영 look 중 省 shěng 일 セイ(かえりみる)

5급 人山人海 인산인해

사람의 산과 사람의 바다라는 뜻으로, 사람이 헤아릴 수 없이 많이 모인 모양을 말함.

人 사람 인	영 person 중 人 rén 일 ジン・ニン(ひと)
山 뫼 산	영 mountain 중 山 shān 일 サン(やま)
人 사람 인	영 person 중 人 rén 일 ジン・ニン(ひと)
海 바다 해	영 sea 중 海 hǎi 일 カイ(うみ)

一字無識 일자무식 [5급]

한 글자도 읽을 수 없을 정도로 아는 것이 없음. 또는 그런 사람을 가리키는 말.

⊕ 목불식정(目不識丁), 어로불변(魚魯不辨)

一 한 일	영 one 중 一 yī 일 イチ(ひと)
字 글자 자	영 letter 중 字 zì 일 ジ(もじ)
無 (无) 없을 무	영 nothing 중 无 wú 일 ム(ない)
識 알 식	영 recognize 중 识 shí 일 シ(しる)

日就月將 일취월장 [5급]

날마다 달마다 성장하고 발전한다는 뜻으로, 학업이 날이 가고 달이 갈수록 진보, 발전함을 일컫는 말.

⊕ 일장월취(日將月就), 괄목상대(刮目相對)

日 날 일	영 day, sun 중 日 rì 일 ジツ・ニチ(ひ)
就 나아갈 취	영 advance 중 就 jiù 일 シュウ・ジュ(つく)
月 달 월	영 moon 중 月 yuè 일 ゲツ(つき)
將 (将) 장차 장	영 general 중 将 jiàng 일 将 ショウ(はた)

5급 自手成家 자수성가

자신의 손으로 집안을 이룬다는 뜻으로, 유산없이, 스스로의 힘으로 어엿한 한살림을 이룩하는 것을 말함.
⊕ 자성일가(自成一家), 적수기가(赤手起家)

| 自 스스로 자 | 自自自自自自 | 영 self 중 自 zì 일 シ·ジ(みずから) |

| 手 손 수 | 手手手手 | 영 hand 중 手 shǒu 일 シュ(て) |

| 成 이룰 성 | 成成成成成成成 | 영 accomplish 중 成 chéng 일 セイ(なる) |

| 家 집 가 | 家家家家家家家家家家 | 영 house 중 家 jiā 일 カ·ケ(いえ) |

5급 天人共怒 천인공노

하늘과 사람이 함께 노한다는 뜻으로, 누구나 분노할 만큼 증오스러움이나 도저히 용납할 수 없음의 비유하는 말.
⊕ 신인공노(神人共怒), 신인공분(神人共憤)

| 天 하늘 천 | 天天天天 | 영 heaven 중 天 tiān 일 テソ(そう) |

| 人 사람 인 | 人人 | 영 person 중 人 rén 일 ジン·ニン(ひと) |

| 共 함께 공 | 共共共共共共 | 영 together 중 共 gòng 일 キョウ(ともに) |

| 怒 성낼 노 | 怒怒怒怒怒怒怒怒怒 | 영 get angry 중 努 nǔ 일 ド(つとめる) |

初志不變 초지불변 [5급]

처음의 뜻이 변하지 않는다는 뜻으로, 처음 계획한 뜻이 끝까지 바뀌지 않는다는 말.

初 처음 초	初初初初初初	영 beginning 중 初 chū 일 ショ(はつ)
志 뜻 지	志志志志志志志	영 meaning 중 志 zhì 일 シ(こころざし)
不 아닐 불	不不不不	영 not 중 不 bù 일 フ・ブ
變(变) 변할 변	變變變變變變變變變變	영 change 중 变 biàn 일 変 ヘン(かわる)

秋風落葉 추풍낙엽 [5급]

가을바람에 흩어져 떨어지는 낙엽이라는 뜻으로, 세력 같은 것이 시들어 우수수 떨어짐의 비유하는 말.

秋 가을 추	秋秋秋秋秋秋秋秋秋	영 autumn 중 秋 qiū 일 シュウ(あき)
風 바람 풍	風風風風風風風風風	영 wind 중 风 fēng 일 フウ(かぜ)
落 떨어질 낙	落落落落落落落落落落落落	영 fall 중 落 luò 일 ラク(おちる)
葉 잎사귀 엽	葉葉葉葉葉葉葉葉葉	영 leaf 중 叶 yè 일 ヨウ(は)

1단계 기본 고사성어 | 53

七去之惡 칠거지악 [5급]

예전에, 아내를 내쫓을 수 있는 이유가 되었던 일곱 가지 허물. 시부모에게 불손함, 자식이 없음, 행실이 음탕함, 투기함, 몹쓸 병을 지님, 말이 지나치게 많음, 도둑질을 함.

| 七 일곱 칠 | 七七七七七七 | 영 seven 중 七 qī 일 シチ(なな) |

| 去 갈 거 | 去去去去去 | 영 leave 중 去 qù 일 キョ(さる) |

| 之 갈 지 | 之之之之之 | 영 go 중 之 zhī 일 シ(ゆく·これ) |

| 惡 (悪) 악할 악 | 惡惡惡惡惡惡惡惡惡惡 | 영 bad 중 恶 è 일 悪 アク(わるい) |

刻骨痛恨 각골통한 [4급]

사무친 원한이란 뜻으로, 뼈에 사무치도록 깊이 맺힌 원한을 말함. 유 각골지통(刻骨之痛), 각골통상(刻骨痛傷)

| 刻 새길 각 | 刻刻刻刻刻刻刻刻 | 영 carve 중 刻 kè 일 コク(きざむ) |

| 骨 뼈 골 | 骨骨骨骨骨骨骨骨骨骨 | 영 bone 중 骨 gǔ 일 コツ(ほね) |

| 痛 아플 통 | 痛痛痛痛痛痛痛痛痛痛 | 영 painful 중 痛 tòng 일 ツウ(いたむ) |

| 恨 한할 한 | 恨恨恨恨恨恨恨恨 | 영 deplore 중 恨 hèn 일 コン(うらむ) |

甘言利說 감언이설 [4급]

달콤한 말과 이로운 이야기라는 뜻으로, 남을 꾀기 위해 꾸민 그럴듯한 말을 가리킴.
윤 아부(阿附), 아종(阿從), 반 고언(苦言)

| 甘 달 감 | 甘甘甘甘甘 | 영 sweet 중 甘 gān 일 カン(あまい) |

| 言 말씀 언 | 言言言言言言言 | 영 talk 중 言 yán 일 ゲン(こと) |

| 利 이로울 이 | 利利利利利利利 | 영 profit 중 利 lì 일 ソ(えきする) |

| 說 말씀 설 | 說說說說說說說說說說說說 | 영 speak 중 说 shuō 일 セツ(とく) |

感之德之 감지덕지 [4급]

이를 감사하게 생각하고 이를 덕으로 생각한다는 뜻으로, 대단히 고맙게 여긴다는 말.

| 感 느낄 감 | 感感感感感感感感感感感 | 영 feel 중 感 gǎn 일 カン(かんずる) |

| 之 갈 지 | 之之之之 | 영 go 중 之 zhī 일 シ(ゆく・これ) |

| 德 덕 덕 | 德德德德德德德德德德 | 영 virtue 중 德 dé 일 徳 トク |

| 之 갈 지 | 之之之之 | 영 go 중 之 zhī 일 シ(ゆく・これ) |

1단계 기본 고사성어 | 55

甲男乙女 갑남을녀 [4급]

이 남자와 저 여자라는 뜻으로, 신분이나 이름이 알려지지 아니한 평범한 사람을 일컫는 말.
유 장삼이사(張三李四), 장삼여사(張三呂四)

甲 아무개 갑
甲甲甲甲甲
영 armor 중 甲 jiǎ 일 コウ(よろい)

男 남자 남
男男男男男男男
영 man 중 男 nán 일 ダン(おとこ)

乙 [隱] 저것 을
乙
영 bird 중 乙 yǐ 일 オツ(きのと)

女 여자 녀
女女女
영 female 중 女 nǚ 일 ジョ(おんな)

犬馬之勞 견마지로 [4급*]

개나 말의 하찮은 수고로움이라는 뜻으로, 윗사람에게 바치는 자기의 노력을 낮추어 말할 때 쓰는 말.
유 견마지역(犬馬之役), 한마지로(汗馬之勞)

犬 개 견
犬犬犬犬
영 dog 중 犬 quǎn 일 ケン(いぬ)

馬 말 마
馬馬馬馬馬馬馬馬馬馬
영 horse 중 马 mǎ 일 バ(うま)

之 갈 지
之之之之
영 go 중 之 zhī 일 シ(ゆく·これ)

勞 [労] 애쓸 로
勞勞勞勞勞勞勞勞勞勞
영 endeavor 중 劳 láo 일 労 ロウ(いたわる)

結者解之 결자해지 [4급]

맺은 사람이 풀어야 한다는 뜻으로, 일을 저지른 사람이 그 일을 해결하여야 한다는 말.
참 인과응보(因果應報)

結 맺을 결	結結結結結結結結結結	영 join·tie 중 结 jié 일 ケツ(むすぶ)
者 놈 자	者者者者者者者者者	영 person, man 중 者 zhě 일 シャ(もの)
解 [解] 풀 해	解解解解解解解解解解解解	영 explain, solve 중 解 jiě 일 解 カイ(とく)
之 갈 지	之之之之	영 go 중 之 zhī 일 シ(ゆく·これ)

鷄卵有骨 계란유골 [4급]

계란에도 뼈가 있다는 뜻으로, 재수가 없으면 좋은 기회를 만나도 되는 일이 하나도 없다는 말.
유 도둑을 맞으려면 개도 안 짖는다.

鷄 닭 계	鷄鷄鷄鷄鷄鷄鷄鷄鷄鷄鷄鷄鷄	영 cock 중 鸡 jī 일 鶏 ケイ(にわとり)
卵 알 란	卵卵卵卵卵卵卵	영 egg 중 卵 luǎn 일 ラン(たまご)
有 있을 유	有有有有有有	영 exist 중 有 yǒu 일 ユウ(ある)
骨 뼈 골	骨骨骨骨骨骨骨骨骨骨	영 bone 중 骨 gǔ 일 コツ(ほね)

1단계 기본 고사성어

苦盡甘來 고진감래

> 쓴 것이 다하면 달콤함이 온다는 뜻으로, 어려움을 견디면 좋은 일이 생긴다는 말.
> 반 흥진비래(興盡悲來)

苦 괴로울 고 — 苦苦苦苦苦苦苦苦苦 / 영 bitter 중 苦 kǔ 일 ク(くるしい)

盡 다할 진 (尽) — 盡盡盡盡盡盡盡盡盡盡盡盡 / 영 exhaust 중 尽 jìn 일 尽 ジン(つまる)

甘 달 감 — 甘甘甘甘甘 / 영 sweet 중 甘 gān 일 カン(あまい)

來 올 래 (来) — 來來來來來來來來 / 영 come 중 来 lái 일 来 ライ(きたる)

骨肉相爭 골육상쟁

> 뼈와 살이 서로 다툼의 뜻으로, 형제나 같은 민족끼리 서로 다툼을 뜻함.
> 유 골육상잔(骨肉相殘), 동족상잔(同族相殘)

骨 뼈 골 — 骨骨骨骨骨骨骨骨骨 / 영 bone 중 骨 gǔ 일 コツ(ほね)

肉 고기 육 — 肉肉肉肉肉肉 / 영 meat 중 肉 ròu 일 ニク(しし)

相 서로 상 — 相相相相相相相相 / 영 mutually 중 相 xiàng 일 ショウ(あい)

爭 다툴 쟁 (争) — 爭爭爭爭爭爭爭爭 / 영 quarrel 중 争 zhēng 일 争 ソウ(あらそう)

*4급 公平無私 공평무사

공평하게 처리하고 행한다는 뜻으로, 어느 한쪽에 치우치지 않게 바르고 사사로움이 없다는 말.
파 공평무사하다

公 공변 공	公公公公	영 public 중 公 gōng 일 コウ(おおやけ)
平 평평할 평	平平平平平	영 flat·even 중 平 píng 일 ヘイ(たいら)
無 (无) 없을 무	無無無無無無無無無無無	영 nothing 중 无 wú 일 ム(ない)
私 사사로울 사	私私私私私私私	영 private 중 私 sī 일 シ(わたくし)

*4급 過猶不及 과유불급

너무 지나치게 되면 오히려 도달하지 않은 것보다 못하게 된다는 뜻으로, 중용이 중요함을 이르는 말.
유 교각살우(矯角殺牛), 과불급(過不及)

過 지나칠 과	過過過過過過過過過過過	영 excess 중 过 guò 일 カ(すぎる)
猶 오히려 유	猶猶猶猶猶猶猶猶猶	영 yet·rather 중 犹 yóu 일 ユウ(なお)
不 아닐 불	不不不不	영 not 중 不 bù 일 フ·ブ
及 미칠 급	及及及及	영 reach 중 及 jí 일 キユウ(およぶ)

4급 君臣有義 군신유의

오륜의 하나로 임금과 신하의 도리는 의리에 있음을 가리킴.

| 君 임금 군 | 君君君君君君君 | 영 king 중 君 jūn 일 クン(きみ) |

| 臣 신하 신 | 臣臣臣臣臣臣 | 영 minister 중 臣 shén 일 シン(たみ) |

| 有 있을 유 | 有有有有有有 | 영 exist 중 有 yǒu 일 ユウ(ある) |

| 義 옳을 의 | 義義義義義義義義義義義 | 영 righteous 중 义 yì 일 ギ(よし) |

4급 君子三樂 군자삼락

군자의 세 가지 즐거움이라는 뜻으로, 부모가 살아계시고, 형제가 무고하고, 하늘과 사람에게 부끄러움이 없고, 그리고 천하의 영재를 얻어서 가르치는 것을 말함.

| 君 임금 군 | 君君君君君君君 | 영 king 중 君 jūn 일 クン(きみ) |

| 子 아들 자 | 子子子 | 영 son 중 子 zǐ 일 シ・ス(こ) |

| 三 석 삼 | 三三三 | 영 three 중 三 sān 일 サン(みっつ) |

| 樂 즐길 락 | 樂樂樂樂樂樂樂樂樂樂樂 | 영 pleasure 중 乐 lè 일 楽 ラク(たのしい) |

近墨者黑 근묵자흑 [4급]

먹을 가까이 하면 검어진다는 뜻으로, 나쁜 사람을 가까이 하면 물들기 쉽다는 말.
㊀ 근주자적(近朱者赤), ㊁ 마중지봉(麻中之蓬)

近 가까울 근	近近近近近近近近	영 near 중 近 jìn 일 キン(ちかい)
墨 먹 묵	墨墨墨墨墨墨墨墨墨墨墨墨墨墨墨	영 ink 중 墨 mò 일 ボク(すみ)
者 놈 자	者者者者者者者者者	영 person, man 중 者 zhě 일 シャ(もの)
黑 검을 흑	黑黑黑黑黑黑黑黑黑黑黑黑	영 black 중 黑 hēi 일 黑 コク(くろ)

金石之交 금석지교 [4급]

쇠와 돌의 사귐이라는 뜻으로, 쇠와 돌처럼 변함없는 굳은 사귐을 말함.
㊀ 단금지교(斷金之交), 금란지계(金蘭之契)

金 쇠 금	金金金金金金金金	영 gold 중 金 jīn 일 キン(かな)
石 돌 석	石石石石石	영 stone 중 石 shí 일 セキ(いし)
之 갈 지	之之之之	영 go 중 之 zhī 일 シ(ゆく·これ)
交 사귈 교	交交交交交交	영 associate 중 交 jiāo 일 コウ(まじわる)

4급 金枝玉葉 금지옥엽

황금빛 나뭇가지와 옥빛 나는 잎사귀라는 뜻으로, 임금의 자손이나 집안, 귀여운 자식. 또는 아름답고 상서로운 구름을 비유하는 말.
㊌ 경지옥엽(瓊枝玉葉)

金 쇠금	金金金金金金金金	영 gold 중 金 jīn 일 キン(かな)
	金 金 金 金 金	

枝 가지 지	枝枝枝枝枝枝枝枝	영 branch 중 枝 zhī 일 シ(えだ)
	枝 枝 枝 枝 枝	

玉 구슬 옥	玉玉玉玉玉	영 gem, jewel 중 玉 yù 일 ギョク(たま)
	玉 玉 玉 玉 玉	

葉 잎사귀 엽	葉葉葉葉葉葉葉葉葉葉	영 leaf 중 叶 yè 일 ヨウ(は)
	葉 葉 葉 葉 葉	

4급 內憂外患 내우외환

안팎으로 근심과 걱정이 있다는 뜻으로, 내우는 재앙·내란이며, 외환은 외적에 의한 불안과 환난으로 나라 안팎의 근심거리를 가리키는 말.
㊌ 근우원려(近憂遠慮)

內 안 내	內內內內	영 inside 중 内 nèi 일 内 ナイ(うち)
	內 內 內 內 內	

憂 근심 우	憂憂憂憂憂憂憂憂憂憂憂	영 anxiety 중 忧 yōu 일 ユウ(うい)
	憂 憂 憂 憂 憂	

外 바깥 외	外外外外外	영 outside 중 外 wài 일 ガイ(そと)
	外 外 外 外 外	

患 근심 환	患患患患患患患患患	영 anxiety 중 患 huàn 일 カン(うれえる)
	患 患 患 患 患	

拈華示衆 염화시중

[4급]

꽃을 따서 무리에게 보인다는 뜻으로, 말로 통하지 않고 마음에서 마음으로 전하는 일을 말함.

㉾ 염화미소(拈華微笑), 이심전심(以心傳心)

拈 집을 염
拈拈拈拈拈拈拈拈
영 pick 중 拈 niān 일 デン(つまむ)

華 빛날 화
華華華華華華華華
영 brilliant 중 华 huá 일 カ(はな)

示 보일 시
示示示示示
영 exhibit 중 示 shì 일 ジ・シ(しめす)

衆 무리 중
衆衆衆衆衆衆衆衆衆衆
영 crowd 중 众 zhòng 일 シュウ(むれ)

單刀直入 단도직입

[4급]

단칼로 쳐들어간다는 뜻으로, 곧바로 요점이나 본론으로 들어간다는 말.

㉾ 일침견혈(一針見血)

單 홀 단
單單單單單單單單單單
영 single 중 单 dān 일 単 タン(ひとえ)

刀 칼 도
刀刀
영 knife 중 刀 dāo 일 トウ(かたな)

直 곧을 직
直直直直直直直
영 straight 중 直 zhí 일 チョク(なお)

入 들 입
入入
영 enter 중 入 rù 일 ニュウ(いる)

4급 大同小異 대동소이

크게 보면 같고 작게 보면 다르다는 뜻으로, 큰 차이가 없이 거의 같고 조금 다를 뿐. 서로 비슷비슷하다는 말.
윤 오십보백보(五十步百步), 소이대동(小異大同)

한자	훈음	필순	영 / 중 / 일
大	큰 대	大大大	영 great 중 大 dà 일 タイ(おおきい)
同	같을 동	同同同同同同	영 same 중 同 tóng 일 トウ(おなじ)
小	작을 소	小小小	영 small 중 小 xiǎo 일 ショウ(ちいさい)
異	다를 이	異異異異異異異異異異異	영 different 중 异 yì 일 イ(ことなる)

4급 立身揚名 입신양명

출세하여 이름을 세상에 떨친다는 뜻으로, 사회적으로 인정을 받고 출세한다는 말.

한자	훈음	필순	영 / 중 / 일
立	설 입	立立立立立	영 stand 중 立 lì 일 ツ(たてる)
身	몸 신	身身身身身身身	영 body 중 身 shēn 일 シン(み)
揚	오를 양	揚揚揚揚揚揚揚揚揚揚揚揚	영 raise 중 扬 yáng 일 ヨウ(あがる)
名	이름 명	名名名名名名	영 name 중 名 míng 일 メイ(な)

莫上莫下 막상막하

4급

위도 아니요 아래도 아니다는 뜻으로, 낫고 못함을 가리기 어려울 정도로 차이가 거의 없다는 말.

유 난형난제(難兄難弟), 춘란추국(春蘭秋菊)

莫 없을 막	莫莫莫莫莫莫莫莫莫莫	영 not 중 莫 mò 일 バク(ない)
	莫 莫 莫 莫 莫	

上 위 상	上上上	영 upper 중 上 shàng 일 ジョウ(うえ)
	上 上 上 上 上	

莫 없을 막	莫莫莫莫莫莫莫莫莫莫	영 not 중 莫 mò 일 バク(ない)
	莫 莫 莫 莫 莫	

下 아래 하	下下下	영 below 중 下 xià 일 カ(した)
	下 下 下 下 下	

望雲之情 망운지정

4급

멀리 구름을 바라보는 정이라는 뜻으로, 구름을 바라보며 타향에서 어버이를 그리워하는 정을 말함.

유 망운지회(望雲之懷), 백운고비(白雲孤飛)

望 바랄 망	望望望望望望望望望望望	영 hope 중 望 wàng 일 ボウ(のぞむ)
	望 望 望 望 望	

雲 구름 운	雲雲雲雲雲雲雲雲雲雲雲雲	영 cloud 중 云 yún 일 ウン(くも)
	雲 雲 雲 雲 雲	

之 갈 지	之之之之	영 go 중 之 zhī 일 シ(ゆく・これ)
	之 之 之 之 之	

情 뜻 정	情情情情情情情情情情情	영 affection 중 情 qíng 일 ジョウ(なさけ)
	情 情 情 情 情	

目不識丁 목불식정 [4급]

한자 고무래 정(丁)자를 알아보지 못한다는 뜻으로, 글자를 전혀 모르거나 그런 사람을 비유하여 일컫는 말.

⊕ 일자무식(一字無識), 어로불변(魚魯不辨)

目 눈 목 — 目目目目目 — 영 eye / 중 目 mù / 일 モク(め)

不 아닐 불 — 不不不不 — 영 not / 중 不 bù / 일 フ・ブ

識 알 식 — 識識識識識識識識識識識 — 영 recognize / 중 识 shí / 일 シ(しる)

丁 고무래 정 — 丁丁 — 영 rake, adult / 중 丁 dīng / 일 テイ(ひのと)

目不忍見 목불인견 [*4급]

눈으로 차마 볼 수 없다라는 뜻으로, 몹시 참혹하여 차마 눈뜨고 볼 수 없음을 일컫는 말.

⊕ 불인견(不忍見), 불인정시(不忍正視)

目 눈 목 — 目目目目目 — 영 eye / 중 目 mù / 일 モク(め)

不 아닐 불 — 不不不不 — 영 not / 중 不 bù / 일 フ・ブ

忍 참을 인 — 忍忍忍忍忍忍 — 영 bear / 중 忍 rěn / 일 ニン(しのぶ)

見 볼 견 — 見見見見見見見 — 영 see, watch / 중 见 jiàn / 일 ケン(みる)

無爲徒食 무위도식 [4급]

하는 일 없이 다만 먹기만 한다는 뜻으로, 아무 하는 일 없이 한갓 먹고 놀기만 한다는 뜻.

유 낭유도식(浪遊徒食), 참 유의유식(遊衣遊食)

無 없을 무 (无)	無無無無無無無無無無無 無無無無無	영 nothing 중 无 wú 일 ム(ない)

爲 할 위 (为)	爲爲爲爲爲爲爲爲爲爲 爲爲爲爲爲	영 for 중 为 wèi 일 為 イ(なす·ため)

徒 무리 도	徒徒徒徒徒徒徒徒徒 徒徒徒徒徒	영 crowd 중 徒 tú 일 ト·ズ(かち)

食 밥 식	食食食食食食食食食 食食食食食	영 food, eat 중 食 shí 일 ショク(たべる)

尾生之信 미생지신 [4급]

너무 고지식해서 융통성이 없다는 뜻으로, 미련하고 우직하게 약속을 지킨다는 말.

유 수주대토(守株待兎), 포주지신(抱柱之信)

尾 꼬리 미	尾尾尾尾尾尾尾 尾尾尾尾尾	영 tail 중 尾 wěi 일 ビ(お)

生 날 생	生生生生生 生生生生生	영 born 중 生 shēng 일 セイ(なま)

之 갈 지	之之之之 之之之之之	영 go 중 之 zhī 일 シ(ゆく·これ)

信 믿을 신	信信信信信信信信 信信信信信	영 believe, trust 중 信 xìn 일 シン(まこと)

4급 白骨難忘 백골난망

죽어서 백골이 되어도 잊을 수 없다는 뜻으로, 남에게 큰 은덕을 입었을 때 고마움의 뜻으로 이르는 말.
㊫ 각골난망(刻骨難忘), 결초보은(結草報恩)

| 白 흰 백 | 白白白白白 | 영 hundred 중 百 bǎi 일 ヒャク(もも) |

| 骨 뼈 골 | 骨骨骨骨骨骨骨骨骨 | 영 bone 중 骨 gǔ 일 コツ(ほね) |

| 難 어려울 난 | 難難難難難難難難難難難 | 영 difficult 중 难 nán 일 ナン(むずかしい) |

| 忘 잊을 망 | 忘忘忘忘忘忘忘 | 영 forget 중 忘 wàng 일 ボウ(わすれる) |

4급 百年佳約 백년가약

백년을 함께 하자는 아름다운 약속이라는 뜻으로, 부부가 되어 한평생을 함께 살자는 약속을 일컫는 말.
㊫ 백년가기(百年佳期), 백년언약(百年言約)

| 百 일백 백 | 百百百百百百 | 영 hundred 중 百 bǎi 일 ヒャク(もも) |

| 年 해 년 | 年年年年年年 | 영 year 중 年 nián 일 ネン(とし) |

| 佳 아름다울 가 | 佳佳佳佳佳佳佳佳 | 영 beautiful 중 佳 jiā 일 カ |

| 約 약속할 약 | 約約約約約約約約 | 영 bind 중 约 yuē 일 ヤク(おおむれ) |

4급 本然之性 본연지성

사람이 본디부터 가지고 있는 착한 마음씨를 이르는 말.
참 기품지성(氣稟之性)

| 本 근본 본 | 本本木本本 | 영 origin 중 本 běn 일 ホン(もと) |

| 然 그러할 연 | 然然然然然然然然然然然 | 영 so, such 중 然 rán 일 ゼン(しかり) |

| 之 갈 지 | 之之之之 | 영 go 중 之 zhì 일 シ(ゆく·これ) |

| 性 성품 성 | 性性性性性性性性 | 영 nature 중 性 xìng 일 セイ(さが) |

4급 朋友有信 붕우유신

친구 사이에는 믿음이 있어야 한다는 뜻으로, 인간 사이의 윤리인 오륜(五倫)의 하나.
유 붕우춘회곡(朋友春懷曲)

| 朋 벗 붕 | 朋朋朋朋朋朋朋朋 | 영 friend 중 朋 péng 일 ホウ(とも) |

| 友 벗 우 | 友友友友 | 영 friend 중 友 yǒu 일 コウ(とも) |

| 有 있을 유 | 有有有有有有 | 영 exist 중 有 yǒu 일 ユウ(ある) |

| 信 믿을 신 | 信信信信信信信信 | 영 believe, trust 중 信 xìn 일 シン(まこと) |

1단계 기본 고사성어 | 69

4급 事君以忠 사군이충

삼국 통일의 원동력이 된 화랑의 세속오계(世俗五戒)의 하나. 임금을 섬김에 충성으로써 함을 뜻함.

事 일 사	事事事事事事事事	영 work 중 事 shì 일 ジ(こと)
	事 事 事 事 事	

君 임금 군	君君君君君君君	영 king 중 君 jūn 일 クン(きみ)
	君 君 君 君 君	

以 써 이	以以以以以	영 by, with 중 已 yǐ 일 イ(もつて)
	以 以 以 以 以	

忠 충성 충	忠忠忠忠忠忠忠忠	영 loyalty 중 忠 zhōng 일 チュウ(まごころ)
	忠 忠 忠 忠 忠	

*4급 事必歸正 사필귀정

모든 일은 바르게 되돌아간다는 뜻으로, 무릇 모든 일은 결국에 가서는 바르게 시비가 가려지게 된다는 말.
㊟ 사필귀도(事必歸道), 사불범정(邪不犯正)

事 일 사	事事事事事事事事	영 work 중 事 shì 일 ジ(こと)
	事 事 事 事 事	

必 반드시 필	必必必必必	영 surely 중 必 bì 일 キ・ゴ(あう・ちぎる)
	必 必 必 必 必	

歸 돌아갈 귀	歸歸歸歸歸歸歸歸歸歸歸	영 return, go back 중 归 guī 일 帰 キ(かえる)
	歸 歸 歸 歸 歸	

正 바를 정	正正正正正	영 straight 중 正 zhèng 일 セイ(ただしい)
	正 正 正 正 正	

[4급] 殺身成仁 살신성인

자신을 죽여서라도 인(仁)을 이룬다는 뜻으로, 바른 일을 위해 자기를 희생한다는 말.

⇒ 살신입절(殺身立節), 사생취의(捨生取義)

殺 죽일 살	殺殺殺殺殺殺殺殺殺殺殺	영 kill 중 杀 shā 일 サツ(ころす)
身 몸 신	身身身身身身身	영 body 중 身 shēn 일 シン(み)
成 이룰 성	成成成成成成成	영 accomplish 중 成 chéng 일 セイ(なる)
仁 어질 인	仁仁仁仁	영 humanity 중 仁 rén 일 ジン(いつくしみ)

*[4급] 三人成虎 삼인성호

세 사람이 하는 똑같은 말이면 호랑이도 만든다는 뜻으로, 근거 없는 말도 여러 사람이 같은 말을 하면 사실로 된다는 말.

⇒ 삼인성시호(三人成市虎)

三 석 삼	三三三	영 three 중 三 sān 일 サン(みつつ)
人 사람 인	人人	영 person 중 人 rén 일 ジン・ニン(ひと)
成 이룰 성	成成成成成成成	영 accomplish 중 成 chéng 일 セイ(なる)
虎 범 호	虎虎虎虎虎虎虎虎	영 tiger 중 虎 hǔ 일 コ(とら)

4급 先見之明 선견지명

앞을 내다보는 안목이란 뜻으로 닥쳐올 일을 미리 아는 슬기로움을 말함.
㊠ 독견지명(獨見之明)

| 先 먼저 선 | 先先先先先先 | 영 first 중 先 xiān 일 セン(さき) |

先 先 先 先 先

| 見 볼 견 | 見見見見見見見 | 영 see, watch 중 见 jiàn 일 ケン(みる) |

見 見 見 見 見

| 之 갈 지 | 之之之之 | 영 go 중 之 zhì 일 シ(ゆく·これ) |

之 之 之 之 之

| 明 밝을 명 | 明明明明明明明明 | 영 light 중 明 míng 일 メイ(あかり) |

明 明 明 明 明

*4급 先公後私 선공후사

공공의 일과 이익을 앞세우고 개인의 일과 이익은 나중으로 돌린다는 뜻.
㊠ 지공무사(至公無私)

| 先 먼저 선 | 先先先先先先 | 영 first 중 先 xiān 일 セン(さき) |

先 先 先 先 先

| 公 공평할 공 | 公公公公 | 영 public 중 公 gōng 일 コウ(おおやけ) |

公 公 公 公 公

| 後 뒤 후 | 後後後後後後後後 | 영 back 중 后 hòu 일 コウ(あと) |

後 後 後 後

| 私 개인 사 | 私私私私私私私 | 영 private 중 私 sī 일 シ(わたくし) |

私 私 私 私 私

[4급] 雪上加霜 설상가상

눈 위에 서리가 더해진다는 뜻으로, 어려운 일이나 상황이 거듭해서 발생함을 말함.
유 설상가설(雪上加雪), 반 금상첨화(錦上添花)

| 雪 눈 설 | 雪雪雪雪雪雪雪雪雪雪雪
雪 雪 雪 雪 雪 | 영 snow 중 雪 xuě 일 セツ(ゆき) |

| 上 위 상 | 上上上
上 上 上 上 上 | 영 upper 중 上 shàng 일 ジョウ(うえ) |

| 加 더할 가 | 加加加加加
加 加 加 加 加 | 영 add 중 加 jiā 일 カ(くわえる) |

| 霜 서리 상 | 霜霜霜霜霜霜霜霜霜霜霜
霜 霜 霜 霜 霜 | 영 frost 중 霜 shuāng 일 ソウ(しも) |

[4급] 送舊迎新 송구영신

옛 것을 보내고 새 것을 맞이한다는 뜻으로, 묵은 해를 보내고 새 해를 맞음. 또는 전임자를 보내고 신임자를 맞는다는 뜻.
유 송고영신(送故迎新), 송영(送迎)

| 送 보낼 송 | 送送送送送送送送送
送 送 送 送 送 | 영 send 중 送 sòng 일 ソウ(おくる) |

| 舊 [旧] 옛 구 | 舊舊舊舊舊舊舊舊舊舊舊
舊 舊 舊 舊 舊 | 영 old 중 旧 jiù 일 旧 キュウ(ふるい) |

| 迎 맞을 영 | 迎迎迎迎迎迎迎
迎 迎 迎 迎 迎 | 영 welcome 중 迎 yíng 일 ゲイ(むかえる) |

| 新 새 신 | 新新新新新新新新新新新
新 新 新 新 新 | 영 new 중 新 xīn 일 シン(あたらしい) |

識字憂患 식자우환 [4급]

글자를 아는 것이 근심이라는 뜻으로, 문자를 배워 학문을 하게 되면 갖가지 노고와 근심을 부르게 된다는 말.

| 識 알 식 | 識識識識識識識識識識
識 識 識 識 識 | 영 recognize 중 识 shí 일 チ(しる) |

| 字 글자 자 | 字字字字字字
字 字 字 字 字 | 영 letter 중 字 zì 일 ジ(もじ) |

| 憂 근심할 우 | 憂憂憂憂憂憂憂憂憂憂憂
憂 憂 憂 憂 憂 | 영 anxiety 중 忧 yōu 일 ユウ(うい) |

| 患 근심 환 | 患患患患患患患患患患
患 患 患 患 患 | 영 anxiety 중 患 huàn 일 カン(うれえる) |

我田引水 아전인수 [4급]

나의 밭에 물을 끌어댄다는 뜻으로, 자기에게 이로울 대로만 일을 굽혀서 말하거나 행동함을 가리키는 말.
유 견강부회(牽强附會), 반 역지사지(易地思之)

| 我 나 아 | 我我我我我我我
我 我 我 我 我 | 영 I·we 중 我 wǒ 일 ガ(わ·われ) |

| 田 밭 전 | 田田田田田
田 田 田 田 田 | 영 field 중 田 tián 일 デン(た) |

| 引 당길 인 | 引引引引
引 引 引 引 引 | 영 pull 중 引 yǐn 일 イン(ひく) |

| 水 물 수 | 水水水水
水 水 水 水 水 | 영 water 중 水 shuǐ 일 スイ(みず) |

哀而不悲 애이불비

슬프기는 하지만 겉으로 슬픔을 나타내지 않는다는 뜻으로, 슬픔을 드러내지 않는다는 말.

유 애이불상(哀而不傷)

哀 슬플 애 — 영 sad / 중 哀 āi / 일 アイ(あわれ)

而 말 이을 이 — 영 and / 중 而 ér / 일 ジ(しかして)

不 아닐 불 — 영 not / 중 不 bù / 일 フ·ブ

悲 슬플 비 — 영 sad / 중 悲 bēi / 일 ヒ(かなしい)

藥房甘草 약방감초

한방에 꼭 들어가는 약재인 감초라는 뜻으로, 어떤 일에나 빠짐없이 끼어드는 사람. 또는 그 사물을 일컫는 말.

유 무불간섭(無不干涉)

藥(薬) 약 약 — 영 medicine / 중 药 yào / 일 薬 ヤク(くすり)

房 방 방 — 영 room / 중 房 fáng / 일 ボウ(へや)

甘 달 감 — 영 sweet / 중 甘 gān / 일 カン(あまい)

草 풀 초 — 영 grass / 중 草 cǎo / 일 ソウ(くさ)

1단계 기본 고사성어 | 75

4급 魚頭肉尾 어두육미

물고기 머리와 짐승고기 꼬리라는 뜻으로, 물고기는 머리 쪽이 맛있고 짐승의 고기는 꼬리 쪽이 맛있다는 뜻.
㊅ 어두봉미(魚頭鳳尾), 어두일미(魚頭一味)

魚 물고기 어	魚魚魚魚魚魚魚魚魚魚魚	영 fish 중 鱼 yú 일 ギョ(さかな)

頭 머리 두	頭頭頭頭頭頭頭頭頭頭頭頭頭頭頭頭	영 head 중 头 tóu 일 トウ(あたま)

肉 고기 육	肉肉肉肉肉肉	영 meat 중 肉 ròu 일 ニク(しし)

尾 꼬리 미	尾尾尾尾尾尾尾	영 tail 중 尾 wěi 일 ビ(お)

4급 言中有骨 언중유골

말 속에 뼈가 있다는 뜻으로, 평범한 말 속에 비범한 뜻이 담겨 있다는 말.
㊅ 언중유향(言中有響), 언중유언(言中有言)

言 말씀 언	言言言言言言言	영 talk 중 言 yán 일 ゲン(こと)

中 가운데 중	中中中中	영 middle 중 中 zhōng 일 チュウ(なか)

有 있을 유	有有有有有有	영 exist 중 有 yǒu 일 ユウ(ある)

骨 뼈 골	骨骨骨骨骨骨骨骨骨骨	영 bone 중 骨 gǔ 일 コツ(ほね)

易地思之 역지사지 [4급]

처지를 바꾸어 생각하라는 뜻으로, 자신의 생각이나 판단에 앞서 상대의 입장을 염두에 두라는 뜻.
유 아전인수(我田引水), 참 타산지석(他山之石)

易 바꿀 역	易易易易易易易	영 exchange 중 易 yì 일 エキ(とりかえる)
地 땅 지	地地地地地地	영 earth, land 중 地 dì 일 チ(つち)
思 생각 사	思思思思思思思思	영 think 중 思 sī 일 シ(おもう)
之 갈 지	之之之之	영 go 중 之 zhī 일 シ(ゆく·これ)

緣木求魚 연목구어 [4급]

나무에 올라가 물고기를 구한다는 뜻으로, 불가능한 일을 하려 함. 또는 잘못된 방법으로 일을 꾀한다는 말.
유 지천석어(指天射魚), 사어지천(射魚指天)

緣 말미암을 연	緣緣緣緣緣緣緣緣緣緣緣緣緣緣緣	영 affinity, fate 중 缘 yuán 일 縁 エン(ふち)
木 나무 목	木木木木	영 tree 중 木 mù 일 ボク(き)
求 구할 구	求求求求求求求	영 obtain, get 중 求 qiú 일 キュウ(もとめる)
魚 물고기 어	魚魚魚魚魚魚魚魚魚魚	영 fish 중 鱼 yú 일 ギョ(さかな)

1단계 기본 고사성어 | 77

4급 吾鼻三尺 오비삼척

내 코가 석 자다라는 뜻으로, 내 일도 힘들어 타인을 돌볼 여유가 없다는 말.

⊕ 오비체수삼척(吾鼻涕垂三尺)

| 吾 나 오 | 吾吾吾吾吾吾吾 吾 吾 吾 吾 吾 | 영 I 중 吾 wú 일 ゴ(われ) |

| 鼻 코 비 | 鼻鼻鼻鼻鼻鼻鼻鼻鼻鼻鼻鼻鼻鼻 鼻 鼻 鼻 鼻 鼻 | 영 nose 중 鼻 bí 일 ゼ(はな) |

| 三 석 삼 | 三三三 三 三 三 三 三 | 영 three 중 三 sān 일 サン(みっつ) |

| 尺 자 척 | 尺尺尺尺 尺 尺 尺 尺 尺 | 영 ruler 중 尺 chǐ 일 シャク(ものさし) |

4급 欲速不達 욕속부달

빨리 하고자 하면 도달하지 못한다는 뜻으로, 너무 급하게 서두르다 보면 오히려 일을 그르치게 된다는 말.

⊕ 욕교반졸(欲巧反拙)

| 欲 하고자할 욕 | 欲欲欲欲欲欲欲欲欲欲 欲 欲 欲 欲 欲 | 영 desire 중 欲 yù 일 ヨク(ほつする) |

| 速 빠를 속 | 速速速速速速速速速速 速 速 速 速 速 | 영 fast 중 速 sù 일 ソク(はやい) |

| 不 아닐 부 | 不不不不 不 不 不 不 不 | 영 not 중 不 bù 일 フ・ブ |

| 達 이를 달 | 達達達達達達達達達達達 達 達 達 達 達 | 영 succeed 중 达 dá 일 タツ(さとる) |

唯我獨尊 유아독존 [4급]

우주 사이에 나보다 존귀한 것은 없다는 뜻으로, 자기만 잘났다고 하는 독선적인 태도를 비유한 말.
유 천상천하유아독존(天上天下唯我獨尊)

唯 오직 유	唯唯唯唯唯唯唯唯唯唯	영 only 중 唯 wéi 일 イ・ユイ(ただ)

我 나 아	我我我我我我我	영 I・we 중 我 wǒ 일 ガ(わ・われ)

獨 (独) 홀로 독	獨獨獨獨獨獨獨獨獨獨獨	영 alone 중 独 dú 일 独 ドク

尊 높을 존	尊尊尊尊尊尊尊尊尊尊	영 respect 중 尊 zūn 일 ソン(みこと)

意氣揚揚 의기양양 [4급]

뜻한 바를 이루어 만족한 마음이 얼굴에 나타난 모양이라는 뜻으로, 자랑스럽게 행동하는 것을 뜻하는 말.
유 지고기양(趾高氣揚), 반 의기소침(意氣銷沈)

意 뜻 의	意意意意意意意意意意意	영 intention, will 중 意 yì 일 イ

氣 기운 기	氣氣氣氣氣氣氣氣氣氣	영 energy 중 气 qì 일 気 キ

揚 날릴 양	揚揚揚揚揚揚揚揚揚揚	영 raise 중 扬 yáng 일 ヨウ(あがる)

揚 날릴 양	揚揚揚揚揚揚揚揚揚揚	영 raise 중 扬 yáng 일 ヨウ(あがる)

1단계 기본 고사성어

異口同聲 이구동성 [4급]

입은 다르나 목소리는 같다는 뜻으로, 여러 사람이 같은 의견 또는 같은 입장을 표명한다는 말.
🌐 여출일구(如出一口), 이구동음(異口同音)

한자	훈음	영	중	일
異	다를 이	different	异 yì	イ(ことなる)
口	입 구	mouth	口 kǒu	コウ(くち)
同	한 가지 동	same	同 tóng	トウ(おなじ)
聲	소리 성	voice	声 shēng	声 セイ(こえ)

人之常情 인지상정 [4급]

사람의 보통 인정이라는 뜻으로, 사람이면 누구나 가지는 보통 마음이나 생각의 의미를 가리킴.

한자	훈음	영	중	일
人	사람 인	person	人 rén	ジン・ニン(ひと)
之	갈 지	go	之 zhī	シ(ゆく·これ)
常	떳떳할 상	always	常 cháng	ジョウ(とこ)
情	뜻 정	affection	情 qíng	ジョウ(なさけ)

*4급 一片丹心 일편단심

한 조각의 붉은 마음이라는 뜻으로, 변하지 않는 참된 마음을 의미하는 말.

㊌ 충성심(忠誠心), 정성(精誠)

| 一 한 일 | 一 | 영 one 중 一 yī 일 イチ(ひと) |

| 片 조각 편 | 片片片片 | 영 splinter 중 片 piàn 일 ヘン(かた) |

| 丹 붉을 단 | 丹丹丹丹 | 영 red 중 丹 dān 일 タン(あか) |

| 心 마음 심 | 心心心心 | 영 heart 중 心 xīn 일 シン(こころ) |

*4급 一喜一悲 일희일비

한편으로는 기뻐하고 또 한편으로는 슬퍼한다는 뜻으로, 기쁨과 근심이 번갈아 일어난다는 뜻.

㊌ 일비일희(一悲一喜), 일희일우(一喜一憂)

| 一 한 일 | 一 | 영 one 중 一 yī 일 イチ(ひと) |

| 喜 기쁠 희 | 喜喜喜喜喜喜喜喜喜喜喜喜 | 영 glad 중 喜 xǐ 일 キ(よろこぶ) |

| 一 한 일 | 一 | 영 one 중 一 yī 일 イチ(ひと) |

| 悲 슬플 비 | 悲悲悲悲悲悲悲悲悲悲悲悲 | 영 sad 중 悲 bēi 일 ヒ(かなしい) |

1단계 기본 고사성어 | 81

4급 長幼有序 장유유서

어른과 어린이는 차례가 있다는 뜻으로, 연장자와 연소자 사이에는 지켜야 할 차례가 있음을 이르는 오륜(五倫)의 하나.

유 오륜(五倫)

長 어른 장	長長長長長長長	영 long 중 长 cháng 일 チョウ(ながい)
幼 어릴 유	幼幼幼幼幼	영 young 중 幼 yòu 일 ヨウ(おさない)
有 있을 유	有有有有有	영 exist 중 有 yǒu 일 ユウ(ある)
序 차례 서	序序序序序序序	영 order 중 序 xù 일 ジョ(ついで)

4급 絶代佳人 절대가인

이 세상에 비할 데 없는 미인을 말함.

유 경성지미(傾城之美), 화용월태(花容月態)

絶 끊을 절	絶絶絶絶絶絶絶絶絶	영 cut off 중 绝 jué 일 ゼツ(たえる)
代 대신할 대	代代代代代	영 substitute 중 代 dài 일 ダイ(かわる)
佳 아름다울 가	佳佳佳佳佳佳佳佳	영 beautiful 중 佳 jiā 일 カ
人 사람 인	人人	영 person 중 人 rén 일 ジン・ニン(ひと)

頂門一針 정문일침 [4급]

정수리에 침을 놓다는 뜻으로, 남의 잘못에 대한 따끔한 비판이나 타이름을 한다는 말.

㈜ 정상일침(頂上一鍼), 촌철살인(寸鐵殺人)

| 頂 정수리 정 | 頂頂頂頂頂頂頂頂頂 | 영 summit 중 顶 dǐng 일 チョウ(いただき) |

| 門 문 문 | 門門門門門門門門 | 영 door 중 门 mén 일 モン(かど) |

| 一 한 일 | 一 | 영 one 중 一 yī 일 イチ(ひと) |

| 針 바늘 침 | 針針針針針針針針針針 | 영 needle 중 针 zhēn 일 シン(はり) |

朝令暮改 조령모개 [4급]

아침에 내린 명령을 저녁에 다시 바꾼다는 뜻으로, 일관성이 없이 법령이나 명령을 자주 바꿈을 일컫는 말.

㈜ 조변석개(朝變夕改), 작심삼일(作心三日)

| 朝 아침 조 | 朝朝朝朝朝朝朝朝朝朝朝 | 영 morning 중 朝 zhāo 일 チョウ(あさ) |

| 令 하여금 령 | 令令令令令 | 영 order 중 令 lìng 일 レイ |

| 暮 저녁 모 | 暮暮暮暮暮暮暮暮暮暮暮 | 영 evening 중 暮 mù 일 ボ(くれる) |

| 改 고칠 개 | 改改改改改改改 | 영 improve 중 改 gǎi 일 カイ(あらためる) |

1단계 기본 고사성어 | 83

4급 朝三暮四 조삼모사

아침에 세 개 저녁에 네 개라는 뜻으로, 간사한 꾀로 남을 속인다는 말.
유 조삼(朝三), 조사모삼(朝四暮三)

朝 아침 조	朝朝朝朝朝朝朝朝朝朝朝朝	영 morning 중 朝 zhāo 일 チョウ(あさ)
	朝 朝 朝 朝 朝	

三 석 삼	三三三	영 three 중 三 sān 일 サン(みっつ)
	三 三 三 三 三	

暮 저녁 모	暮暮暮暮暮暮暮暮暮暮暮暮暮暮	영 evening 중 暮 mù 일 ボ(くれる)
	暮 暮 暮 暮 暮	

四 넉 사	四四四四四	영 four 중 四 sì 일 シ(よ·よつ)
	四 四 四 四 四	

4급 坐不安席 좌불안석

자리에 편안히 앉지 못한다는 뜻으로, 마음에 불안이나 근심 등이 있어 한 자리에 오래 앉아 있지 못함을 말함.

坐 앉을 좌	坐坐坐坐坐坐坐	영 sit 중 坐 zuò 일 ザ(すわる)
	坐 坐 坐 坐 坐	

不 아닐 불	不不不不	영 not 중 不 bù 일 フ·ブ
	不 不 不 不 不	

安 편안할 안	安安安安安安	영 table, desk 중 案 àn 일 アン
	安 安 安 安 安	

席 자리 석	席席席席席席席席席	영 seat 중 席 xí 일 セキ(むしろ·せき)
	席 席 席 席 席	

知己之友 지기지우 [4급]

자신을 알아주는 벗이라는 뜻으로, 자기의 진심과 진가를 알아주는 참다운 친구를 일컬음.
(유) 막역지우(莫逆之友), 문경지교(刎頸之交)

知 알 지	知知知知知知知知	영 know 중 知 zhī 일 シキ(しる)
己 자기 기	己己己	영 self 중 己 jǐ 일 コ·キ(おのれ)
之 갈 지	之之之之	영 go 중 之 zhī 일 シ(ゆく·これ)
友 벗 우	友友友友	영 friend 중 友 yǒu 일 コウ(とも)

知彼知己 지피지기 [4급]

적을 알고 나를 안다는 뜻으로, 상대를 제대로 알고 자신을 제대로 파악한다면, 아무리 싸우더라도 위태롭지 않다는 뜻.
(유) 지적지아(知敵知我)

知 알 지	知知知知知知知知	영 know 중 知 zhī 일 シキ(しる)
彼 저 피	彼彼彼彼彼彼彼彼	영 that 중 彼 bǐ 일 ヒ(かれ)
知 알 지	知知知知知知知知	영 know 중 知 zhī 일 シキ(しる)
己 자기 기	己己己	영 self 중 己 jǐ 일 コ·キ(おのれ)

1단계 기본 고사성어 | 85

此日彼日 차일피일 [4급]

이날 저날이라는 뜻으로, 자꾸 약속이나 기일 따위를 미루는 모양을 일컫는 말.

유 차월피월(此月彼月)

| 此 이 차 | 此此此此此此 | 영 this 중 此 cǐ 일 シ(これ) |

| 日 날 일 | 日日日日 | 영 day, sun 중 日 rì 일 ジツ・ニチ(ひ) |

| 彼 저 피 | 彼彼彼彼彼彼彼 | 영 that 중 彼 bǐ 일 ヒ(かれ) |

| 日 날 일 | 日日日日 | 영 day, sun 중 日 rì 일 ジツ・ニチ(ひ) |

千辛萬苦 천신만고 [4급]

천 가지 만 가지의 맵고 쓴 맛이라는 뜻으로, 마음과 몸으로 온갖 고생을 다하고 무한한 애를 쓴다는 말.

유 간난신고(艱難辛苦), 입립개신고(粒粒皆辛苦)

| 千 일천 천 | 千千千 | 영 thousand 중 千 qiān 일 セン(ち) |

| 辛 매울 신 | 辛辛辛辛辛辛辛 | 영 hot 중 辛 xīn 일 シン(かのと・からい) |

| 萬 (万) 일만 만 | 萬萬萬萬萬萬萬萬萬萬 | 영 ten thousand 중 万 wàn 일 万 マン(よろず) |

| 苦 쓸 고 | 苦苦苦苦苦苦苦苦苦 | 영 bitter 중 苦 kǔ 일 ク(くるしい) |

寸鐵殺人 촌철살인 _{4급}

한 치밖에 안 되는 칼로 사람을 죽인다는 뜻으로, 간단한 경구(警句)나 단어로 사람의 마음을 찔러 감동시킴을 이르는 말.
⊕ 정문일침(頂門一針), 정상일침(頂上一鍼)

| 寸 마디 촌 | 寸寸寸 | 영 inch, moment 중 寸 cùn 일 スン |

| 鐵 (鉄) 쇠 철 | 鐵鐵鐵鐵鐵鐵鐵鐵鐵鐵鐵 | 영 iron, metal 중 铁 tiě 일 鉄 テツ(くろがね) |

| 殺 죽일 살 | 殺殺殺殺殺殺殺殺殺殺殺 | 영 kill 중 杀 shā 일 サツ(ころす) |

| 人 사람 인 | 人人 | 영 person 중 人 rén 일 ジン・ニン(ひと) |

泰山北斗 태산북두 _{4급}

중국 제일의 명산인 태산과 북두칠성이라는 뜻으로, 세상 사람들로부터 가장 우러러 존경받는 사람을 일컫는 말.
⊕ 산두(山斗), 태두(泰斗), 여태산북두(如泰山北斗)

| 泰 클 태 | 泰泰泰泰泰泰泰泰泰 | 영 great 중 太 tài 일 タイ(やすい) |

| 山 뫼 산 | 山山山 | 영 mountain 중 山 shān 일 サン(やま) |

| 北 북녘 북 | 北北北北北 | 영 north 중 北 běi 일 ホク(きた) |

| 斗 별이름 두 | 斗斗斗斗 | 영 star names 중 斗 dǒu 일 ト(ます) |

破竹之勢 파죽지세 [4급]

대나무를 쪼개는 기세라는 뜻으로, 세력이 강대하여 적을 거침없이 물리치고 쳐들어가는 당당한 기세를 일컫는 말.
🔗 세여파죽(勢如破竹), 요원지화(燎原之火)

破 깨뜨릴 파	破破破破破破破破破	영 break 중 破 pò 일 ハ(やぶる)
竹 대나무 죽	竹竹竹竹竹竹	영 bamboo 중 竹 zhú 일 チク(たけ)
之 쓸 지	之之之之	영 go 중 之 zhī 일 シ(ゆく·これ)
勢 기세 세	勢勢勢勢勢勢勢勢勢勢勢勢勢	영 force, power 중 势 shì 일 セイ(いきおい)

皮骨相接 피골상접 [4급]

살가죽과 뼈가 맞붙을 정도로 몹시 마름을 뜻함.
🔗 피골상련(皮骨相連), 훼척골립(毁瘠骨立)

皮 가죽 피	皮皮皮皮皮	영 skin 중 皮 pí 일 ヒ(かわ)
骨 뼈 골	骨骨骨骨骨骨骨骨骨	영 bone 중 骨 gǔ 일 コツ(ほね)
相 서로 상	相相相相相相相相	영 mutually 중 相 xiàng 일 ショウ(あい)
接 이을 접	接接接接接接接接接	영 associate 중 接 jiē 일 セツ(まじわる)

匹夫匹婦 필부필부 [4급]

한 사람의 남자와 한 사람의 여자라는 뜻으로, 평범한 사람이나 미천한 남녀, 또는 미천한 남자를 가리킴.

유 갑남을녀(甲男乙女), 선남선녀(善男善女)

| 匹 짝 필 | 匹匹匹匹 | 영 partner 중 匹 pǐ 일 ヒツ(ひき·たぐい) |

| 夫 지아비 부 | 夫夫夫夫 | 영 husband 중 夫 fū 일 フ(おっと) |

| 匹 짝 필 | 匹匹匹匹 | 영 partner 중 匹 pǐ 일 ヒツ(ひき·たぐい) |

| 婦 지어미 부 | 婦婦婦婦婦婦婦婦 | 영 wife 중 妇 fù 일 フ(おんな) |

必有曲折 필유곡절 [4급]

반드시 곡절이 있다는 뜻으로, 반드시 무슨 까닭이 있음을 가리키는 말.

유 필유사단(必有事端)

| 必 반드시 필 | 必必必必必 | 영 surely 중 必 bì 일 ヒ·ゴ(あう·ちぎる) |

| 有 있을 유 | 有有有有有有 | 영 exist 중 有 yǒu 일 ユウ(ある) |

| 曲 굽을 곡 | 曲曲曲曲曲曲 | 영 bent 중 曲 qǔ 일 キョク(まげる) |

| 折 꺾을 절 | 折折折折折折折 | 영 break off 중 折 zhé 일 セツ(おり) |

1단계 기본 고사성어 | **89**

花朝月夕 (화조월석)

4급 花朝月夕 **화조월석** — 꽃 피는 아침과 달 밝은 밤이라는 뜻으로, 경치가 좋은 시절을 이르는 말. ㈜ 조화월석(朝花月夕)

| 花 꽃 화 | 花花花花花花花花 / 花 花 花 花 花 | 영 flower 중 花 huā 일 カ(はな) |

| 朝 아침 조 | 朝朝朝朝朝朝朝朝朝朝 / 朝 朝 朝 朝 朝 | 영 morning 중 朝 zhāo 일 チョウ(あさ) |

| 月 달 월 | 月月月月 / 月 月 月 月 月 | 영 moon 중 月 yuè 일 ゲツ(つき) |

| 夕 저녁 석 | 夕夕夕 / 夕 夕 夕 夕 夕 | 영 evening 중 夕 xī 일 セキ(ゆう) |

3단계
고사성어
故事成語
쓰기교본

Part Ⅱ

2단계

● 필수 고사성어 ●
(중급 단계)

街談巷說 家藏什物 甘言利說
改過遷善 見物生心 孤軍奮鬪
管鮑之交 群鷄一鶴 錦衣還鄉
內憂外患 能小能大 大同小異
馬耳東風 名實相符 知彼知己
白骨難忘 靑山流水 不知其數
粉骨碎身 不俱戴天 因果應報

4II급 家家戶戶 가가호호

집집마다, 또는 모든 집이라는 뜻으로, 각 집과 각 호(戶)를 가리킴. ㈜ 매가(每家), 매호(每戶), 가가문전(家家門前)

家 집가	家家家家家家家家家家	영 house 중 家 jiā 일 カ·ケ(いえ)
家 집가	家家家家家家家家家家	영 house 중 家 jiā 일 カ·ケ(いえ)
戶 지게호	戶戶戶戶	영 door 중 戶 hù 일 コ(と)
戶 지게호	戶戶戶戶	영 door 중 戶 hù 일 コ(と)

4II급 舊官名官 구관명관

경험이 많은 사람이 더 낫다는 뜻으로, 나중 사람을 겪어 봄으로써 먼저 사람이 좋은 줄 알게 된다는 말.

舊 옛구	舊舊舊舊舊舊舊舊舊舊舊	영 old 중 旧 jiù 일 旧 キコウ(ふるい)
官 벼슬관	官官官官官官官官	영 official rank 중 官 guān 일 カン(つかさ)
名 이름명	名名名名名名	영 name 중 名 míng 일 メイ(な)
官 벼슬관	官官官官官官官官	영 official rank 중 官 guān 일 カン(つかさ)

4II급 九死一生 구사일생

아홉 번 죽어 한 번 살아난다는 뜻으로, 죽을 고비를 여러 번 넘기고 간신히 살아난다는 말.
㈜ 십생구사(十生九死), 백사일생(百死一生)

九 아홉 구 — 영 nine · 중 九 jiǔ · 일 キュウ·ク(ここのつ)

死 죽을 사 — 영 die · 중 死 sǐ · 일 シ(しぬ)

一 한 일 — 영 one · 중 一 yī · 일 イチ(ひと)

生 날 생 — 영 born · 중 生 shēng · 일 セイ(なま)

4II급 九牛一毛 구우일모

여러 마리 소 가운데 한 가닥의 털이라는 뜻으로, 대단히 많은 것 중의 아주 적은 보잘것없는 것.
㈜ 조족지혈(鳥足之血), 창해일속(滄海一粟)

九 아홉 구 — 영 nine · 중 九 jiǔ · 일 キュウ·ク(ここのつ)

牛 소 우 — 영 ox·cow · 중 牛 niú · 일 ギュウ(うし)

一 한 일 — 영 one · 중 一 yī · 일 イチ(ひと)

毛 터럭 모 — 영 hair · 중 毛 máo · 일 モウ(け)

2단계 필수 고사성어 | 93

九重深處 구중심처

궁궐을 이르는 말로, 깊숙한 곳을 일컬음.
㊜ 구중궁궐(九重宮闕)

한자	훈음	필순	영	중	일
九	아홉 구	九九	nine	九 jiǔ	キユウ・ク(ここのつ)
重	무거울 중	重重重重重重重重重	heavy	重 zhòng	ジュウ(かさなる)
深	깊을 심	深深深深深深深深深深深	deep	深 shēn	シン(ふかい)
處(処)	곳 처	處處處處處處處處處處	place, site	处 chù	処 ショ(おる)

起死回生 기사회생

죽음에서 삶을 회복한다는 뜻으로, 절망적인 상태에서 다시 살아난다는 말.
㊜ 구사일생(九死一生), 백사일생(百死一生)

한자	훈음	필순	영	중	일
起	일어날 기	起起起起起起起起起	rise	起 qǐ	キ(おきる)
死	죽을 사	死死死死死死	die	死 sǐ	シ(しぬ)
回	돌아올 회	回回回回回回	return	廻 huí	カイ・エ(めぐる)
生	날 생	生生生生生	born	生 shēng	セイ(なま)

難兄難弟 난형난제 [4II급]

형이라 하기도 어렵고 아우라 하기도 어렵다는 뜻으로, 두 사물이 서로 엇비슷하여 낫고 못함을 가리기 어려움을 뜻함.
㈜ 백중지간(伯仲之間), 막상막하(莫上莫下)

| 難 어려울 난 | 難難難難難難難難難難難難難難難難難難難 | 영 difficult | 중 难 nán | 일 ナン(むずかしい) |

| 兄 맏 형 | 兄兄兄兄兄 | 영 eldest brother | 중 兄 xiōng | 일 ケイ(あに) |

| 難 어려울 난 | 難難難難難難難難難難難難難難難難難難難 | 영 difficult | 중 难 nán | 일 ナン(むずかしい) |

| 弟 아우 제 | 弟弟弟弟弟弟弟 | 영 younger brother | 중 弟 dì | 일 テイ(おとうと) |

男負女戴 남부여대 [4II급]

남자는 등에 지고 여자는 머리에 인다는 뜻으로, 가난한 사람들이 정착할 곳을 찾아 이리저리 떠돌아다닌다는 말.
㈜ 풍찬노숙(風餐露宿), 조진모초(朝秦暮楚)

| 男 사내 남 | 男男男男男男男 | 영 man | 중 男 nán | 일 ダン(おとこ) |

| 負 짐질 부 | 負負負負負負負負負 | 영 bear a burden | 중 负 fù | 일 フ(おう) |

| 女 계집 여 | 女女女 | 영 female | 중 女 nǔ | 일 ジョ(おんな) |

| 戴 일 대 | 戴戴戴戴戴戴戴戴戴戴戴 | 영 carry on | 중 戴 dài | 일 タイ(いただく) |

多事多難 다사다난 [4II급]

일도 많고 어려움도 많다라는 뜻으로, 일이 바쁘게 많거나 어렵고 복잡하게 일어난다는 뜻.
유 다사다망(多事多忙), 반 무사식재(無事息災)

| 多 많을 다 | 多多多多多多 / 多 多 多 多 多 | 영 many 중 多 duō 일 タ(おおい) |

| 事 일 사 | 事事事事事事事事 / 事 事 事 事 事 | 영 work 중 事 shì 일 ジ(こと) |

| 多 많을 다 | 多多多多多多 / 多 多 多 多 多 | 영 many 중 多 duō 일 タ(おおい) |

| 難 어려울 난 | 難難難難難難難難難難難 / 難 難 難 難 難 | 영 difficult 중 难 nán 일 ナン(むずかしい) |

大義名分 대의명분 [4II급]

큰 정의와 명분이라는 뜻으로, 인륜의 큰 의를 밝히고 분수를 지켜 정도에 어긋나지 않도록 하는 것을 말함.
유 춘추대의(春秋大義)

| 大 큰 대 | 大大大 / 大 大 大 大 大 | 영 great 중 大 dà 일 タイ(おおきい) |

| 義 옳을 의 | 義義義義義義義義義義義義 / 義 義 義 義 義 | 영 righteous 중 义 yì 일 ギ(よし) |

| 名 이름 명 | 名名名名名名 / 名 名 名 名 名 | 영 name 중 名 míng 일 メイ(な) |

| 分 나눌 분 | 分分分分 / 分 分 分 分 分 | 영 divide 중 分 fēn 일 フン(わける) |

獨守空房 독수공방

4II급

빈방에서 혼자 잠이란 뜻으로, 부부가 서로 별거하여 여자가 남편없이 혼자 지냄을 뜻함.

유 독숙공방(獨宿空房)

獨 (独) 홀로 독
獨獨獨獨獨獨獨獨獨獨獨獨
영 alone 중 独 dú 일 独 ドク

守 지킬 수
守守守守守守
영 keep 중 守 shǒu 일 シュ(まもる)

空 빌 공
空空空空空空空空
영 empty 중 空 kōng 일 クウ(そら)

房 방 방
房房房房房房房房
영 room 중 房 fáng 일 ボウ(へや)

燈下不明 등하불명

4II급

등잔 밑이 어둡다는 뜻으로, 가까이 있는 것을 찾기가 오히려 힘들거나 남의 일은 잘 알아도 제 일은 모른다는 말.

유 등대부자조(燈臺不自照)

燈 (灯) 등잔 등
燈燈燈燈燈燈燈燈燈燈燈燈
영 lamp 중 灯 dēng 일 灯 トウ(ひ)

下 아래 하
下下下
영 below 중 下 xià 일 カ(した)

不 아닐 불
不不不不
영 not 중 不 bù 일 フ·ブ

明 밝을 명
明明明明明明明明
영 light 중 明 míng 일 メイ(あかり)

2단계 필수 고사성어 | 97

燈火可親 등화가친 [4II급]

등잔불을 가까이 한다는 뜻으로, 등불을 가까이 하여 글 읽기에 아주 좋다는 말.
⊕ 추고마비(秋高馬肥), 천고마비(天高馬肥)

| 燈 등잔 등 | 燈燈燈燈燈燈燈燈燈燈 | 영 lamp 중 灯 dēng 일 灯 トウ(ひ) |

燈 燈 燈 燈 燈

| 火 불 화 | 火火火火 | 영 fire 중 火 huǒ 일 カ(ひ) |

火 火 火 火 火

| 可 옳을 가 | 可可可可可 | 영 right 중 可 kě 일 カ(よい) |

可 可 可 可 可

| 親 친할 친 | 親親親親親親親親親親 | 영 friendly 중 亲 qīn 일 シン(おや・したしい) |

親 親 親 親 親

良藥苦口 양(량)약고구 [4II급]

좋은 약은 입에 쓰다는 뜻으로, 바르게 충고하는 말은 귀에 거슬리지만 자기를 이롭게 한다는 말.
⊕ 충언역어이(忠言逆於耳)

| 良 좋을 양(량) | 良良良良良良良 | 영 good 중 良 liáng 일 リョウ(かて) |

良 良 良 良 良

| 藥 약 약 | 藥藥藥藥藥藥藥藥藥藥 | 영 medicine 중 药 yào 일 薬 ヤク(くすり) |

藥 藥 藥 藥 藥

| 苦 쓸 고 | 苦苦苦苦苦苦苦苦 | 영 bitter 중 苦 kǔ 일 ク(くるしい) |

苦 苦 苦 苦 苦

| 口 입 구 | 口口口 | 영 mouth 중 口 kǒu 일 コウ(くち) |

口 口 口 口 口

馬耳東風 마이동풍 [4II급]

말 귀에 부는 동풍이라는 뜻으로, 따뜻한 봄바람이 귀에 불어와도 말은 그것을 알지 못한다는 말.

❀ 우이독경(牛耳讀經), 오불관언(吾不關焉)

馬 말 마	馬馬馬馬馬馬馬馬馬	영 horse 중 马 mǎ 일 バ(うま)
	馬 馬 馬 馬 馬	

耳 귀 이	耳耳耳耳耳耳	영 ear 중 耳 ěr 일 ジ(みみ)
	耳 耳 耳 耳 耳	

東 동쪽 동	東東東東東東東東	영 east 중 东 dōng 일 トウ(ひがし)
	東 東 東 東 東	

風 바람 풍	風風風風風風風風風	영 wind 중 风 fēng 일 フウ(かぜ)
	風 風 風 風 風	

莫逆之間 막역지간 [4II급]

거스름이 없는 사이라는 뜻으로, 체면 따위를 차리지 않아도 거슬림이 없을 정도로 친한 사이라는 말.

❀ 막역간(莫逆間)

莫 없을 막	莫莫莫莫莫莫莫莫莫莫	영 not 중 莫 mò 일 バク(ない)
	莫 莫 莫 莫 莫	

逆 거스를 역	逆逆逆逆逆逆逆逆逆	영 disobey 중 逆 nì 일 ギャク(さか)
	逆 逆 逆 逆 逆	

之 갈 지	之之之之	영 go 중 之 zhī 일 シ(ゆく·これ)
	之 之 之 之 之	

間 사이 간	間間間間間間間間間間	영 gap 중 间 jiān 일 カン(あいだま)
	間 間 間 間 間	

無念無想 무념무상

무아(無我)의 경지에 이르러 일체의 상념이 없음을 일컫는 말.
유 무상무념(無想無念), 반 천사만고(千思萬考)

| 無 (无) 없을 무 | 無無無無無無無無無無無 | 영 nothing | 중 无 wú | 일 ム(ない) |

| 念 달 념 | 念念念念念念念念 | 영 think | 중 念 niàn | 일 ネン(おもう) |

| 無 (无) 없을 무 | 無無無無無無無無無無無 | 영 nothing | 중 无 wú | 일 ム(ない) |

| 想 생각할 상 | 想想想想想想想想想想想想 | 영 think | 중 想 xiǎng | 일 ソウ(おもう) |

無所不爲 무소불위

하지 못하는 것이 없다는 뜻으로, 무엇이든지 마음껏 할 수 있다는 뜻.
유 무소불능(無所不能)

| 無 (无) 없을 무 | 無無無無無無無無無無無 | 영 nothing | 중 无 wú | 일 ム(ない) |

| 所 바 소 | 所所所所所所所 | 영 place | 중 所 suǒ | 일 リク(あやまる) |

| 不 아닐 불 | 不不不不 | 영 not | 중 不 bù | 일 フ・ブ |

| 爲 (為) 할 위 | 爲爲爲爲爲爲爲爲爲爲 | 영 for | 중 为 wèi | 일 為 イ(なす・ため) |

白衣從軍 백의종군

4II급

흰옷을 입고 전투에 나간다는 뜻으로, 벼슬이 없는 사람으로 군대를 따라 전쟁터로 나아감을 일컫는 말.

白 (흰 백)
白白白白白
영 hundred 중 百 bǎi 일 ヒャク(もも)

衣 (옷 의)
衣衣衣衣衣衣
영 clothing 중 衣 yī 일 イ(ころも)

從 从 (따를 종)
從從從從從從從從從從
영 obey 중 从 cóng 일 従 ジュウ(したかう)

軍 (군사 군)
軍軍軍軍軍軍軍軍軍
영 military·district 중 军 jūn 일 グン(いくさ)

兵家常事 병가상사

4II급

병법에서 흔히 있는 일이라는 뜻으로 전쟁에서 이기고 지는 일은 항상 흔히 있는 일이므로 실패하더라도 절망하지 말라는 뜻.

兵 (군사 병)
兵兵兵兵兵兵兵
영 soldier 중 兵 bīng 일 ヘイ(つわもの)

家 (집 가)
家家家家家家家家家家
영 house 중 家 jiā 일 カ·ケ(いえ)

常 (항상 상)
常常常常常常常常常常常
영 always 중 常 cháng 일 ジョウ(とこ)

事 (일 사)
事事事事事事事事
영 work 중 事 shì 일 ジ(こと)

2단계 필수 고사성어 | 101

4II급 不可思議 불가사의

사람의 생각으로는 미루어 헤아릴 수도 없다는 뜻으로, 사람의 힘이 미치지 못하고 상상조차 할 수 없는 오묘한 것을 뜻함.

不 아닐 불 — 영 not 중 不 bù 일 フ·ブ

可 옳을 가 — 영 right 중 可 kě 일 カ(よい)

思 생각 사 — 영 think 중 思 sī 일 シ(おもう)

議 의논할 의 — 영 discuss 중 议 yì 일 ギ(はかる)

4II급 非一非再 비일비재

한두 번도 아니고 많다는 뜻으로, 한둘이 아니고 많음을 가리킴.
유 수두룩하다, 흔하다

非 아닐 비 — 영 not 중 非 fēi 일 ヒ(あらず)

一 한 일 — 영 one 중 一 yī 일 イチ(ひと)

非 아닐 비 — 영 not 중 非 fēi 일 ヒ(あらず)

再 두번 재 — 영 twice 중 再 zài 일 サイ(ふたたび)

師弟同行 사제동행

스승과 제자가 함께 행동한다는 뜻으로, 스승과 제자가 같이 학문에 힘쓴다는 말.

師 스승 사
師師師師師師師師師 / 師師師師師
영 teacher 중 师 shī 일 シ(せんせい)

弟 아우 제
弟弟弟弟弟弟弟 / 弟弟弟弟弟
영 younger brother 중 弟 dì 일 テイ(おとうと)

同 한 가지 동
同同同同同同 / 同同同同同
영 same 중 同 tóng 일 トウ(おなじ)

行 갈 행
行行行行行行 / 行行行行行
영 go 중 行 xíng 일 コウ(いく)

是是非非 시시비비

옳은 것은 옳고 그른 것은 그르다는 뜻으로, 특정의 입장에 얽매이지 않고 사물의 옳고 그른 것을 판단한다는 말.
유 비리곡직(非理曲直)

是 이 시
是是是是是是是是是 / 是是是是是
영 right 중 是 shì 일 ゼシ(ただしい)

是 이 시
是是是是是是是是是 / 是是是是是
영 right 중 是 shì 일 ゼシ(ただしい)

非 아닐 비
非非非非非非非非 / 非非非非非
영 not 중 非 fēi 일 ヒ(あらず)

非 아닐 비
非非非非非非非非 / 非非非非非
영 not 중 非 fēi 일 ヒ(あらず)

實事求是 실사구시 [4II급]

구체적인 사실에서 옳은 것을 구한다는 뜻으로, 사실에 근거하여 사물의 진리나 진상을 탐구하는 일을 말함.

| 實 열매 실 | 實實實實實實實實實實實實實
實 實 實 實 實 | 영 fruit 중 实 shí 일 実 ジツ(みのる) |

| 事 일 사 | 事事事事事事事事
事 事 事 事 事 | 영 work 중 事 shì 일 ジ(こと) |

| 求 구할 구 | 求求求求求求求
求 求 求 求 求 | 영 obtain, get 중 求 qiú 일 キユウ(もとめる) |

| 是 옳을 시 | 是是是是是是是是是
是 是 是 是 是 | 영 right 중 是 shì 일 ゼシ(ただしい) |

十伐之木 십벌지목 [4II급]

열 번 찍어 안 넘어가는 나무 없다라는 뜻으로, 무슨 일이든지 꾸준히 노력하면 성공하게 된다는 말.
(유) 마부위침(磨斧爲針), 마부작침(磨斧作針)

| 十 열 십 | 一 十
十 十 十 十 十 | 영 ten 중 十 shí 일 ジユウ(とお) |

| 伐 칠 벌 | 伐伐伐伐伐伐
伐 伐 伐 伐 伐 | 영 attack 중 伐 fá 일 バツ(うつ) |

| 之 갈 지 | 之之之之
之 之 之 之 之 | 영 go 중 之 zhī 일 シ(ゆく·これ) |

| 木 나무 목 | 木木木木
木 木 木 木 木 | 영 tree 중 木 mù 일 ボク(き) |

安貧樂道 안빈낙도 [4II급]

가난을 편히 여겨 도를 즐긴다는 뜻으로, 가난한 생활을 불편하게 여기지 않고 즐기는 마음으로 살아간다는 말.
유 안분지족(安分知足), 청빈낙도(淸貧樂道)

安 편안할 안
安安安安安安
영 table, desk 중 案 àn 일 アン

貧 가난할 빈
貧貧貧貧貧貧貧貧貧貧
영 poor 중 贫 pín 일 ヒン(まずしい)

樂 즐길 낙
樂樂樂樂樂樂樂樂樂樂樂
영 pleasure 중 乐 lè 일 楽 ラク(たのしい)

道 길 도
道道道道道道道道道道道道
영 road 중 道 dào 일 ドウ(みち)

眼下無人 안하무인 [4II급]

눈 아래에 사람이 없다는 뜻으로, 방자하고 교만하여 다른 사람을 업신여긴다는 뜻.
유 안중무인(眼中無人), 오안불손(傲岸不遜)

眼 눈 안
眼眼眼眼眼眼眼眼眼眼眼
영 eye 중 眼 yǎn 일 ガン(め)

下 아래 하
下下下
영 below 중 下 xià 일 カ(した)

無(无) 없을 무
無無無無無無無無無無無無
영 nothing 중 无 wú 일 ム(ない)

人 사람 인
人人
영 person 중 人 rén 일 ジン・ニン(ひと)

漁夫之利 어부지리

[4급]

어부의 이익이라는 뜻으로, 둘이 다투고 있는 사이에 엉뚱한 사람이(어부가) 애쓰지 않고 이익을 얻게 된다는 말.
⊕ 어인지공(漁人之功), 방휼지세(蚌鷸之勢)

| 漁 고기잡을 어 | 漁漁漁漁漁漁漁漁漁漁漁 / 漁 漁 漁 漁 漁 | 영 fishing 중 渔 yú 일 ギョ(あさる) |

| 夫 사내 부 | 夫夫夫夫 / 夫 夫 夫 夫 夫 | 영 husband 중 夫 fū 일 フ(おっと) |

| 之 갈 지 | 之之之之 / 之 之 之 之 之 | 영 go 중 之 zhī 일 シ(ゆく・これ) |

| 利 이익 리 | 利利利利利利利 / 利 利 利 利 利 | 영 profit 중 利 lì 일 ソ(えきする) |

與民同樂 여민동락

[4급]

백성과 더불어 즐거움을 같이한다는 뜻으로, 백성과 동고동락하는 임금의 자세를 말함.
⊕ 여민해락(與民偕樂)

| 與 (与) 더불 여 | 與與與與與與與與與與 / 與 與 與 與 與 | 영 together 중 与 yǔ 일 与 ヨ(あたえる) |

| 民 백성 민 | 民民民民民 / 民 民 民 民 民 | 영 people 중 民 mín 일 ミン(たみ) |

| 同 같을 동 | 同同同同同同 / 同 同 同 同 同 | 영 same 중 同 tóng 일 トウ(おなじ) |

| 樂 즐거울 락 | 樂樂樂樂樂樂樂樂樂樂 / 樂 樂 樂 樂 樂 | 영 pleasure 중 乐 lè 일 楽 ラク(たのしい) |

4II급 女必從夫 여필종부

아내는 반드시 남편의 뜻을 좇아야 함을 말함.
유 남창여수(男唱女隨), 부창부수(夫唱婦隨)

女 여자 여	영 female 중 女 nǚ 일 ジョ(おんな)
必 반드시 필	영 surely 중 必 bì 일 キ·ゴ(あう·ちぎる)
從 (从) 따를 종	영 obey 중 从 cóng 일 従 ジユウ(したがう)
夫 지아비 부	영 husband 중 夫 fū 일 フ(おっと)

4II급 溫故知新 온고지신

옛 것을 익히고 새 것을 안다는 뜻으로, 옛 지식을 통해 현재에도 적용할 수 있는 새 지혜를 얻는다는 말.
유 기문지학(記問之學), 구이지학(口耳之學)

溫 따뜻할 온	영 warm 중 温 wēn 일 温 オン(あたたか)
故 옛 고	영 ancient 중 故 gù 일 コ(ふるい·ゆえに)
知 알 지	영 know 중 知 zhī 일 シキ(しる)
新 새 신	영 new 중 新 xīn 일 シン(あたらしい)

2단계 필수 고사성어

4II급 牛耳讀經 우이독경

쇠귀에 경 읽기라는 뜻으로, 아무리 가르치고 일러 주어도 알아듣지 못함의 비유하는 말.
⊕ 마이동풍(馬耳東風), 우이송경(牛耳誦經)

牛 소 우	牛牛牛牛	영 ox·cow 중 牛 niú 일 ギュウ(うし)
	牛 牛 牛 牛 牛	

耳 귀 이	耳耳耳耳耳耳	영 ear 중 耳 ěr 일 ジ(みみ)
	耳 耳 耳 耳 耳	

讀 [読] 읽을 독	讀讀讀讀讀讀讀讀讀讀讀讀	영 read 중 读 dú 일 読 ドク(よむ)
	讀 讀 讀 讀 讀	

經 [经] 경서 경	經經經經經經經經經經經	영 classics 중 经 jīng 일 経 ケイ(たていと)
	經 經 經 經 經	

4II급 月下氷人 월하빙인

달 아래 늙은이와 얼음 밑에 있는 사람이라는 뜻으로, 월하로와 빙상인이 합쳐진 말로 중매인(中媒人)을 가리킴.
⊕ 월하노인(月下老人), 중매인(中媒人)

月 달 월	月月月月	영 moon 중 月 yuè 일 ゲツ(つき)
	月 月 月 月 月	

下 아래 하	下下下	영 below 중 下 xià 일 カ(した)
	下 下 下 下 下	

氷 얼음 빙	氷氷氷氷氷	영 ice 중 冰 bīng 일 ヒョウ(こおり)
	氷 氷 氷 氷 氷	

人 사람 인	人人	영 person 중 人 rén 일 ジン·ニン(ひと)
	人 人 人 人 人	

衛正斥邪 위정척사 [4II급]

바른 것은 보호하고 간사한 것은 내친다는 뜻으로, 조선 후기에 유교적인 질서를 보존하고 외국 세력을 배척한 운동을 말함.

유 파사현정(破邪顯正)

衛 지킬 위 — 衛衛衛衛衛衛衛衛衛衛衛 | 영 keep | 중 卫 wèi | 일 ユイ(まもる)

正 바를 정 — 正正正正正 | 영 straight | 중 正 zhèng | 일 セイ(ただしい)

斥 자를 척 — 斥斥斥斥斥 | 영 refuse | 중 斥 chì | 일 セキ(しりぞける)

邪 간사할 사 — 邪邪邪邪邪邪邪 | 영 malicious | 중 邪 xiè | 일 ジャ(よこしま)

威風堂堂 위풍당당 [4II급]

위엄 있는 모양이 의젓하고 버젓하다는 뜻으로, 남을 압도할 만큼 풍채가 의젓하고 떳떳함을 가리키는 말.

유 위의당당(威儀堂堂), 위풍늠름(威風凜凜)

威 위엄 위 — 威威威威威威威威威 | 영 dignity | 중 威 wēi | 일 イ(たけし)

風 바람 풍 — 風風風風風風風風風 | 영 wind | 중 风 fēng | 일 フウ(かぜ)

堂 집 당 — 堂堂堂堂堂堂堂堂堂堂 | 영 house | 중 堂 táng | 일 ドウ(おもてざしき)

堂 집 당 — 堂堂堂堂堂堂堂堂堂堂 | 영 house | 중 堂 táng | 일 ドウ(おもてざしき)

有備無患 유비무환

4II급

미리 준비가 되어 있으면 근심할 것이 없다는 뜻으로, 모든 것은 갖춘 것이 있어야만 근심이 없게 된다는 말.
유 거안사위(居安思危), 반 사후약방문(死後藥方文)

한자	필순	영 / 중 / 일
有 있을 유	有有有有有有	영 exist / 중 有 yǒu / 일 ユウ(ある)
備 갖출 비	備備備備備備備備備備	영 prepare / 중 备 bèi / 일 フン(いきどおる)
無 (无) 없을 무	無無無無無無無無無無無無	영 nothing / 중 无 wú / 일 ム(ない)
患 근심 환	患患患患患患患患患患	영 anxiety / 중 患 huàn / 일 カン(うれえる)

意味深長 의미심장

4II급

뜻이 깊고 길다는 뜻으로, 말이나 글의 뜻이 매우 깊고 함축이 있다는 말.

한자	필순	영 / 중 / 일
意 뜻 의	意意意意意意意意意意意	영 intention, will / 중 意 yì / 일 イ
味 맛 미	味味味味味味味味	영 taste / 중 味 wèi / 일 ミ(あじ)
深 깊을 심	深深深深深深深深深深深	영 deep / 중 深 shēn / 일 シン(ふかい)
長 길 장	長長長長長長長長	영 long / 중 长 cháng / 일 チョウ(ながい)

以熱治熱 이열치열

4II급

열로써 열을 다스린다는 뜻으로, 어떤 작용에 대하여 그것과 같은 수단으로 대응한다는 것을 비유한 말.

| 以 써 이 | 以以以以以 | 영 by, with 중 已 yǐ 일 イ(もって) |

| 熱 더울 열 | 熱熱熱熱熱熱熱熱熱熱熱熱熱熱熱 | 영 hot 중 热 rè 일 ネツ(あつい) |

| 治 다스릴 치 | 治治治治治治治治 | 영 govern 중 治 zhì 일 ジ(おさめる) |

| 熱 더울 열 | 熱熱熱熱熱熱熱熱熱熱熱熱熱熱熱 | 영 hot 중 热 rè 일 ネツ(あつい) |

因果應報 인과응보

4II급

원인과 결과라는 뜻으로, 좋은 원인에 좋은 결과가 나오고 나쁜 원인에 나쁜 결과가 나오듯, 반드시 그것에 상응하는 과보가 있다는 불교 용어.

| 因 인할 인 | 因因因因因因 | 영 cause 중 因 yīn 일 イン(よる) |

| 果 실과 과 | 果果果果果果果果 | 영 fruit 중 果 guǒ 일 カ(はて) |

| 應 (応) 응할 응 | 應應應應應應應應應應 | 영 reply 중 应 yìng 일 応 オウ(こたえる) |

| 報 갚을 보 | 報報報報報報報報報 | 영 repay 중 报 bào 일 ホウ(むくいる) |

2단계 필수 고사성어 | 111

一擧兩得 일거양득 [4II급]

하나를 노려서 두 개를 얻는다는 뜻으로, 한 가지 일로 두 가지 이득을 본다는 말.

유 일거양획(一擧兩獲), 반 일거양실(一擧兩失)

一 하나 일	一	영 one 중 一 yī 일 イチ(ひと)

擧 (挙) 들 거	擧擧擧擧擧擧擧擧擧擧擧	영 lift 중 举 jǔ 일 挙 キョ(あげる)

兩 (両) 두 양	兩兩兩兩兩兩兩兩	영 two 중 两 liǎng 일 両 リョウ

得 얻을 득	得得得得得得得得得得得	영 get 중 得 dé 일 トク(える)

一石二鳥 일석이조 [4II급]

한 개의 돌로 두 마리새를 잡는다는 뜻으로, 한 가지 일로 두 가지 이득을 얻는다는 말.

유 일거양득(一擧兩得), 일전쌍조(一箭雙鵰)

一 하나 일	一	영 one 중 一 yī 일 イチ(ひと)

石 돌 석	石石石石石	영 stone 중 石 shí 일 セキ(いし)

二 두 이	二二	영 two 중 二 èr 일 二(ふたつ)

鳥 새 조	鳥鳥鳥鳥鳥鳥鳥鳥鳥鳥鳥	영 bird 중 鸟 niǎo 일 ショウ(かね)

一進一退 일진일퇴 [4II급]

한 번 나아가고 한 번 물러섬의 뜻으로 상대와 경쟁을 벌이는 과정에서 전진과 후퇴를 반복한다는 말.

一 하나 일 — 영 one 중 一 yī 일 イチ(ひと)

進 나아갈 진 — 영 advance 중 进 jìn 일 シン(すすむ)

一 하나 일 — 영 one 중 一 yī 일 イチ(ひと)

退 물러날 퇴 — 영 retreat 중 退 tuì 일 タイ(しりぞく)

一寸光陰 일촌광음 [4II급]

한 마디밖에 안 되는 시간이라는 뜻으로, 아주 짧은 시간을 가리키는 말.
유 광음여시(光陰如矢), 광음여유수(光陰如流水)

一 하나 일 — 영 one 중 一 yī 일 イチ(ひと)

寸 마디 촌 — 영 inch, moment 중 寸 cùn 일 スン

光 빛 광 — 영 light 중 光 guāng 일 コウ(ひかり)

陰 (陰) 그늘 음 — 영 shade 중 阴 yīn 일 陰 イン(かげ)

一波萬波 일파만파

4II급

하나의 물결이 수많은 물결이 된다는 뜻으로, 하나의 사건이 잇달아 많은 사건으로 확대된다는 말.

| 一 한 일 | one | 一 yī | イチ(ひと) |

| 波 물결 파 | wave | 波 bō | ハ(なみ) |

| 萬 (万) 일만 만 | ten thousand | 万 wàn | 万 マン(よろず) |

| 波 물결 파 | wave | 波 bō | ハ(なみ) |

自業自得 자업자득

4II급

자기가 저지른 일의 과오(잘못)를 스스로 얻는다는 뜻으로, 자기가 저지른 일의 결과를 자신이 감수해야 한다는 말.

⊕ 인과응보(因果應報), 자업자박(自業自縛)

| 自 스스로 자 | self | 自 zì | シジ(みずから) |

| 業 업 업 | business | 业 yè | ギョウ(わざ) |

| 自 스스로 자 | self | 自 zì | シジ(みずから) |

| 得 얻을 득 | get | 得 dé | トク(える) |

自初至終 자초지종

4II급

처음부터 끝까지 이르는 동안 또는 그 사실을 말함.
유 자두지미(自頭至尾), 전후수말(前後首末)

自 스스로 자	自自自自自自	영 self 중 自 zì 일 シジ(みずから)
初 처음 초	初初初初初初	영 beginning 중 初 chū 일 ショ(はつ)
至 이를 지	至至至至至至	영 reach 중 至 zhì 일 シ(いたる)
終 마칠 종	終終終終終終終終終	영 finish 중 终 zhōng 일 シュウ(おえる)

朝變夕改 조변석개

4II급

아침저녁으로 뜯어 고친다는 뜻으로, 결정이나 계획을 자주 바꾼다는 말.
유 조령모개(朝令暮改), 조석변개(朝夕變改)

朝 아침 조	朝朝朝朝朝朝朝朝朝朝	영 morning 중 朝 zhāo 일 チョウ(あさ)
變 (变) 바꿀 변	變變變變變變變變變變	영 change 중 变 biàn 일 変 ヘン(かわる)
夕 저녁 석	夕夕夕	영 evening 중 夕 xī 일 セキ(ゆう)
改 고칠 개	改改改改改改改	영 improve 중 改 gǎi 일 カイ(あらためる)

4II급 鳥足之血 조족지혈

새 발의 피라는 뜻으로, 필요한 양에 비해 턱없이 아주 적은 분량을 비유하는 말.

⊕ 구우일모(九牛一毛), 대해일속(大海一粟)

鳥 새 조	鳥鳥鳥鳥鳥鳥鳥鳥鳥鳥鳥	영 bird 중 鸟 niǎo 일 ショウ(かね)
	鳥 鳥 鳥 鳥 鳥	

足 발 족	足足足足足足足	영 foot 중 足 zú 일 ソク(あし)
	足 足 足 足 足 足	

之 갈 지	之之之之	영 go 중 之 zhī 일 シ(ゆく·これ)
	之 之 之 之 之	

血 피 혈	血血血血血血	영 blood 중 血 xuě 일 ケツ(ち)
	血 血 血 血 血	

4II급 晝耕夜讀 주경야독

낮에는 농사를 짓고 밤에는 글을 읽는다는 뜻으로, 바쁘고 어려운 중에도 꿋꿋이 공부함을 이르는 말.

⊕ 주경조독(晝耕朝讀), 청경우독(晴耕雨讀)

晝 낮 주	晝晝晝晝晝晝晝晝晝晝	영 day time 중 昼 zhòu 일 昼 チュウ(ひる)
	晝 晝 晝 晝 晝	

耕 밭갈 경	耕耕耕耕耕耕耕耕耕耕	영 plough 중 耕 gēng 일 コウ(たがやす)
	耕 耕 耕 耕 耕	

夜 밤 야	夜夜夜夜夜夜夜夜	영 night 중 夜 yè 일 ヤ(よる)
	夜 夜 夜 夜 夜	

讀 (読) 읽을 독	讀讀讀讀讀讀讀讀讀讀讀讀	영 read 중 读 dú 일 読 ドク(よむ)
	讀 讀 讀 讀 讀	

走馬看山 주마간산 [4Ⅱ급]

달리는 말 위에서 산천을 구경한다는 뜻으로, 시간 들여 찬찬히 훑어보지 않고 서둘러 대충 보고 지나친다는 말.

㈜ 주마간화(走馬看花)

| 走 달릴 주 | 走走走走走走走 | 영 run, rush 중 走 zǒu 일 ソウ(はしる) |

| 馬 말 마 | 馬馬馬馬馬馬馬馬馬馬 | 영 horse 중 马 mǎ 일 バ(うま) |

| 看 볼 간 | 看看看看看看看看 | 영 see 중 看 kàn 일 カン(みる) |

| 山 뫼 산 | 山山山 | 영 mountain 중 山 shān 일 サン(やま) |

竹馬故友 죽마고우 [4Ⅱ급]

대나무로 만든 말을 타던 옛 벗이라는 뜻으로, 어릴 적부터 같이 놀며 자란 오랜 벗을 일컬음.

㈜ 죽마구우(竹馬舊友), 죽마지우(竹馬之友)

| 竹 대 죽 | 竹竹竹竹竹竹 | 영 bamboo 중 竹 zhú 일 チク(たけ) |

| 馬 말 마 | 馬馬馬馬馬馬馬馬馬馬 | 영 horse 중 马 mǎ 일 バ(うま) |

| 故 옛 고 | 故故故故故故故故 | 영 ancient 중 故 gù 일 コ(ふるい·ゆえに) |

| 友 벗 우 | 友友友友 | 영 friend 중 友 yǒu 일 コウ(とも) |

2단계 필수 고사성어

衆口難防 중구난방

4II급

뭇사람의 말을 이루 다 막기가 어렵다는 뜻으로, 여러 명이 말을 마구 뱉어냄을 표현하는 말.

유 방민지구심어방천(防民之口甚於防川)

| 衆 무리 중 | 衆衆衆衆衆衆衆衆衆衆衆衆 | 영 crowd 중 众 zhòng 일 シュウ(むれ) |

| 口 입 구 | 口口口 | 영 mouth 중 口 kǒu 일 コウ(くち) |

| 難 어려울 난 | 難難難難莫莫莫剿剿難難難 | 영 difficult 중 难 nán 일 ナン(むずかしい) |

| 防 막을 방 | 防防防防防防防 | 영 block 중 防 fáng 일 ボウ(ふせぐ) |

進退兩難 진퇴양난

4II급

나아가기도 어렵고 물러서기도 어렵다는 뜻으로, 궁지에 몰려 매우 난처한 처지에 놓여 있음을 일컫는 말.

유 진퇴유곡(進退維谷)

| 進 나아가다 진 | 隹隹隹隹進進進進 | 영 advance 중 进 jìn 일 シン(すすむ) |

| 退 물러날 퇴 | 退退退退退退退退退 | 영 retreat 중 退 tuì 일 タイ(しりぞく) |

| 兩 (両) 두 양 | 兩兩兩兩兩兩兩兩 | 영 two 중 两 liǎng 일 両 リョウ |

| 難 어려울 난 | 難難難難莫莫莫剿剿難難難 | 영 difficult 중 难 nán 일 ナン(むずかしい) |

千篇一律 천편일률
[4II급]

천 가지 작품이 한 가지 율조를 지닌다는 뜻으로, 여러 시문의 격조가 변화가 없이 똑같다는 말.

㈜ 일률천편(一律千篇)

| 千 일천 천 | 千千千 | 영 thousand 중 千 qiān 일 セン(ち) |

| 篇 책 편 | 篇篇篇篇篇篇篇篇篇篇篇篇篇 | 영 book 중 篇 piān 일 ヘン(まき) |

| 一 한 일 | 一 | 영 one 중 一 yī 일 イチ(ひと) |

| 律 법칙 률 | 律律律律律律律律律 | 영 law 중 律 lǜ 일 りつ・りち |

他山之石 타산지석
[4II급]*

남의 산에 있는 하찮은 돌도 자기의 옥(玉)을 가는 데 쓰인다는 뜻으로, 타인의 사소한 언행도 수양에 도움이 된다는 말.

㈜ 절차탁마(切磋琢磨), 공옥이석(攻玉以石)

| 他 다를 타 | 他他他他他 | 영 different 중 他 tā 일 タ(ほか) |

| 山 뫼 산 | 山山山 | 영 mountain 중 山 shān 일 サン(やま) |

| 之 갈 지 | 之之之之 | 영 go 중 之 zhī 일 シ(ゆく・これ) |

| 石 돌 석 | 石石石石石 | 영 stone 중 石 shí 일 セキ(いし) |

2단계 필수 고사성어

太平煙月 태평연월

근심이나 걱정이 없는 편안한 세월을 말함.
유 태평세월(太平歲月)

| 太 클 태 | 太太太太 | 영 great | 중 太 tài | 일 タ(ふとい) |

太太太太太

| 平 평평할 평 | 平平平平平 | 영 flat·even | 중 平 píng | 일 ヘイ(たいら) |

平平平平平

| 煙 연기 연 | 煙煙煙煙煙煙煙煙煙煙煙煙 | 영 smoke | 중 烟 yān | 일 エン(けむり) |

煙煙煙煙煙

| 月 달 월 | 月月月月 | 영 moon | 중 月 yuè | 일 ゲツ(つき) |

月月月月月

平地風波 평지풍파

평지에 풍파가 인다는 뜻으로, 까닭없이 일을 시끄럽게 만들거나 뜻밖에 분쟁을 일으켜 일을 난처하게 만듦을 일컫는 말.
유 파벽(破僻)

| 平 평평할 평 | 平平平平平 | 영 flat·even | 중 平 píng | 일 ヘイ(たいら) |

平平平平平

| 地 땅 지 | 地地地地地地 | 영 earth, land | 중 地 dì | 일 チ(つち) |

地地地地地

| 風 바람 풍 | 風風風風風風風風風 | 영 wind | 중 风 fēng | 일 フウ(かぜ) |

風風風風風

| 波 물결 파 | 波波波波波波波波 | 영 wave | 중 波 bō | 일 ハ(なみ) |

波波波波波

風前燈火 풍전등화 [4II급]

바람 앞의 등불이라는 뜻으로, 매우 위급한 처지에 있거나 사물의 덧없음을 말함.
㊤ 풍전등촉(風前燈燭), 풍전지진(風前之塵)

| 風 바람 풍 | 風風風風風風風風風 | 영 wind | 중 风 fēng | 일 フウ(かぜ) |

| 前 앞 전 | 前前前前前前前前 | 영 front | 중 前 qián | 일 ゼン(まえ) |

| 燈 (灯) 등잔 등 | 燈燈燈燈燈燈燈燈燈燈燈燈燈燈燈燈 | 영 lamp | 중 灯 dēng | 일 灯 トウ(ひ) |

| 火 불 화 | 火火火火 | 영 fire | 중 火 huǒ | 일 カ(ひ) |

漢江投石 한강투석 [4II급]

한강에 돌 던지기라는 뜻으로, 아무리 해도 헛될 일을 하는 어리석은 행동을 가리킴.
㊤ 홍로점설(紅爐點雪), 배수거신(杯水車薪)

| 漢 한수 한 | 漢漢漢漢漢漢漢漢漢漢漢漢漢 | 영 name of a river | 중 汉 hàn | 일 カン(かん) |

| 江 강 강 | 江江江江江江 | 영 river | 중 江 jiāng | 일 コウ(え) |

| 投 던질 투 | 投投投投投投投 | 영 throw | 중 投 tóu | 일 トウ(なげる) |

| 石 돌 석 | 石石石石石 | 영 stone | 중 石 shí | 일 セキ(いし) |

興盡悲來 흥진비래

즐거운 일이 다하고 슬픈 일이 닥쳐온다는 뜻으로, 세상이 돌고 돌아 순화됨을 가리키는 말.
반 고진감래(苦盡甘來)

| 興 (兴) 흥할 흥 | 興興興興興興興興興興興 | 영 cheerful | 중 兴 xīng | 일 コウ(おこる) |

| 盡 (尽) 다할 진 | 盡盡盡盡盡盡盡盡盡盡盡盡 | 영 exhaust | 중 尽 jìn | 일 尽 ジン(つまる) |

| 悲 슬플 비 | 悲悲悲悲悲悲悲悲悲悲 | 영 sad | 중 悲 bēi | 일 ヒ(かなしい) |

| 來 (来) 올 래 | 來來來來來來來來 | 영 come | 중 来 lái | 일 来 ライ(きたる) |

喜怒哀樂 희로애락

기쁨, 성냄, 슬픔, 즐거움이라는 뜻으로, 인간이 살아가면서 느끼는 온갖 감정을 가리킴.
유 환락애정(歡樂哀情)

| 喜 기쁠 희 | 喜喜喜喜喜喜喜喜喜 | 영 glad | 중 喜 xǐ | 일 キ(よろこぶ) |

| 怒 성낼 로 | 怒怒怒怒怒怒怒怒怒 | 영 get angry | 중 努 nǔ | 일 ド(つとめる) |

| 哀 슬플 애 | 哀哀哀哀哀哀哀哀 | 영 sad | 중 哀 āi | 일 アイ(あわれ) |

| 樂 (乐) 즐길 락 | 樂樂樂樂樂樂樂樂樂樂樂 | 영 pleasure | 중 乐 lè | 일 楽 ラク(たのしい) |

4II급 喜色滿面 희색만면
기쁜 빛이 얼굴에 가득함을 일컫는 말.

喜 기쁠 희 — 영 glad ㅣ 중 喜 xǐ ㅣ 일 キ(よろこぶ)

色 빛 색 — 영 color ㅣ 중 色 sè ㅣ 일 ショク(いろ)

滿 찰 만 — 영 full ㅣ 중 满 mǎn ㅣ 일 満 マン(みちる)

面 낯 면 — 영 face ㅣ 중 面 miàn ㅣ 일 メン(かお)

3급 刻骨銘心 각골명심
뼈에 새기고 마음에 새겨 둔다는 뜻으로, 영원히 잊어버리지 않는다는 말.
유 누골명심(鏤骨銘心)

刻 새길 각 — 영 carve ㅣ 중 刻 kè ㅣ 일 コク(きざむ)

骨 뼈 골 — 영 bone ㅣ 중 骨 gǔ ㅣ 일 コツ(ほね)

銘 새길 명 — 영 engrave ㅣ 중 铭 míng ㅣ 일 メイ

心 마음 심 — 영 heart ㅣ 중 心 xīn ㅣ 일 シン(こころ)

[3급] 刻舟求劍 각주구검

검이 물속에 떨어진 자리를 배에 새겨 그 검을 찾으려 한다는 뜻으로, 어리석음을 말함.

㊤ 수주대토(守株待兎), 각선구검(刻船求劍)

| 刻 새길 각 | 刻刻刻刻刻刻刻 | ㊇ carve ㊥ 刻 kè ㊐ コク(ざむ) |

| 舟 배 주 | 舟舟舟舟舟舟 | ㊇ ship ㊥ 舟 zhōu ㊐ シュウ(ふね) |

| 求 구할 구 | 求求求求求求求 | ㊇ obtain, get ㊥ 求 qiú ㊐ キュウ(もとめる) |

| 劍[剑] 칼 검 | 劍劍劍劍劍劍劍劍劍劍 | ㊇ sword ㊥ 剑 jiàn ㊐ ケン(つるぎ) |

[3급] 輕擧妄動 경거망동

경솔하고 망령되게 행동한다는 뜻으로, 도리나 사정을 생각하지 않고 경솔하게 함부로 행동함을 가리킴.

㊤ 경거망행(輕擧妄行), ㊥ 은인자중(隱忍自重)

| 輕[轻] 가벼울 경 | 輕輕輕輕輕輕輕輕輕輕輕輕 | ㊇ light ㊥ 轻 qīng ㊐ 軽 ケイ(かるい) |

| 擧[挙] 들 거 | 擧擧擧擧擧擧擧擧擧擧擧 | ㊇ lift ㊥ 举 jǔ ㊐ 挙 キョ(あげる) |

| 妄 망령될 망 | 妄妄妄妄妄妄 | ㊇ forget ㊥ 忘 wàng ㊐ ボウ(わすれる) |

| 動 움직일 동 | 動動動動動動動動動動 | ㊇ move ㊥ 动 dòng ㊐ ドウ(うごかす) |

季布一諾 계포일낙 [3급]

계포의 믿을 수 있는 확실한 승낙이라는 뜻으로, 곧 '한 번 약속을 하면 반드시 지킨다'는 말.

㈜ 남아일언중천금(男兒一言重千金)

季 계절 계 — 영 season 중 季 jì 일 キ(すえ)

布 베 포 — 영 linen 중 布 bù 일 フ·ホ(ぬの)

一 한 일 — 영 one 중 一 yī 일 イチ(ひと)

諾 승낙할 낙 — 영 respond 중 诺 nuò 일 ダク(うべなう)

古色蒼然 고색창연 [3급]

퍽 오래되어 예스러운 정치(情致)가 저절로 드러나 보이는 모양을 가리킴.

㈜ 창연(蒼然)

古 옛 고 — 영 old 중 古 gǔ 일 コ(ふるい)

色 빛 색 — 영 color 중 色 sè 일 ショク(いろ)

蒼 푸를 창 — 영 blue 중 苍 cāng 일 ソウ(あおい)

然 그러할 연 — 영 so, such 중 然 rán 일 ゼン(しかり)

2단계 필수 고사성어 | 125

3급 苦肉之策 고육지책

적을 속이기 위해서, 또는 어려운 사태에서 벗어나기 위한 수단으로 제 몸을 괴롭히면서까지 짜내는 계책을 이르는 말.

유 고육지계(苦肉之計), 고육책(苦肉策)

| 苦 쓸 고 | 苦苦苦苦苦苦苦苦 苦苦苦苦苦 | 영 bitter 중 苦 kǔ 일 ク(くるしい) |

| 肉 고기 육 | 肉肉肉肉肉肉 肉肉肉肉肉 | 영 meat 중 肉 ròu 일 ニク(しし) |

| 之 갈 지 | 之之之之 之之之之之 | 영 go 중 之 zhī 일 シ(ゆく·これ) |

| 策 꾀 책 | 策策策策策策策策策策策 策策策策策 | 영 plan 중 策 cè 일 サク(はかりごと) |

*3급 曲學阿世 곡학아세

학문을 굽히어 세상에 아첨한다는 뜻으로, 정도를 벗어난 학문으로 세상 사람에게 아첨함을 이르는 말.

유 어용학자(御用學者)

| 曲 굽을 곡 | 曲曲曲曲曲曲 曲曲曲曲曲 | 영 bent 중 曲 qǔ 일 キョク(まげる) |

| 學 (学) 배울 학 | 學學學學學學學學學學學 學學學學學 | 영 learn 중 学 xué 일 学 ガク(まなぶ) |

| 阿 언덕 아 | 阿阿阿阿阿阿阿 阿阿阿阿阿 | 영 hill 중 阿 ē 일 ア(おか) |

| 世 인간 세 | 世世世世世 世世世世世 | 영 generation 중 世 shì 일 セ·セイ(と) |

空中樓閣 공중누각 [3급]

공중에 떠 있는 누각이라는 뜻으로, 아무런 근거나 현실적 토대가 없는 가공(架空)의 사물을 일컫는 말.
유 과대망상(誇大妄想), 신기루(蜃氣樓)

空 빌 공	空空空空空空空空	영 empty 중 空 kōng 일 クウ(そら)
中 가운데 중	中中中中	영 middle 중 中 zhōng 일 チユウ(なか)
樓 (楼) 다락 누	樓樓樓樓樓樓樓樓樓樓樓	영 loft 중 楼 lóu 일 楼 ロウ(たかどの)
閣 집 각	閣閣閣閣閣閣閣閣閣閣閣閣	영 house 중 阁 gé 일 カク(たかどの)

口蜜腹劍 구밀복검 [3급] *

입에는 꿀을 바르고 뱃속에는 칼을 품는다는 뜻으로, 입으로 달콤한 말을 하면서 내심으로는 음해할 생각을 한다는 말.
유 면종복배(面從腹背), 표리부동(表裏不同)

口 입 구	口口口	영 mouth 중 口 kǒu 일 コウ(くち)
蜜 꿀 밀	蜜蜜蜜蜜蜜蜜蜜蜜蜜蜜蜜	영 honey 중 蜜 mì 일 ミツ(みつ)
腹 배 복	腹腹腹腹腹腹腹腹腹腹腹腹腹	영 belly 중 腹 fù 일 フク(はら)
劍 (剣) 칼 검	劍劍劍劍劍劍劍劍劍劍	영 sword 중 剑 jiàn 일 ケン(つるぎ)

3급 群鷄一鶴 군계일학

닭 무리 중에 섞여 있는 한 마리 학이라는 뜻으로, 여러 평범한 사람들 가운데 뛰어난 한 사람을 일컫는 말.
㊌ 계군일학(鷄群一鶴), 계군고학(鷄群孤鶴)

群 무리 군	영 crowd 중 群 qún 일 グン(むら)
鷄 닭 계	영 cock 중 鸡 jī 일 鶏 ケイ(にわとり)
一 한 일	영 one 중 一 yī 일 イチ(ひと)
鶴 학 학	영 crane 중 鹤 hè 일 カク(つる)

3급 君爲臣綱 군위신강

임금은 신하의 벼리(중심체)라는 뜻으로, 신하는 임금을 섬기는 것이 근본이라는 말.
㊌ 부위자강(父爲子綱)

君 임금 군	영 king 중 君 jūn 일 クン(きみ)
爲 할 위	영 for 중 为 wèi 일 為 イ(なす·ため)
臣 신하 신	영 minister 중 臣 shén 일 シン(たみ)
綱 벼리 강	영 outline 중 纲 gāng 일 コウ(つな)

窮餘之策 (궁여지책)

[3급] 궁한 끝에 나는 꾀라는 뜻으로, 막다른 처지에서 생각다 못해 내는 계책을 말함.
㊀ 궁여일책(窮餘一策)

| 窮 궁할 궁 | 窮窮窮窮窮窮窮窮窮窮窮窮 | 영 poor 중 穷 qióng 일 キュウ(きわまる) |

| 餘 (余) 남을 여 | 餘餘餘餘餘餘餘餘餘餘餘 | 영 remain 중 余 yú 일 余 ヨ(あまる) |

| 之 갈 지 | 之之之之 | 영 go 중 之 zhī 일 シ(ゆく・これ) |

| 策 책략 책 | 策策策策策策策策策策策 | 영 plan 중 策 cè 일 サク(はかりごと) |

權謀術數 (권모술수)

[3급] 권세와 모략과 중상 등 온갖 수단과 방법을 쓴다는 뜻으로, 목적을 위해 남을 교묘하게 속이는 모략이나 술수를 일컫는 말.
㊀ 권모술책(權謀術策), 권수(權數)

| 權 (权) 권세 권 | 權權權權權權權權權權權 | 영 power 중 权 quán 일 権 ケン・ゴン |

| 謀 꾀 모 | 謀謀謀謀謀謀謀謀謀謀 | 영 plot 중 谋 móu 일 ボウ(はかる) |

| 術 재주 술 | 術術術術術術術術術術 | 영 talent 중 术 shù 일 ジュツ |

| 數 (数) 셈 수 | 數數數數數數數數數數數 | 영 count 중 数 shǔ 일 数 スウ(かず) |

克己復禮 극기복례 [3급]

자기 자신을 극복하고, 예로 돌아간다는 뜻으로, 지나친 욕망을 누르고 예의범절을 좇게 한다는 뜻.

㊤ 극복(克復)

| 克 이길 극 | 克克克克克克克 | 영 overcome 중 克 kè 일 コク(かつ) |

| 己 몸 기 | 己己己 | 영 self 중 己 jǐ 일 コ·キ(おのれ) |

| 復 돌아올 복 | 復復復復復復復復復復 | 영 return 중 复 fù 일 フク(かえる) |

| 禮 (礼) 예도 례 | 禮禮禮禮禮禮禮禮禮 | 영 courtesy 중 礼 lǐ 일 礼 レイ |

錦上添花 금상첨화 [3급]

비단 위에 꽃을 더한 것이라는 뜻으로, 좋은 일이나 상황이 연달아 일어남을 가리킴.

㊥ 설상가상(雪上加霜), 전호후랑(前虎後狼)

| 錦 비단 금 | 錦錦錦錦錦錦錦錦錦錦 | 영 silk 중 锦 jǐn 일 キン(にしき) |

| 上 윗 상 | 上上上 | 영 upper 중 上 shàng 일 ジョウ(うえ) |

| 添 더할 첨 | 添添添添添添添添添添 | 영 add 중 添 tiān 일 テン(そえる) |

| 花 꽃 화 | 花花花花花花花花 | 영 flower 중 花 huā 일 カ(はな) |

錦衣還鄉 금의환향 [3급]

출세나 성공을 해서 비단옷을 입고 고향에 돌아온다는 뜻으로, 입신출세(立身出世)한 후, 떳떳하게 고향에 돌아옴을 가리키는 말.
유 금의주행(錦衣晝行)

錦 비단 금	錦錦錦錦錦錦錦錦錦錦錦	영 silk 중 锦 jǐn 일 キン(にしき)
衣 옷 의	衣衣衣衣衣衣	영 clothing 중 衣 yī 일 イ(ころも)
還 돌아올 환	還還還還還還還還還還還還	영 return 중 还 huán 일 カン(かえる)
鄉 시골 향	鄉鄉鄉鄉鄉鄉鄉鄉鄉鄉	영 country 중 乡 xiāng 일 郷 キョウ(さと)

氣高萬丈 기고만장 [3급]

기운의 높이가 만 길이라는 뜻으로, 일이 뜻대로 잘 되어 기세가 대단하거나, 또 화를 낼 때 지나치게 자만하는 형세를 말함.
유 기염만장(氣焰萬丈), 호기만장(豪氣萬丈)

氣 기운 기	氣氣氣氣氣氣氣氣氣氣	영 energy 중 气 qì 일 気 キ
高 높을 고	高高高高高高高高高	영 high 중 高 gāo 일 コウ(たかい)
萬 (万) 일만 만	萬萬萬萬萬萬萬萬萬萬	영 ten thousand 중 万 wàn 일 万 マン(よろず)
丈 길이 장	丈丈丈	영 elder 중 丈 zhàng 일 ジョウ(たけ)

3급 金蘭之交 금란지교

금처럼 견고하고 난초처럼 향기로운 사귐이라는 뜻으로, 굳게 맺은 우정을 가리킴.
㊤ 금란지계(金蘭之契), 지란지교(芝蘭之交)

金 쇠금	金金金金金金金	영 gold 중 金 jīn 일 キン(かな)
	金 金 金 金 金	

蘭 초란	蘭蘭蘭蘭蘭蘭蘭蘭蘭蘭蘭	영 orchid 중 兰 lán 일 ラン(あららぎ)
	蘭 蘭 蘭 蘭 蘭	

之 갈지	之之之之	영 go 중 之 zhī 일 シ(ゆく・これ)
	之 之 之 之 之	

交 사귈교	交交交交交交	영 associate 중 交 jiāo 일 コウ(まじわる)
	交 交 交 交 交	

3급 同床異夢 동상이몽

같은 침상에서 서로 다른 꿈을 꾼다는 뜻으로, 겉으로는 같이 행동하면서 속으로는 각기 딴 생각을 함. 여주원 회비서를 비유하는 말.
㊤ 동상각몽(同床各夢)

同 같을동	同同同同同同	영 same 중 同 tóng 일 トウ(おなじ)
	同 同 同 同 同	

床 평상상	床床床床床床床	영 bed 중 床 chuáng 일 ショウ(ゆか)
	床 床 床 床 床	

異 다를이	異異異異異異異異異異異	영 different 중 异 yì 일 イ(ことなる)
	異 異 異 異 異	

夢 꿈몽	夢夢夢夢夢夢夢夢夢	영 dream 중 梦 mèng 일 ム(ゆめ)
	夢 夢 夢 夢 夢	

[3급] 得魚忘筌 득어망전

득어망전 물고기를 잡고 나면 통발을 잊는다는 뜻으로, 뜻을 이루면 그 뜻을 이루기 위해 사용한 수단은 잊거나 버리게 됨을 가리킴.

得 얻을 득 — 得得得得得得得得得得 — 영 get 중 得 dé 일 トク(える)

魚 물고기 어 — 魚魚魚魚魚魚魚魚魚魚魚 — 영 fish 중 鱼 yú 일 ギョ(さかな)

忘 잊을 망 — 忘忘忘忘忘忘忘 — 영 forget 중 忘 wàng 일 ボウ(わすれる)

筌 통발 전 — 筌筌筌筌筌筌筌筌筌 — 영 a fish trap 중 筌 quán 일 セン(うえ)

[3급]* 登高自卑 등고자비

높은 곳에 오르려면 낮은 곳에서부터 시작해야 한다는 뜻으로, 지위가 높아질수록 스스로를 낮추는 것을 가리킴.
유 천리길도 한 걸음부터

登 오를 등 — 登登登登登登登登 — 영 climb 중 登 dēng 일 ト・トウ(のぼる)

高 높을 고 — 高高高高高高高高高 — 영 high 중 高 gāo 일 コウ(たかい)

自 스스로 자 — 自自自自自自 — 영 self 중 自 zì 일 シジ(みずから)

卑 낮을 비 — 卑卑卑卑卑卑卑卑 — 영 low 중 卑 bēi 일 ヒ(いやしい)

3급 臨機應變 임기응변

그때그때 처한 뜻밖의 일을 재빨리 그 자리에서 알맞게 대처하는 일을 말함.

⊕ 수기응변(隨機應變), 수시응변(隨時應變)

臨 임할 임	臨臨臨臨臨臨臨臨臨臨臨	영 face 중 临 lín 일 リン(のぞむ)
機 틀 기	機機機機機機機機機機機機	영 machine 중 机 jī 일 キ(はた)
應 [応] 응할 응	應應應應應應應應應	영 reply 중 应 yìng 일 応 オウ(こたえる)
變 [変] 변할 변	變變變變變變變變變變	영 change 중 变 biàn 일 変 ヘン(かわる)

3급 萬頃蒼波 만경창파

만 이랑의 푸른 물결이라는 뜻으로, 한없이 넓고 푸른 바다나 호수의 물결을 이르는 말.

⊕ 만경파(萬頃波), 만리창파(萬里滄波)

萬 [万] 일만 만	萬萬萬萬萬萬萬萬萬萬	영 ten thousand 중 万 wàn 일 万 マン(よろず)
頃 잠깐 경	頃頃頃頃頃頃頃頃頃頃	영 briefly 중 顷 qǐng 일 ケイ(ころ)
蒼 푸를 창	蒼蒼蒼蒼蒼蒼蒼蒼蒼蒼	영 blue 중 苍 cāng 일 ソウ(あおい)
波 물결 파	波波波波波波波波	영 wave 중 波 bō 일 ハ(なみ)

3급 面從腹背 면종복배

낯(얼굴)으로는 따르지만 뱃속으로는 등지다는 뜻으로, 겉으로는 복종하는 체하면서 속으로는 배반함을 말함.
유 양봉음위(陽奉陰違), 동상이몽(同床異夢)

面 낯 면	面面面面面面面面面	영 face 중 面 miàn 일 メン(かお)
從 (从) 따를 종	從從從從從從從從從從從	영 obey 중 从 cóng 일 從 ジユウ(したがう)
腹 배 복	腹腹腹腹腹腹腹腹腹腹腹腹	영 belly 중 腹 fù 일 フク(はら)
背 등 배	背背背背背背背背	영 back 중 背 bèi 일 ハイ(そむく)

3급 名實相符 명실상부

이름과 실상이 서로 꼭 들어맞고, 알려진 것과 실제의 상황이나 능력에 차이가 없음을 뜻함.
반 명실상반(名實相反)

名 이름 명	名名名名名名	영 name 중 名 míng 일 メイ(な)
實 열매 실	實實實實實實實實實實	영 fruit 중 实 shí 일 実 ジツ(みのる)
相 서로 상	相相相相相相相相	영 mutually 중 相 xiàng 일 ショウ(あい)
符 부신 부	符符符符符符符符符符	영 adrenal 중 符 fú 일 フ

默默不答 묵묵부답
입을 다문 채 아무 대답도 하지 아니함.

默 잠잠할 묵	默默默默默默默默默默默	영 quiet, still 중 默 mò 일 モク(しずか)
	默 默 默 默 默	

默 잠잠할 묵	默默默默默默默默默默默	영 quiet, still 중 默 mò 일 モク(しずか)
	默 默 默 默 默	

不 아닐 부	不不不不	영 not 중 不 bù 일 フ・ブ
	不 不 不 不 不	

答 대답 답	答答答答答答答答答答答答	영 answer 중 答 dá 일 トウ(こたえる)
	答 答 答 答 答	

變化無雙 변화무쌍
사물의 모양이나 성질 따위가 바뀌고 달라지는 일이 많거나 일정하지 않아 종잡을 수 없음을 뜻함.
㊥ 변화무궁(變化無窮), 변화무쌍(變化無雙)

變 变 변할 변	變變變變變變變變變變變	영 change 중 变 biàn 일 変 ヘン(かわる)
	變 變 變 變 變	

化 될 화	化化化化	영 change 중 化 huà 일 カ(ばかす)
	化 化 化 化 化	

無 无 없을 무	無無無無無無無無無無無	영 nothing 중 无 wú 일 ム(ない)
	無 無 無 無 無	

雙 双 항상 쌍	雙雙雙雙雙雙雙雙雙	영 pair 중 双 shuāng 일 双(ふた)
	雙 雙 雙 雙 雙	

本末顚倒 본말전도 [3급]

일의 처음과 나중이 뒤바뀐다는 뜻으로, 일의 근본을 잊고 사소한 부분에만 사로잡힘을 이르는 말.
유 주객전도(主客顚倒), 반 본말상순(本末相順)

本 근본 본	本本本本本	영 origin 중 本 běn 일 ホン(もと)
末 끝 말	末末末末末	영 end 중 末 mò 일 マツ(すえ)
顚 넘어질 전	顚顚顚顚顚顚顚顚顚顚	영 fall down 중 颠 diān 일 テン(いただき)
倒 넘어질 도	倒倒倒倒倒倒倒倒倒	영 fall 중 倒 dǎo 일 トウ(たおれる)

夫爲婦綱 부위부강 [3급]

남편은 아내의 벼리가 된다는 뜻으로, 남편이 아내의 모범이 되어야 한다는 부부간에 관한 유교 도덕의 기본 가치 덕목을 말함.

夫 지아비 부	夫夫夫夫	영 husband 중 夫 fū 일 フ(おっと)
爲 (为) 할 위	爲爲爲爲爲爲爲爲爲爲爲	영 for 중 为 wèi 일 為 イ(なす・ため)
婦 지어미 부	婦婦婦婦婦婦婦婦婦	영 wife 중 妇 fù 일 フ(おんな)
綱 벼리 강	綱綱綱綱綱綱綱綱綱綱綱	영 outline 중 纲 gāng 일 コウ(つな)

2단계 필수 고사성어

父爲子綱 부위자강 [3급]

아버지가 자식의 벼리가 된다는 뜻으로, 아버지가 아들의 모범이 되어야 한다는 부자간에 관한 유교 도덕의 기본 가치 덕목을 말함.

| 父 아비 부 | 父父父父 | 영 father 중 父 fù 일 フ(ちち) |

| 爲 (为) 할 위 | 爲爲爲爲爲爲爲爲爲爲 | 영 for 중 为 wèi 일 為 イ(なす・ため) |

| 子 아들 자 | 子子子 | 영 son 중 子 zǐ 일 シ・ス(こ) |

| 綱 벼리 강 | 綱綱綱綱綱綱綱綱綱綱 | 영 outline 중 纲 gāng 일 コウ(つな) |

夫唱婦隨 부창부수 [3급]

지아비는 이끌고 지어미는 따른다는 뜻으로, 부부의 화합을 이르는 말.
㊞ 남창여수(男唱女隨), 여필종부(女必從夫)

| 夫 지아비 부 | 夫夫夫夫 | 영 husband 중 夫 fū 일 フ(おっと) |

| 唱 노래 창 | 唱唱唱唱唱唱唱唱唱唱 | 영 sing 중 唱 chàng 일 ショウ(となえる) |

| 婦 며느리 부 | 婦婦婦婦婦婦婦婦婦 | 영 wife 중 妇 fù 일 フ(おんな) |

| 隨 (随) 따를 수 | 隨隨隨隨隨隨隨隨隨隨 | 영 follow 중 随 suí 일 ズイ(したがう) |

四分五裂 사분오열 [3급]

넷으로 나누어지고 다섯으로 갈라진다는 뜻으로 의견 등이 통일되지 못함을 나타내는 말.
⊕ 삼분오열(三分五裂)

四 넉 사	四四四四四					영 four 중 四 sì 일 シ(よ・よつ)
分 나눌 분	分分分分					영 divide 중 分 fēn 일 フン(わける)
五 다섯 오	五五五五					영 five 중 五 wǔ 일 ゴ(いつつ)
裂 찢어질 열	裂裂裂裂裂裂裂裂裂裂					영 split 중 裂 liè 일 レツ(さく)

三綱五倫 삼강오륜 [3급]

유교의 도덕에서 기본이 되는 세 가지의 강령과 지켜야 할 다섯 가지의 도리를 말함.

三 석 삼	三三三					영 three 중 三 sān 일 サン(みつつ)
綱 벼리 강	綱綱綱綱綱綱綱綱綱綱綱綱					영 outline 중 纲 gāng 일 コウ(つな)
五 다섯 오	五五五五					영 five 중 五 wǔ 일 ゴ(いつつ)
倫 인륜 륜	倫倫倫倫倫倫倫倫倫					영 morals 중 伦 lùn 일 リン(みち・たぐい)

3급 三顧草廬 삼고초려

초가집을 세 번 찾아간다는 뜻으로, 유비가 제갈공명을 군사로 맞아들이기 위하여 세 번 찾아간 데서 유래하였다.
유 군신수어(君臣水魚), 수어지교(水魚之交)

| 三 석 삼 | 三 三 三 | 영 three 중 三 sān 일 サン(みつつ) |

三 三 三 三 三

| 顧 돌아볼 고 | 顧顧顧顧顧顧顧顧顧 | 영 look after 중 顾 gù 일 コ(かえりみる) |

顧 顧 顧 顧 顧

| 草 풀 초 | 草草草草草草草草草 | 영 grass 중 草 cǎo 일 ソウ(くさ) |

草 草 草 草 草

| 廬 오두막집 려 | 廬廬廬廬廬廬廬廬廬廬廬 | 영 farmer's hut 중 庐 lú 일 リョ(かりや) |

廬 廬 廬 廬 廬

3급 三旬九食 삼순구식

서른 날에 아홉 끼니를 먹는다는 뜻으로, 집안이 몹시 가난함을 이르는 말.
유 상루하습(上漏下濕), 부중생어(釜中生魚)

| 三 석 삼 | 三 三 三 | 영 three 중 三 sān 일 サン(みつつ) |

三 三 三 三 三

| 旬 열흘 순 | 旬旬旬旬旬旬 | 영 ten days 중 旬 xún 일 ジュン |

旬 旬 旬 旬 旬

| 九 아홉 구 | 九九 | 영 nine 중 九 jiǔ 일 キユウ·ク(ここのつ) |

九 九 九 九 九

| 食 밥 식 | 食食食食食食食食食 | 영 food, eat 중 食 shí 일 ショク(たべる) |

食 食 食 食 食

[3급] 小貪大失 소탐대실

작은 것을 탐내다가 오히려 큰 것을 잃는다는 뜻으로, 욕심을 부리지 말라는 말.

유 이주탄작(以珠彈雀), 과유불급(過猶不及)

小 작을 소	小小小	영 small	중 小 xiǎo	일 ショウ(ちいさい)
貪 탐할 탐	貪貪貪貪貪貪貪貪貪貪	영 covet	중 贪 tān	일 タン(むさぼる)
大 큰 대	大大大	영 great	중 大 dà	일 タイ(おおきい)
失 잃을 실	失失失失失	영 lose	중 失 shī	일 シツ(うしなう)

[3급] 束手無策 속수무책

손이 묶여 대책이 없다는 뜻으로, 손이 묶인 것처럼 뾰족한 방법이나 대책이 없어서 꼼짝 못한다는 말.

약 속수(束手)

束 묶을 속	束束束束束束束	영 bind, tie	중 束 shù	일 ソク(たば)
手 손 수	手手手手	영 hand	중 手 shǒu	일 シュ(て)
無 (无) 없을 무	無無無無無無無無無無無無	영 nothing	중 无 wú	일 ム(ない)
策 꾀 책	策策策策策策策策策策策	영 plan	중 策 cè	일 サク(はかりごと)

2단계 필수 고사성어 | 141

3급 手不釋卷 수불석권

책을 손에서 떼지 않는다는 뜻으로, 부지런히 학문에 힘쓴다는 의미. 즉 책을 늘 가까이 한다는 말.
유 수불폐권(手不廢卷), 독서삼매(讀書三昧)

| 手 손 수 | 手手手手 | 영 hand 중 手 shǒu 일 シュ(て) |

| 不 아닐 불 | 不不不不 | 영 not 중 不 bù 일 フ·ブ |

| 釋(釈) 풀 석 | 釋釋釋釋釋釋釋釋釋釋釋 | 영 release 중 释 shì 일 釈 シャク |

| 卷 책 권 | 卷卷卷卷卷卷卷卷 | 영 volume 중 卷 Juàn 일 カン·ケン(まき) |

3급 脣亡齒寒 순망치한

입술을 잃으면 이가 시리다는 뜻으로, 가까운 사이의 한쪽이 망하면 다른 한쪽도 그 영향을 받아 온전치 못함을 말함.
유 순치지국(脣齒之國), 거지양륜(車之兩輪)

| 脣 입술 순 | 脣脣脣脣脣脣脣脣脣脣 | 영 lips 중 唇 chún 일 シユン |

| 亡 잃을 망 | 亡亡亡 | 영 ruin 중 亡 wáng 일 ボウ(ほろびる) |

| 齒(歯) 이 치 | 齒齒齒齒齒齒齒齒齒齒齒 | 영 tooth 중 齿 chǐ 일 歯 シ(は) |

| 寒 찰 한 | 寒寒寒寒寒寒寒寒寒寒 | 영 cold 중 寒 hán 일 カソ(さむい) |

始終一貫 시종일관

처음부터 끝까지 똑같은 방침이나 태도로 나아감을 나타내는 말.
유 종시일관(終始一貫), 반 용두사미(龍頭蛇尾)

始 처음 시
始始始始始始始
영 begin 중 始 shǐ 일 シ(はじめ)

終 마칠 종
終終終終終終終終終
영 finish 중 终 zhōng 일 シュウ(おえる)

一 한 일
一
영 one 중 一 yī 일 イチ(ひと)

貫 꿸 관
貫貫貫貫貫貫貫貫貫貫貫
영 pierce 중 贯 guàn 일 カン(つらぬく)

深思熟考 심사숙고

깊이 생각하고 익히 상고한다는 뜻으로, 신중하게 곰곰이 생각함을 일컫는 말.
유 심사묵고(深思默考), 심사숙려(深思熟慮)

深 깊을 심
深深深深深深深深深深深
영 deep 중 深 shēn 일 シン(ふかい)

思 생각할 사
思思思思思思思思
영 think 중 思 sī 일 シ(おもう)

熟 익을 숙
熟熟熟熟熟熟熟熟熟熟
영 boil 중 孰 shú 일 ジュク(いずれ)

考 상고할 고
考考考考考考
영 think 중 考 kǎo 일 キ(ふるう)

2단계 필수 고사성어 | 143

3급 吾不關焉 오불관언

나는 그 일에 상관하지 않는다는 뜻으로, 어떤 일에도 상관하지 아니함을 말함.

㈜ 마이동풍(馬耳東風), 수수방관(袖手傍觀)

| 吾 나 오 | 吾吾吾吾吾吾吾 / 吾吾吾吾吾 | 영 I 중 吾 wú 일 ゴ(われ) |

| 不 아닐 불 | 不不不不 / 不不不不不 | 영 not 중 不 bù 일 フ・ブ |

| 關 (関) 빗장 관 | 關關關關關關關關關關關關 / 關關關關關 | 영 bolt, connect 중 关 guān 일 関 カン(せき) |

| 焉 어찌 언 | 焉焉焉焉焉焉焉焉焉焉 / 焉焉焉焉焉 | 영 why 중 焉 yān 일 エン(いずくんぞ) |

3급 唯一無二 유일무이

오직 하나요 둘도 없다는 뜻으로, '유일(唯一)하다'의 강조어.

| 唯 오직 유 | 唯唯唯唯唯唯唯唯唯 / 唯唯唯唯唯 | 영 only 중 唯 wéi 일 イ・ユイ(ただ) |

| 一 한 일 | 一 / 一一一一一 | 영 one 중 一 yī 일 イチ(ひと) |

| 無 (无) 없을 무 | 無無無無無無無無無無 / 無無無無無 | 영 nothing 중 无 wú 일 ム(ない) |

| 二 두 이 | 二二 / 二二二二二 | 영 two 중 二 èr 일 ニ(ふたつ) |

3급 吟風弄月 음풍농월

바람을 읊조리며 달을 가지고 논다라는 뜻으로, 맑은 바람과 밝은 달에 대하여 시를 짓고 즐겁게 논다는 말.
⊕ 음풍영월(吟風詠月), 풍월(風月)

吟 읊을 음	吟吟吟吟吟吟吟	영 recite 중 吟 yín 일 ギン(くちずさむ)
	吟 吟 吟 吟 吟	

風 바람 풍	風風風風風風風風風	영 wind 중 风 fēng 일 フウ(かぜ)
	風 風 風 風 風	

弄 희롱할 농	弄弄弄弄弄弄弄	영 mock 중 弄 nòng 일 ロウ(もてあそぶ)
	弄 弄 弄 弄 弄	

月 달 월	月月月月	영 moon 중 月 yuè 일 ゲツ(つき)
	月 月 月 月 月	

3급 人面獸心 인면수심

얼굴은 사람의 모습을 하였으나 마음은 짐승과 같다는 뜻으로, 의리도 인정도 없는 마음이 몹시 흉악함을 이르는 말.
⊕ 인비인(人非人), ⦿ 귀면불심(鬼面佛心)

人 사람 인	人人	영 person 중 人 rén 일 ジン·ニン(ひと)
	人 人 人 人 人	

面 낯 면	面面面面面面面面面	영 face 중 面 miàn 일 メン(かお)
	面 面 面 面 面	

獸 (獣) 짐승 수	獸獸獸獸獸獸獸獸獸獸獸	영 beast 중 兽 shòu 일 ジユウ(けもの)
	獸 獸 獸 獸 獸	

心 마음 심	心心心心	영 heart 중 心 xīn 일 シン(こころ)
	心 心 心 心 心	

3급 一場春夢 일장춘몽

한바탕의 봄꿈이라는 뜻으로, 헛된 영화나 덧없는 일이나 덧없는 인생을 비유하는 말.

유 괴안몽(槐安夢), 나부지몽(羅浮之夢)

一 한 일	一	영 one 중 一 yī 일 イチ(ひと)
場 마당 장	場場場場場場場場場場場	영 place, spot 중 场 chǎng 일 ジョウ(ば)
春 봄 춘	春春春春春春春春春	영 spring 중 春 chūn 일 シュン(はる)
夢 (梦) 꿈 몽	夢夢夢夢夢夢夢夢夢夢夢	영 dream 중 梦 mèng 일 ム(ゆめ)

3급 臨戰無退 임전무퇴

삼국 통일의 원동력이 된 화랑(花郞)의 세속오계(世俗五戒)의 하나로 싸움에 임하여 물러남이 없다는 말.

臨 임할 임	臨臨臨臨臨臨臨臨臨臨臨	영 face 중 临 lín 일 リン(のぞむ)
戰 (战) 싸움 전	戰戰戰戰戰戰戰戰戰戰戰	영 war 중 战 zhàn 일 戦 セン(たたかう)
無 (无) 없을 무	無無無無無無無無無無無	영 nothing 중 无 wú 일 ム(ない)
退 물러날 퇴	退退退退退退退退退	영 retreat 중 退 tuì 일 タイ(しりぞく)

赤手空拳 적수공권 [3급]

맨손과 맨주먹이라는 뜻으로, 자신의 힘 이외 아무것도 가진 것이 없음을 일컫는 말.

㊌ 도수공권(徒手空拳), 척수공권(隻手空拳)

| 赤 붉을 적 | 赤赤赤赤赤赤 | 영 red 중 赤 chì 일 セキ(あか) |

| 手 손 수 | 手手手手 | 영 hand 중 手 shǒu 일 シュ(て) |

| 空 빌 공 | 空空空空空空空空 | 영 empty 중 空 kōng 일 クウ(そら) |

| 拳 주먹 권 | 拳拳拳拳拳拳拳拳拳拳 | 영 fist 중 拳 quán 일 ケン・ゲン(こぶし) |

轉禍爲福 전화위복 [3급]

화가 바뀌어 오히려 복이 된다는 뜻으로, 불행이라고 생각했던 일이 나중에는 오히려 좋은 일로 바뀐다는 말.

㊌ 새옹지마(塞翁之馬), 반화위복(反禍爲福)

| 轉 구를 전 | 轉轉轉轉轉轉轉轉轉轉轉 | 영 roll 중 转 zhuǎn 일 転 テン(ころぶ) |

| 禍 재앙 화 | 禍禍禍禍禍禍禍禍禍禍 | 영 disaster 중 祸 huò 일 カ(わざわい) |

| 爲 (為) 할 위 | 爲爲爲爲爲爲爲爲爲爲 | 영 for 중 为 wèi 일 為 イ(なす・ため) |

| 福 복 복 | 福福福福福福福福福福 | 영 fortune 중 福 fú 일 フク(さいわい) |

絶長補短 절장보단 [3급]

긴 것을 잘라 짧은 것에 보탠다는 뜻으로, 장점으로 부족한 점이나 나쁜 점을 보충한다는 말.
⊕ 단장보단(斷長補短), 절장보단(截長補短)

絶 끊을 절	絶絶絶絶絶絶絶絶絶	영 cut off 중 绝 jué 일 ゼツ(たえる)
長 긴 장	長長長長長長長長	영 long 중 长 cháng 일 チョウ(ながい)
補 도울 보	補補補補補補補補補補	영 help 중 补 pǔ 일 ホ(おぎなう)
短 짧을 단	短短短短短短短短短短	영 short 중 短 duǎn 일 タン(みじかい)

漸入佳境 점입가경 [3급]

갈수록 멋진 경치가 나온다는 뜻으로, 일이 진척될수록 상황이 점점 재미있어진다는 말.
⊕ 자경(蔗境), 가경(佳境)

漸 차차 점	漸漸漸漸漸漸漸漸漸漸漸漸	영 gradually 중 渐 jiàn 일 ゼン
入 빠져들 입	入入	영 enter 중 入 rù 일 ニュウ(いる)
佳 아름다울 가	佳佳佳佳佳佳佳佳	영 beautiful 중 佳 jiā 일 カ
境 지경 경	境境境境境境境境境境	영 boundary 중 境 jìng 일 キョウ(さかい)

縱橫無盡 종횡무진
행동이 마음 내키는 대로 자유자재로 함을 말함.

縱 세로 종 — 縱縱縱縱縱縱縱縱縱縱縱縱 — 영 vertical 중 纵 zòng 일 ジュウ(たて)

橫 가로 횡 — 橫橫橫橫橫橫橫橫橫橫橫橫 — 영 width 중 横 héng 일 オウ(よこ)

無 无 없을 무 — 無無無無無無無無無無無無 — 영 nothing 중 无 wú 일 ム(ない)

盡 尽 다할 진 — 盡盡盡盡盡盡盡盡盡盡盡 — 영 exhaust 중 尽 jìn 일 尽 ジン(つまる)

左衝右突 좌충우돌
왼쪽으로 부딪치고 오른쪽으로 부딪친다는 뜻으로, 이리저리 구분하지 않고 함부로 맞닥뜨린다는 말.
유 동충서돌(東衝西突), 좌우충돌(左右衝突)

左 왼 좌 — 左左左左左 — 영 left 중 左 zuǒ 일 サ(ひだり)

衝 찌를 충 — 衝衝衝衝衝衝衝衝衝衝衝衝 — 영 pierce 중 衝 chōng 일 ショウ(つく)

右 오른 우 — ナナ右右右 — 영 right 중 右 yòu 일 ユウ(みぎ)

突 부딪칠 돌 — 突突突突突突突突突 — 영 collide 중 突 tū 일 トツ(つく)

2단계 필수 고사성어

衆寡不敵 중과부적 〔3급〕

많은 것에 적은 것이 대적하지 못한다는 뜻으로, 적은 수효로는 많은 수효를 이기지 못함을 나타내는 말.
⊕ 과부적중(寡不敵衆), 사문부산(使蚊負山)

衆 무리 중 — 영 crowd / 중 众 zhòng / 일 シュウ(むれ)

寡 적을 과 — 영 few / 중 寡 guǎ / 일 カ(すない)

不 아닐 부 — 영 not / 중 不 bù / 일 フ・ブ

敵 대적할 적 — 영 againt / 중 敌 dí / 일 テキ(あいて)

支離滅裂 지리멸렬 〔3급〕

갈라지고 떨어지고 없어지고 찢어진다는 뜻으로, 갈가리 흩어지고 찢기어 갈피를 잡을 수 없음을 가리키는 말.
⊕ 지리분산(支離分散), ⊖ 이로정연(理路整然)

支 갈라질 지 — 영 split / 중 支 zhī / 일 シ(ささえる)

離 떠날 리 — 영 surely / 중 离 lí / 일 リ(はなれる)

滅 멸망할 멸 — 영 ruin / 중 灭 miè / 일 メツ(ほろびる)

裂 찢어질 렬 — 영 split / 중 裂 liè / 일 レツ(さく)

[3급] 進退維谷 진퇴유곡

앞으로 나아갈 수도 없고, 뒤로 물러설 수도 없다는 뜻으로, 궁지에 몰려 있음을 일컫는 말.
⊕ 진퇴양난(進退兩難)

| 進 나아갈 진 | 進住住住進進進進 | 영 advance 중 进 jìn 일 シン(すすむ) |

| 退 물러날 퇴 | 退退退退退退退退退 | 영 retreat 중 退 tuì 일 タイ(しりぞく) |

| 維 맬 유 | 維維維維維維維維維維維 | 영 tie 중 维 wéi 일 イ(つなぐ) |

| 谷 골 곡 | 谷谷谷谷谷谷谷 | 영 valley 중 谷 gǔ 일 コク(たに) |

[3급] 借廳借閨 차청차규

대청을 빌리면 안방도 빌리고자 한다는 뜻으로, 인간의 욕심은 끝이 없다는 말.
⊕ 차청입실(借廳入室), 거어지탄(車魚之歎)

| 借 빌릴 차 | 借借借借借借借借借 | 영 borrow 중 借 jiè 일 シャク(かりる) |

| 廳 (庁) 대청 청 | 廳廳廳廳廳廳廳廳廳廳廳 | 영 hall 중 厅 tīng 일 庁 チョウ |

| 借 빌릴 차 | 借借借借借借借借借 | 영 borrow 중 借 jiè 일 シャク(かりる) |

| 閨 안방 규 | 閨閨閨閨閨閨閨閨閨閨 | 영 boudoir 중 闺 guī 일 ケイ(ねや) |

天崩之痛 천붕지통 [3급]

하늘이 무너지는 듯한 슬픔이라는 뜻으로, 제왕이나 부모의 상사를 당한 큰 슬픔을 가리키는 말.
유 망극지통(罔極之痛), 고분지탄(鼓盆之嘆)

天 하늘 천	영 heaven	중 天 tiān	일 テン(そう)
崩 무너질 붕	영 collapse	중 崩 bēng	일 ホウ(くずれる)
之 갈 지	영 go	중 之 zhī	일 シ(ゆく·これ)
痛 아플 통	영 painful	중 痛 tòng	일 ツウ(いたむ)

千載一遇 천재일우 [3급]

천 년에 한 번 만난다는 뜻으로, 좀처럼 얻기 어려운 좋은 기회나 어쩌다가 혹 한 번 만남을 일컫는 말.
유 천세일시(千歲一時), 천재일시(千載一時)

千 일천 천	영 thousand	중 千 qiān	일 セン(ち)
載 실을 재	영 carry	중 載 zài	일 サイ(さばく)
一 한 일	영 one	중 一 yī	일 イチ(ひと)
遇 만날 우	영 meet	중 遇 yù	일 グウ(めう)

[3급] 青出於藍 청출어람

쪽에서 나온 푸른 물감이 쪽빛보다 더 푸르다는 뜻으로, 스승이나 선배보다 제자나 후배가 더 뛰어나다는 말.

윤 출람지예(出藍之譽), 준 출람(出藍)

青 푸를 청
青青青青青青青
영 blue 중 青 qīng 일 セイ(あおい)

出 나올 출
出出出出出
영 come out 중 出 chū 일 シュツ(でる)

於 갈 어
於於於於於於於於
영 in·particle 중 於 yú 일 オ(おいて)

藍 (蓝) 쪽 람
藍藍藍藍藍藍藍藍藍藍藍藍
영 indigo 중 蓝 lán 일 ラン(あい)

[3급] 快刀亂麻 쾌도난마

잘 드는 칼로 엉클어진 삼실을 자른다는 뜻으로, 어지럽게 뒤얽힌 사물이나 사건 따위를 단번에 시원하게 처리함을 말함.

윤 쾌도참난마(快刀斬亂麻)

快 쾌할 쾌
快快快快快快快
영 cheerful 중 快 kuài 일 カイ(こころよい)

刀 칼 도
刀刀
영 knife 중 刀 dāo 일 トウ(かたな)

亂 (乱) 어지러울 난
亂亂亂亂亂亂亂亂亂亂亂亂亂
영 confuse 중 乱 luàn 일 乱 ラン(みだれる)

麻 삼 마
麻麻麻麻麻麻麻麻麻
영 hemp 중 麻 má 일 マ(あさ)

鶴首苦待 학수고대 [3급]

학처럼 목을 빼고 기다린다는 뜻으로, 몹시 애타게 기다린다는 말.
유 학수(鶴首), 학망(鶴望)

| 鶴 학 학 | 鶴鶴鶴鶴鶴鶴鶴鶴鶴鶴鶴 | 영 crane 중 鶴 hè 일 カク(つる) |

| 首 머리 수 | 首首首首首首首首首 | 영 head 중 首 shǒu 일 シュ(くび) |

| 苦 쓸 고 | 苦苦苦苦苦苦苦苦 | 영 bitter 중 苦 kǔ 일 ク(くるしい) |

| 待 기다릴 대 | 待待待待待待待待 | 영 wait 중 待 dài 일 タイ(まつ) |

浩然之氣 호연지기 [3급]

하늘과 땅 사이에 가득 찬 넓고도 큰 기운이라는 뜻으로, 사물에서 해방되어 자유스럽고 유쾌한 마음을 뜻함.
유 정대지기(正大之氣), 호기(浩氣)

| 浩 넓을 호 | 浩浩浩浩浩浩浩浩浩浩 | 영 wide 중 浩 hào 일 コウ(ひろい) |

| 然 그럴 연 | 然然然然然然然然然然然 | 영 so, such 중 然 rán 일 ゼン(しかり) |

| 之 갈 지 | 之之之之 | 영 go 중 之 zhī 일 シ(ゆく・これ) |

| 氣 기운 기 | 氣氣氣氣氣氣氣氣氣氣 | 영 energy 중 气 qì 일 気 キ |

胡蝶之夢 호접지몽 [3급]

나비가 된 꿈이라는 뜻으로, 현실과 꿈이 뒤섞여서 무엇이 현실이고 무엇이 꿈인지를 분간하기 어려움을 비유한 말.

㊤ 장주지몽(莊周之夢), 물심일여(物心一如)

| 胡 오랑캐 호 | 胡胡胡胡胡胡胡胡胡 | 영 savage · 중 胡 hú · 일 コ·ウ·ゴ(えびす) |

| 蝶 나비 접 | 蝶蝶蝶蝶蝶蝶蝶蝶蝶蝶蝶 | 영 butterfly · 중 蝶 dié · 일 チョウ |

| 之 갈 지 | 之之之之 | 영 go · 중 之 zhī · 일 シ(ゆく·これ) |

| 夢(梦) 꿈 몽 | 夢夢夢夢夢夢夢夢夢夢 | 영 dream · 중 梦 mèng · 일 ム(ゆめ) |

厚顔無恥 후안무치 [3급]*

얼굴 거죽이 두꺼워 자신의 부끄러움도 돌아보지 않는다는 뜻으로, 뻔뻔스러워 부끄러워할 줄을 모름을 일컫는 말.

㊤ 철면피(鐵面), ㊥ 순정가련(純情可憐)

| 厚 두터울 후 | 厚厚厚厚厚厚厚厚厚 | 영 thick · 중 厚 hòu · 일 コウ(あつい) |

| 顔 얼굴 안 | 顔顔顔顔顔顔顔顔顔顔顔 | 영 face · 중 颜 yán · 일 ガン(かお) |

| 無(无) 없을 무 | 無無無無無無無無無無無無 | 영 nothing · 중 无 wú · 일 ム(ない) |

| 恥(耻) 부끄러울 치 | 恥恥恥恥恥恥恥恥恥恥 | 영 shame · 중 耻 chǐ · 일 耻 チ(はじ) |

2단계 필수 고사성어

刻骨難忘 각골난망 [3II급]

뼈에 사무치도록 못 잊는다는 뜻으로, 입은 은혜에 대한 고마움을 뼈에 새기어 결코 잊지 아니한다는 말.
유 결초보은(結草報恩), 백골난망(白骨難忘)

刻 새길 각
刻刻刻刻刻刻刻刻
영 carve 중 刻 kè 일 コク(ざむ)

骨 뼈 골
骨骨骨骨骨骨骨骨骨
영 bone 중 骨 gǔ 일 コツ(ほね)

難 어려울 난
難難難難難難難難難難難
영 difficult 중 难 nán 일 ナン(むずかしい)

忘 잊을 망
忘忘忘忘忘忘忘
영 forget 중 忘 wàng 일 ボウ(わすれる)

各樣各色 각양각색 [3II급]

다른 모양과 다른 빛깔이라는 뜻으로, 여러 가지, 가지가지를 말함.
유 각색각양 (各色各樣), 종종색색 (種種色色)

各 제각기 각
各各各各各各
영 each 중 各 gè 일 カク(つの)

樣 모양 양
樣樣樣樣樣樣樣樣樣樣樣
영 style, form 중 样 yàng 일 様 ヨウ(さま)

各 제각기 각
各各各各各各
영 each 중 各 gè 일 カク(つの)

色 빛 색
色色色色色色
영 color 중 色 sè 일 ショク(いろ)

乾坤一色 건곤일색 〔3II급〕

눈이 내린 뒤에 세상이 한 가지 빛깔이 되었다는 뜻으로, 천지가 온통 같은 빛깔임을 나타냄.

| 乾 하늘 건 | 乾乾乾乾乾乾乾乾乾乾乾 | 영 heaven 중 乾 qián 일 ケン(てん) |

| 坤 땅 곤 | 坤坤坤坤坤坤坤坤 | 영 earth 중 坤 kūn 일 コン(つち) |

| 一 한 일 | 一 | 영 one 중 一 yī 일 イチ(ひと) |

| 色 빛 색 | 色色色色色色 | 영 color 중 色 sè 일 ショク(いろ) |

隔世之感 격세지감 〔3II급〕

매우 많이 변해서 마치 딴 세상에 온 것처럼 느껴진다는 뜻으로, 급격한 변화를 가리킴.

유 격세감(隔世感), 금석지감(今昔之感)

| 隔 사이뜰 격 | 隔隔隔隔隔隔隔隔隔隔隔隔 | 영 separate 중 隔 gé 일 カク(へだたる) |

| 世 세상 세 | 世世世世世 | 영 generation 중 世 shì 일 セ·セイ(と) |

| 之 갈 지 | 之之之之 | 영 go 중 之 zhī 일 シ(ゆく·これ) |

| 感 느낄 감 | 感感感感感感感感感感感感感 | 영 feel 중 感 gǎn 일 カン(かんずる) |

2단계 필수 고사성어 | 157

傾國之色 경국지색

나라를 위태롭게 할 정도로 아름다운 여자라는 뜻으로, 썩 빼어난 절세의 미인을 뜻함.

유 경성지색(傾城之色), 단순호치(丹脣皓齒)

| 傾 기울 경 | 傾傾傾傾傾傾傾傾傾傾 | 영 incline 중 倾 qīng 일 ケイ(かたむく) |

| 國 나라 국 | 國國國國國國國國國國 | 영 country 중 国 guó 일 国 コク(くに) |

| 之 갈 지 | 之之之之 | 영 go 중 之 zhī 일 シ(ゆく·これ) |

| 色 빛 색 | 色色色色色色 | 영 color 중 色 sè 일 ショク(いろ) |

經世濟民 경세제민

세상을 다스리고 백성을 구제한다는 뜻으로, 경제(經濟)의 어원인, 거두다·관리하다의 뜻.

유 경국제세(經國濟世), 경제(經濟)

| 經 날(경영할) 경 | 經經經經經經經經經經經經 | 영 classics 중 经 jīng 일 経 ケイ(たていと) |

| 世 세상 세 | 世世世世世 | 영 generation 중 世 shì 일 セ·セイ(と) |

| 濟 건널 제 | 濟濟濟濟濟濟濟濟濟濟 | 영 cross 중 济 jǐ 일 済 サイ(すます) |

| 民 백성 민 | 民民民民民 | 영 people 중 民 mín 일 ミン(たみ) |

孤軍奮鬪 고군분투
[3II급]

외로운 군대가 힘겹게 적과 싸운다는 뜻으로, 홀로 여럿을 상대로 싸운다는 말.
유 고전악투(孤戰惡鬪), 현군고투(縣軍孤鬪)

孤 외로울 고
孤孤孤孤孤孤孤
孤 孤 孤 孤 孤
영 lonely　중 孤 gū　일 コ(みなしご)

軍 군사 군
軍軍軍軍軍軍軍軍
軍 軍 軍 軍 軍
영 military·district　중 军 jūn　일 グン(いくさ)

奮 떨칠 분
奮奮奮奮奮奮奮奮奮奮奮
奮 奮 奮 奮 奮
영 be wielded　중 奋 fèn　일 フン(ふるう)

鬪 싸움 투
鬪鬪鬪鬪鬪鬪鬪鬪鬪鬪鬪
鬪 鬪 鬪 鬪 鬪
영 fight　중 斗 dòu　일 闘 トウ(たたかう)

孤立無援 고립무원
[3II급] *

고립되어 구원받을 데가 없다는 뜻으로, 외로운 신세로 의지할 데가 없음을 말함.
유 고립무의(孤立無依)

孤 외로울 고
孤孤孤孤孤孤孤
孤 孤 孤 孤 孤
영 lonely　중 孤 gū　일 コ(みなしご)

立 설 립
立立立立立
立 立 立 立 立
영 stand　중 立 lì　일 ツ(たてる)

無 (无) 없을 무
無無無無無無無無無無無
無 無 無 無 無
영 nothing　중 无 wú　일 ム(ない)

援 도울 원
援援援援援援援援援援
援 援 援 援 援
영 rescue　중 援 yuán　일 エン(たすける)

姑息之計 고식지계 [3II급]

아녀자나 어린이가 꾸미는 계책이라는 뜻으로, 근본 해결책이 아닌 임시로 편한 것을 취하는 계책. 잠시 모면할 일시적인 방편을 가리킴.
㊠ 동족방뇨(凍足放尿)

| 姑 시어미 고 | 姑姑姑姑姑姑姑姑 姑 姑 姑 姑 姑 | 영 mother in law | 중 姑 gū | 일 コ(しゅうとめ) |

| 息 자식 식 | 息息息息息息息息息息 息 息 息 息 息 | 영 child | 중 息 xī | 일 ソク(いき) |

| 之 갈 지 | 之之之之 之 之 之 之 之 | 영 go | 중 之 zhī | 일 シ(ゆく·これ) |

| 計 꾀할 계 | 計計計計計計計計計 計 計 計 計 計 | 영 count | 중 计 jì | 일 ケイ(はからう) |

孤掌難鳴 고장난명 [3II급] *

손뼉도 마주 쳐야 소리 난다는 뜻으로, 혼자서는 일을 이루기 힘들다는 말.
㊠ 독장난명(獨掌難鳴), 독불장군(獨不將軍)

| 孤 외로울 고 | 孤孤孤孤孤孤孤孤 孤 孤 孤 孤 孤 | 영 lonely | 중 孤 gū | 일 コ(みなしご) |

| 掌 손바닥 장 | 掌掌掌掌掌掌掌掌掌掌掌 掌 掌 掌 掌 掌 | 영 palm | 중 掌 zhǎng | 일 ショウ(たなごころ) |

| 難 어려울 난 | 難難難難難難難難難難難 難 難 難 難 難 | 영 difficult | 중 难 nán | 일 ナン(むずかしい) |

| 鳴 울 명 | 鳴鳴鳴鳴鳴鳴鳴鳴鳴鳴鳴 鳴 鳴 鳴 鳴 鳴 | 영 chirp | 중 鸣 míng | 일 メイ(なく) |

骨肉相殘 골육상잔 [3II급]

같은 혈육끼리 서로 해친다는 뜻으로, 같은 민족끼리 해치며 싸우는 일을 말함.

유 골육상쟁(骨肉相爭), 동족상잔(同族相殘)

| 骨 뼈 골 | 骨骨骨骨骨骨骨骨骨骨 | 영 bone 중 骨 gǔ 일 コツ(ほね) |

骨 骨 骨 骨 骨

| 肉 몸 육 | 肉肉肉肉肉肉 | 영 meat 중 肉 ròu 일 ニク(しし) |

肉 肉 肉 肉 肉

| 相 서로 상 | 相相相相相相相相相 | 영 mutually 중 相 xiàng 일 ショウ(あい) |

相 相 相 相 相

| 殘 해칠 잔 | 殘殘殘殘殘殘殘殘殘殘殘 | 영 hurt 중 残 cán 일 残 ザン(のこる) |

殘 殘 殘 殘 殘

怪力亂神 괴력난신 [3II급]*

괴이한 이야기와 폭력과 패란과 귀신이란 뜻으로, 곧 불가사의한 현상이나 존재를 말함.

| 怪 괴이할 괴 | 怪怪怪怪怪怪怪怪 | 영 strange 중 怪 guài 일 カイ(あやしい) |

怪 怪 怪 怪 怪

| 力 힘 력 | 力力 | 영 strength 중 力 lì 일 ヨク・リキ(ちから) |

力 力 力 力 力

| 亂 [乱] 어지러울 난 | 亂亂亂亂亂亂亂亂亂亂亂亂 | 영 confuse 중 乱 luàn 일 乱 ラン(みだれる) |

亂 亂 亂 亂 亂

| 神 귀신 신 | 神神神神神神神神神 | 영 god, soul 중 神 shén 일 ジン(かみ) |

神 神 神 神 神

群雄割據 군웅할거 [3II급]

많은 영웅들이 각지에서 세력을 떨치며 서로 맞서는 일을 가리킴.
⊕ 중원축록(中原逐鹿)

| 群 무리 군 | 群群群群群群群群群群群 | 영 crowd | 중 群 qún | 일 グン(むら) |

| 雄 수컷 웅 | 雄雄雄雄雄雄雄雄雄雄雄 | 영 male | 중 雄 xióng | 일 ユウ(おす) |

| 割 나눌 할 | 割割割割割割割割割割割割 | 영 divide | 중 割 gē | 일 カツ(わる) |

| 據(拠) 의거할 거 | 據據據據據據據據據據據據 | 영 base | 중 据 jù | 일 拠 キョ(よる) |

錦衣夜行 금의야행 [3II급] *

비단 옷을 입고 밤길을 간다는 뜻으로, 아무도 알아주지 않아 별 보람이 없는 행동을 하는 것을 말함.
⊕ 수의야행(繡衣夜行), ⊕ 금의환향(錦衣還鄕)

| 錦 비단 금 | 錦錦錦錦錦錦錦錦錦錦 | 영 silk | 중 锦 jǐn | 일 キン(にしき) |

| 衣 옷 의 | 衣衣衣衣衣衣 | 영 clothing | 중 衣 yī | 일 イ(ころも) |

| 夜 밤 야 | 夜夜夜夜夜夜夜 | 영 night | 중 夜 yè | 일 ヤ(よる) |

| 行 갈 행 | 行行行行行行 | 영 go | 중 行 xíng | 일 コウ(いく) |

奇想天外 기상천외 [3II급]

기이한 발상이 세상 밖이다라는 뜻으로, 보통으로는 생각할 수 없는 기발하고 엉뚱한 생각을 일컫는 말.
〔유〕 기상묘상(奇想妙想)

奇 기이할 기 — 奇奇奇奇奇奇奇奇 — 영 strange 중 奇 qí 일 キ(くし・めずらしい)

想 생각할 상 — 想想想想想想想想想想想想 — 영 think 중 想 xiǎng 일 ソウ(おもう)

天 하늘 천 — 天天天天 — 영 heaven 중 天 tiān 일 テン(そら)

外 바깥 외 — 外外外外外 — 영 outside 중 外 wài 일 ガイ(そと)

氣盡脈盡 기진맥진 [3II급]

기운이 없어지고 맥이 풀렸다는 뜻으로, 온몸의 힘이 빠져버렸다는 말.
〔유〕 기진역진(氣盡力盡)

氣 기운 기 — 氣氣氣氣氣氣氣氣氣氣 — 영 energy 중 气 qì 일 気 キ

盡 [尽] 다할 진 — 盡盡盡盡盡盡盡盡盡盡盡盡盡 — 영 exhaust 중 尽 jìn 일 尽 ジン(つまる)

脈 [脉] 맥 맥 — 脈脈脈脈脈脈脈脈脈 — 영 pulse 중 脉 mài 일 ミャク(すじ)

盡 [尽] 다할 진 — 盡盡盡盡盡盡盡盡盡盡盡盡盡 — 영 exhaust 중 尽 jìn 일 尽 ジン(つまる)

金科玉條 금과옥조 [3II급]

금옥(金玉)과 같은 법률이라는 뜻으로, 금과 옥같이 소중히 여기고 지켜야 할 규칙이나 교훈을 가리킴.

| 金 쇠 금 | 金金金金金金金金 | 영 gold | 중 金 jīn | 일 キン(かな) |

| 科 과목 과 | 科科科科科科科科 | 영 subject, course | 중 科 kē | 일 カ(しな) |

| 玉 구슬 옥 | 玉玉玉玉玉 | 영 gem, jewel | 중 玉 yù | 일 ギョク(たま) |

| 條 (条) 가지 조 | 條條條條條條條條條 | 영 branch | 중 条 tiáo | 일 条 ジョウ(えだ) |

金蘭之契 금란지계 [3II급]

금과 난 같은 맺음이라는 뜻으로, 사이좋은 벗끼리 마음을 합치면 단단한 쇠도 자를 수 있고, 우정의 아름다움은 난의 향기와 같다는 말로 아주 친밀한 친구 사이를 가리킴.

| 金 쇠 금 | 金金金金金金金金 | 영 gold | 중 金 jīn | 일 キン(かな) |

| 蘭 난초 란 | 蘭蘭蘭蘭蘭蘭蘭蘭蘭蘭 | 영 orchid | 중 兰 lán | 일 ラン(あららぎ) |

| 之 갈 지 | 之之之之 | 영 go | 중 之 zhī | 일 シ(ゆく・これ) |

| 契 맺을 계 | 契契契契契契契契 | 영 bond | 중 契 qì | 일 ケイ(ちぎる) |

難攻不落 난공불락 [3II급]

공격하기가 어려워서 함락되지 않는다는 뜻으로, 천연의 요새나 쉽게 정복되지 않는 곳을 말함.

㊎ 금성탕지(金城湯池)

難 어려울 난 — 영 difficult | 중 难 nán | 일 ナン(むずかしい)

攻 칠 공 — 영 attack | 중 攻 gōng | 일 コウ(せめる)

不 아닐 불 — 영 not | 중 不 bù | 일 フ・ブ

落 무너질 락 — 영 fall | 중 落 luò | 일 ラク(おちる)

老馬之智 노(로)마지지 [3II급]

늙은 말의 지혜라는 뜻으로, 연륜이 깊은 사람에게는 어려움을 헤쳐나갈 지혜가 있다는 말.

㊎ 노마지도(老馬知途), 노마식도(老馬識途)

老 늙을 노(로) — 영 old | 중 老 lǎo | 일 ロウ(おいる)

馬 말 마 — 영 horse | 중 马 mǎ | 일 バ(うま)

之 갈 지 — 영 go | 중 之 zhī | 일 シ(ゆく・これ)

智 지혜 지 — 영 wisdom | 중 智 zhì | 일 チ(ちえ)

大同團結 대동단결

크게 화합해 단결한다는 뜻으로, 많은 사람 또는 여러 당파가 큰 덩어리로 한데 뭉친다는 말.
유 인화단결(人和團結)

大 큰 대 — 영 great 중 大 dà 일 タイ(おおきい)

同 같을 동 — 영 same 중 同 tóng 일 トウ(おなじ)

團 둥글 단 — 영 round 중 团 tuán 일 団 ダン(あつまり)

結 맺을 결 — 영 join·tie 중 结 jié 일 ケツ(むすぶ)

杜門不出 두문불출

문을 닫아걸고 밖으로 나서지 않는다는 뜻으로, 집 안에만 들어앉아 있고 밖에 나다니지 아니함을 일컫는 말.
유 폐칩(廢蟄)

杜 막을 두 — 영 shut 중 杜 dù 일 ト(ふさぐ)

門 문 문 — 영 door 중 门 mén 일 モン(かど)

不 아닐 불 — 영 not 중 不 bù 일 フ·ブ

出 날 출 — 영 come out 중 出 chū 일 シュツ(でる)

龍頭蛇尾 용두사미 [3II급]

머리는 용이고 꼬리는 뱀이라는 뜻으로, 처음은 좋으나 끝이 좋지 않음을 가리키는 말.
유 유두무미(有頭無尾), 반 시종일관(始終一貫)

龍 용용	龍龍龍龍龍龍龍龍龍龍龍龍 龍 龍 龍 龍 龍	영 dragon 중 龙 lóng 일 竜 リュウ
頭 머리두	頭頭頭頭頭頭頭頭頭頭頭頭頭頭頭頭 頭 頭 頭 頭 頭	영 head 중 头 tóu 일 トウ(あたま)
蛇 뱀사	蛇蛇蛇蛇蛇蛇蛇蛇蛇蛇蛇 蛇 蛇 蛇 蛇 蛇	영 snake 중 蛇 shé 일 ジャ(へび)
尾 꼬리미	尾尾尾尾尾尾尾 尾 尾 尾 尾 尾	영 tail 중 尾 wěi 일 ビ(お)

流水不腐 유(류)수불부 [3II급]

흐르는 물은 썩지 아니한다는 뜻으로, 늘 움직이는 것은 썩지 아니함을 이르는 말.

流 달유(류)	流流流流流流流流流流 流 流 流 流 流	영 stream 중 流 liú 일 リュウ(ながれる)
水 물수	水水水水 水 水 水 水 水	영 water 중 水 shuǐ 일 スイ(みず)
不 아닐불	不不不不 不 不 不 不 不	영 not 중 不 bù 일 フ・ブ
腐 썩을부	腐腐腐腐腐腐腐腐腐腐腐 腐 腐 腐 腐 腐	영 rotten 중 腐 fǔ 일 フ(くさる)

晩時之歎 만시지탄 [3II급]

때늦은 한탄이라는 뜻으로, 시기가 늦어 기회를 놓친 것이 원통해서 탄식함을 가리킴.
⊕ 후시지탄(後時之歎), 실우치구(失牛治廐)

| 晩 저물 만 | 晩晩晩晩晩晩晩晩晩晩 | 영 late 중 晚 wǎn 일 バン(おくれる) |

| 時 때 시 | 時時時時時時時時時時 | 영 time 중 时 shí 일 ジ(とき) |

| 之 갈 지 | 之之之之 | 영 go 중 之 zhī 일 シ(ゆく·これ) |

| 歎 읊을 탄 | 歎歎歎歎歎歎歎歎歎歎歎 | 영 lament 중 叹 tàn 일 タン(なげく) |

望洋之嘆 망양지탄 [3II급]

넓은 바다를 보고 탄식한다는 뜻으로, 남의 위대함에 감탄하고 자신의 미흡함을 부끄러워함을 가리킴.
⊕ 다기망양(多岐亡羊), 망양지탄(望洋之歎)

| 望 바랄 망 | 望望望望望望望望 | 영 hope 중 望 wàng 일 ボウ(のぞむ) |

| 洋 바다 양 | 洋洋洋洋洋洋洋洋洋 | 영 ocean 중 洋 yáng 일 ヨウ(おおうみ) |

| 之 갈 지 | 之之之之 | 영 go 중 之 zhī 일 シ(ゆく·これ) |

| 嘆 탄식할 탄 | 嘆嘆嘆嘆嘆嘆嘆嘆嘆嘆嘆 | 영 sigh 중 叹 tàn 일 タン(なげく) |

[3II급] 梅蘭菊竹 매란국죽

매화와 난초와 국화와 대나무라는 뜻으로, 사군자(四君子)를 가리킴.
유 사군자(四君子)

梅 매화 매	梅梅梅梅梅梅梅梅梅梅 梅 梅 梅 梅 梅	영 plum 중 梅 méi 일 バイ(うめ)
蘭 난초 란	蘭蘭蘭蘭蘭蘭蘭蘭蘭蘭蘭蘭 蘭 蘭 蘭 蘭 蘭	영 orchid 중 兰 lán 일 ラン(あららぎ)
菊 국화 국	菊菊菊菊菊菊菊菊菊菊 菊 菊 菊 菊 菊	영 chrysanthemum 중 菊 jú 일 キク(きく)
竹 대나무 죽	竹竹竹竹竹竹 竹 竹 竹 竹 竹	영 bamboo 중 竹 zhú 일 チク(たけ)

[3II급] 買占賣惜 매점매석

물건값이 오를 것을 예상하고 물건을 많이 사두었다가 값이 오른 뒤 아껴서 파는 것을 말함.

買 살 매	買買買買買買買買買買買買 買 買 買 買 買	영 buy 중 买 mǎi 일 バイ(かう)
占 점령할 점	占占占占占 占 占 占 占 占	영 occupy 중 占 zhàn 일 セン(しめる)
賣 (売) 팔 매	賣賣賣賣賣賣賣賣賣賣 賣 賣 賣 賣 賣	영 sell 중 卖 mài 일 売 バイ(うる)
惜 아낄 석	惜惜惜惜惜惜惜惜惜惜 惜 惜 惜 惜 惜	영 save 중 惜 xī 일 セキ(おしむ)

2단계 필수 고사성어

麥秀之嘆 맥수지탄

보리 이삭이 더부룩하게 자란 모습을 한탄한다는 뜻으로, 고국의 멸망을 탄식함을 일컫는 말.

유 망국지탄(亡國之歎), 맥수서유(麥秀黍油)

麥 보리 맥	영 barley 중 麦 mài 일 麦 バク(むぎ)
秀 빼어날 수	영 surpass 중 秀 xiù 일 シュウ(ひいでる)
之 갈 지	영 go 중 之 zhī 일 シ(ゆく·これ)
嘆 탄식할 탄	영 sigh 중 叹 tàn 일 タン(なげく)

拍掌大笑 박장대소

손바닥을 치면서 크게 웃는다는 뜻으로, 너무 우습거나 기쁜 일로 인해 크게 웃는 모양을 가리킴.

유 가가대소(呵呵大笑), 파안대소(破顔大笑)

拍 칠 박	영 strike 중 拍 pāi 일 ハク·ヒョウ(うつ)
掌 손바닥 장	영 palm 중 掌 zhǎng 일 ショウ(たなごころ)
大 큰 대	영 great 중 大 dà 일 タイ(おおきい)
笑 웃을 소	영 laugh 중 笑 xiào 일 ショウ(わらう)

博學多識 박학다식 [3II급]

널리 배우고 많이 안다는 뜻으로, 학식과 견문이 넓고 아는 것이 많음을 이르는 말.
⊕ 무불통달(無不通達), 박학다문(博學多聞)

| 博 넓을 박 | 博博博博博博博博博博博 | 영 wide, broad | 중 博 bó | 일 ハク(ひろい) |

| 學(学) 배울 학 | 學學學學學學學學學學學學 | 영 learn | 중 学 xué | 일 学 ガク(まなぶ) |

| 多 많을 다 | 多多多多多多 | 영 many | 중 多 duō | 일 タ(おおい) |

| 識 알 식 | 識識識識識識識識識識識 | 영 recognize | 중 识 shí | 일 チ(しる) |

半信半疑 반신반의 [3II급] *

믿음과 의심이 반반이란 뜻으로, 반쯤은 믿고 반쯤은 의심함을 말함.
⊕ 차신차의(且信且疑)

| 半 반 반 | 半半半半半 | 영 half | 중 半 bàn | 일 半 ハン(かば) |

| 信 믿을 신 | 信信信信信信信信 | 영 believe, trust | 중 信 xìn | 일 シン(まこと) |

| 半 반 반 | 半半半半半 | 영 half | 중 半 bàn | 일 半 ハン(かば) |

| 疑 의심할 의 | 疑疑疑疑疑疑疑疑疑疑疑 | 영 doubt | 중 疑 yí | 일 ギ(うたがう) |

2단계 필수 고사성어

3II급 背恩忘德 배은망덕

남에게서 입은 은혜와 덕택을 저버리고 배반하거나 그런 태도가 있음을 나타내는 말.
㈜ 인면수심(人面獸心), 견리망의(見利忘義)

| 背 등 배 | 背背背背背背背背背 | 영 back 중 背 bèi 일 ハイ(そむく) |

| 恩 은혜 은 | 恩恩恩恩恩恩恩恩恩恩 | 영 favor 중 恩 ēn 일 オン |

| 忘 잊을 망 | 忘忘忘忘忘忘忘 | 영 forget 중 忘 wàng 일 ボウ(わすれる) |

| 德 큰 덕 | 德德德德德德德德德德 | 영 virtue 중 德 dé 일 徳 トク |

3II급 百折不屈 백절불굴

백 번 꺾여도 굴하지 않는다는 뜻으로, 어떠한 어려움에도 결코 굽히지 않음을 일컫는 말.
㈜ 백절불요(百折不撓), 불요불굴(不撓不屈)

| 百 일백 백 | 百百百百百百 | 영 hundred 중 百 bǎi 일 ヒャク(もも) |

| 折 꺾을 절 | 折折折折折折折 | 영 break off 중 折 zhé 일 セツ(おり) |

| 不 아닐 불 | 不不不不 | 영 not 중 不 bù 일 フ・ブ |

| 屈 굽힐 굴 | 屈屈屈屈屈屈屈屈 | 영 stooped 중 屈 qū 일 クツ(かがむ) |

不可抗力 불가항력 [3II급]

사람의 힘으로는 저항할 수 없는 힘. 또는 법률적으로 외부의 사건에서 거래 관념상의 가능한 주의와 예방으로도 막을 수 없는 일을 말함.

不 아닐 불
不不不不
영 not 중 不 bù 일 フ・ブ

可 옳을 가
可可可可可
영 right 중 可 kě 일 カ(よい)

抗 겨룰 항
抗抗抗抗抗抗抗
영 resist 중 抗 kàng 일 コウ(てむかう)

力 힘 력
力力
영 strength 중 力 lì 일 ヨク・リキ(ちから)

砂上樓閣 사상누각 [3II급]

모래 위의 누각이라는 뜻으로, 기초가 튼튼하지 못하여 오래 견디지 못할 일이나 물건을 비유하는 헛된 것을 의미함.
유 공중누각(空中樓閣)

砂 모래 사
砂砂砂砂砂砂砂砂砂
영 sand 중 砂 shā 일 サ(すな)

上 위 상
上上上
영 upper 중 上 shàng 일 ジョウ(うえ)

樓(楼) 다락 누
樓樓樓樓樓樓樓樓樓樓樓
영 loft 중 楼 lóu 일 楼 ロウ(たかどの)

閣 집 각
閣閣閣閣閣閣閣閣閣閣閣
영 house 중 阁 gé 일 カク(たかどの)

2단계 필수 고사성어 | 173

殺生有擇 살생유택 [3II급]

살생을 하는 데는 가림이 있다는 뜻으로, 신라 화랑 세속오계 중 하나로 함부로 살생하지 말아야 한다는 말.

| 殺 죽일 살 | 殺殺殺殺殺殺殺殺殺殺殺
殺 殺 殺 殺 殺 | 영 kill　중 杀 shā　일 サツ(ころす) |

| 生 날 생 | 生生生生生
生 生 生 生 生 | 영 born　중 生 shēng　일 セイ(なま) |

| 有 있을 유 | 有有有有有
有 有 有 有 有 | 영 exist　중 有 yǒu　일 ユウ(ある) |

| 擇 가릴 택 (択) | 擇擇擇擇擇擇擇擇擇擇
擇 擇 擇 擇 擇 | 영 select　중 择 zé　일 択 タク(えらぶ) |

三尺童子 삼척동자 [3II급]

키가 석 자밖에 안 되는 아이라는 뜻으로, 철부지 어린 아이를 일컫는 말.

| 三 석 삼 | 三三三
三 三 三 三 三 | 영 three　중 三 sān　일 サン(みっつ) |

| 尺 자 척 | 尺尺尺尺
尺 尺 尺 尺 尺 | 영 ruler　중 尺 chǐ　일 シャク(ものさし) |

| 童 아이 동 | 童童童童童童童童童童童童
童 童 童 童 童 | 영 child　중 童 tóng　일 ドウ(わらべ) |

| 子 아들 자 | 子子子
子 子 子 子 子 | 영 son　중 子 zǐ　일 シ・ス(こ) |

[3II급] 三遷之敎 _{삼천지교}

세 번 이사하여 가르쳤다는 뜻으로, 맹자의 어머니가 아들의 교육을 위해 세 번 이사를 함을 말함.

🟰 맹모삼천(孟母三遷), 단기지교(斷機之敎)

| 三 석 삼 | 三三三 / 三 三 三 三 三 | 영 three 중 三 sān 일 サン(みっつ) |

| 遷 옮길 천 | 遷遷遷遷遷遷遷遷遷遷遷遷 / 遷 遷 遷 遷 遷 | 영 move 중 迁 qiān 일 セン(うつる) |

| 之 갈 지 | 之之之之 / 之 之 之 之 之 | 영 go 중 之 zhī 일 シ(ゆく・これ) |

| 敎 가르칠 교 | 敎敎敎敎敎敎敎敎敎敎 / 敎 敎 敎 敎 敎 | 영 educate 중 教 jiào 일 教 キョウ(おしえる) |

[3II급] 相扶相助 _{상부상조}

서로서로 돕는다는 뜻.

🟰 상애상조(相愛相助)

| 相 서로 상 | 相相相相相相相相 / 相 相 相 相 相 | 영 mutually 중 相 xiàng 일 ショウ(あい) |

| 扶 도울 부 | 扶扶扶扶扶扶扶 / 扶 扶 扶 扶 扶 | 영 assist 중 扶 fú 일 フ(たすける) |

| 相 서로 상 | 相相相相相相相相 / 相 相 相 相 相 | 영 mutually 중 相 xiàng 일 ショウ(あい) |

| 助 도울 조 | 助助助助助助助 / 助 助 助 助 助 | 영 help 중 助 zhù 일 ジョ(たすける) |

2단계 필수 고사성어

先憂後樂 선우후락

[3II급]

세상 근심은 남보다 먼저 걱정하고, 즐거움은 남보다 나중 기뻐한다는 뜻으로, 군자의 마음가짐을 일컫는 말.

유 선의후리(先義後利)

| 先 먼저 선 | 先先先先先先 | 영 first | 중 先 xiān | 일 セン(さき) |

| 憂 근심할 우 | 憂憂憂憂憂憂憂憂憂憂憂 | 영 anxiety | 중 忧 yōu | 일 ユウ(うい) |

| 後 뒤 후 | 後後後後後後後後 | 영 back | 중 后 hòu | 일 コウ(あと) |

| 樂 즐길 락 | 樂樂樂樂樂樂樂樂樂樂樂 | 영 pleasure | 중 乐 lè | 일 楽 ラク(たのしい) |

世俗五戒 세속오계

[3II급]

세속의 다섯 계율이라는 뜻으로, 신라 원광법사가 지은 화랑의 오계(五戒)를 말함.

| 世 세상 세 | 世世世世世 | 영 generation | 중 世 shì | 일 セ·セイ(と) |

| 俗 풍속 속 | 俗俗俗俗俗俗俗俗俗 | 영 custom | 중 俗 sú | 일 ゾク |

| 五 다섯 오 | 五五五五 | 영 five | 중 五 wǔ | 일 ゴ(いつつ) |

| 戒 경계할 계 | 戒戒戒戒戒戒戒 | 영 warning | 중 戒 jiè | 일 カイ(いましめ) |

首尾一貫 수미일관 [3II급]

처음과 끝이 한결같다는 뜻으로, 일 따위를 처음부터 끝까지 한결같이 한다는 말.
㊀ 시종여일(始終如一), 종시일관(終始一貫)

| 首 머리 수 | 首首首首首首首首首 | 영 head 중 首 shǒu 일 シュ(くび) |

| 尾 꼬리 미 | 尾尾尾尾尾尾尾 | 영 tail 중 尾 wěi 일 ビ(お) |

| 一 한 일 | 一 | 영 one 중 一 yī 일 イチ(ひと) |

| 貫 꿸 관 | 貫貫貫貫貫貫貫貫貫貫貫 | 영 pierce 중 贯 guàn 일 カン(つらぬく) |

壽福康寧 수복강녕 [3II급]

장수하고 행복하고 건강하고 평안하다는 뜻으로, 탈없이 오래도록 건강과 행복을 누리도록 기원함을 말한다.
㊀ 만수무강(萬壽無疆), 수산복해(壽山福海)

| 壽(寿) 목숨 수 | 壽壽壽壽壽壽壽壽壽壽壽 | 영 longevity 중 寿 shòu 일 ジュ(ことぶき) |

| 福 복 복 | 福福福福福福福福福福 | 영 fortune 중 福 fú 일 フク(さいわい) |

| 康 편안 강 | 康康康康康康康康康 | 영 healthy 중 康 kāng 일 コウ |

| 寧(宁) 편안 녕 | 寧寧寧寧寧寧寧寧寧寧 | 영 peaceful 중 宁 nìng 일 ネイ(むしろ) |

2단계 필수 고사성어

信賞必罰 신상필벌

어김없이 상을 주고 꼭 벌을 준다는 뜻으로, 상과 벌을 공정하고 엄중히 하는 일을 일컫는다. ㉌ 애석(愛惜幣袴)

信 믿을 신
信信信信信信信
영 believe, trust 중 信 xìn 일 シン(まこと)

賞 상줄 상
賞賞賞賞賞賞賞賞賞賞賞賞
영 reward 중 赏 shǎng 일 ショウ(ほめる)

必 반드시 필
必必必必必
영 surely 중 必 bì 일 キ・ゴ(あう・ちぎる)

罰 벌줄 벌
罰罰罰罰罰罰罰罰罰罰罰罰
영 punish 중 罚 fá 일 バツ(つみ)

阿修羅場 아수라장

아수라가 제석천(帝釋天)을 상대로 싸우는 곳이라는 뜻으로, 모진 싸움으로 처참하게 된 곳이라는 말.

阿 언덕 아
阿阿阿阿阿阿阿阿
영 hill 중 阿 ē 일 ア(おか)

修 닦을 수
修修修修修修修修
영 cultivate 중 修 xiū 일 シュウ(おさめる)

羅 그물 라
羅羅羅羅羅羅羅羅羅羅
영 net 중 罗 luó 일 ラ

場 마당 장
場場場場場場場場場場
영 place, spot 중 场 chǎng 일 ジョウ(ば)

3II급 惡戰苦鬪 악전고투

어렵고 힘든 싸움이란 뜻으로, 불리한 상황에서 죽을 힘을 다하여 싸운다는 말.
㊒ 고전악투(苦戰惡鬪)

惡 (悪) 악할 악
惡惡惡惡惡惡惡惡惡惡
惡 惡 惡 惡 惡
㊀ bad ㊥ 恶 è ㊐ 悪 アク(わるい)

戰 (戦) 싸움 전
戰戰戰戰戰戰戰戰戰戰戰
戰 戰 戰 戰 戰
㊀ war ㊥ 战 zhàn ㊐ 戦 セン(たたかう)

苦 쓸 고
苦苦苦苦苦苦苦苦苦
苦 苦 苦 苦 苦
㊀ bitter ㊥ 苦 kǔ ㊐ ク(くるしい)

鬪 싸움 투
鬪鬪鬪鬪鬪鬪鬪鬪鬪鬪
鬪 鬪 鬪 鬪 鬪
㊀ fight ㊥ 斗 dòu ㊐ 闘 トウ(たたかう)

3II급 夜半逃走 야반도주

남의 눈을 피하여 한밤중에 도망함.
㊒ 야간도주(夜間逃走)

夜 밤 야
夜夜夜夜夜夜夜夜
夜 夜 夜 夜 夜
㊀ night ㊥ 夜 yè ㊐ ヤ(よる)

半 반 반
半半半半半
半 半 半 半 半
㊀ half ㊥ 半 bàn ㊐ 半 ハン(かば)

逃 도망할 도
逃逃逃逃逃逃逃逃逃
逃 逃 逃 逃 逃
㊀ escape ㊥ 逃 táo ㊐ トウ(にげる)

走 달릴 주
走走走走走走走
走 走 走 走 走
㊀ run, rush ㊥ 走 zǒu ㊐ ソウ(はしる)

炎凉世態 염량세태 [3II급]

뜨거웠다가 차가워지는 세태라는 뜻으로, 권세가 있을 때는 아부하고, 몰락하면 푸대접하는 세상 인심을 일컫는 말.
(유) 감탄고토(甘呑苦吐), 부염기한(附炎棄寒)

| 炎 불탈 염 | 炎炎炎炎炎炎炎炎 / 炎 炎 炎 炎 炎 | 영 flame 중 炎 yán 일 エン(やむ·もえる) |

| 凉 서늘할 량 | 凉凉凉凉凉凉凉凉凉 / 凉 凉 凉 凉 凉 | 영 cool 중 凉 liáng 일 凉 リョウ(すずしい) |

| 世 세상 세 | 世世世世世 / 世 世 世 世 世 | 영 generation 중 世 shì 일 セ·セイ(と) |

| 態 모양 태 | 態態態態態態態態態態態態態 / 態 態 態 態 態 | 영 attitude 중 态 dài 일 タイ(さま) |

外柔內剛 외유내강 [3II급]

겉은 부드러우나 속은 곧고 굳다는 뜻으로, 겉으로는 부드럽고 순해 보이나 속마음은 단단하고 굳세다는 말.
(유) 내강외유(內剛外柔), (반) 외강내유(外剛內柔)

| 外 바깥 외 | 外外外外外 / 外 外 外 外 外 | 영 outside 중 外 wài 일 ガイ(そと) |

| 柔 부드러울 유 | 柔柔柔柔柔柔柔柔柔 / 柔 柔 柔 柔 柔 | 영 soft 중 柔 róu 일 ジュウ(やわらか) |

| 內 안 내 | 內內內內 / 內 內 內 內 內 | 영 inside 중 內 nèi 일 內 ナイ(うち) |

| 剛 굳셀 강 | 剛剛剛剛剛剛剛剛剛 / 剛 剛 剛 剛 剛 | 영 firm 중 刚 gāng 일 ゴウ(つよい) |

用意周到 용의주도

[3II급]

마음을 쓰는 것이 두루 미친다는 뜻으로, 마음의 준비가 두루 빈틈이 없음을 가리키는 말.

㊀ 주도면밀(周到綿密)

한자	획순	뜻
用 쓸 용	用用用用用	영 use, employ 중 用 yòng 일 ヨウ(もちいる)
意 뜻 의	意意意意意意意意意意意意意	영 intention, will 중 意 yì 일 イ
周 두루 주	周周周周周周周周	영 all around 중 周 zhōu 일 シュウ(めぐる)
到 이를 도	到到到到到到到到	영 reach 중 到 dào 일 トウ(いたる)

愚問愚答 우문우답

[3II급]

어리석은 질문에 어리석은 대답이라는 뜻으로, 우문은 자기의 질문을 겸손하게 가리키는 말로도 씀.

㊀ 우문현답(愚問賢答)

한자	획순	뜻
愚 어리석을 우	愚愚愚愚愚愚愚愚愚愚愚愚愚	영 foolish 중 愚 yú 일 グ(おろか)
問 물을 문	問問問問問問問問問問	영 ask 중 问 wèn 일 モン(とう)
愚 어리석을 우	愚愚愚愚愚愚愚愚愚愚愚愚愚	영 foolish 중 愚 yú 일 グ(おろか)
答 대답할 답	答答答答答答答答答答答答	영 answer 중 答 dá 일 トウ(こたえる)

2단계 필수 고사성어 | 181

[3II급] 優柔不斷 우유부단

부드럽고 유약해서 결단하지 못하다는 뜻으로, 유약해서 줏대 없이 어물거리기만 하고 딱 잘라 결단을 내리지 못함.
반 속전속결(速戰速決)

| 優 넉넉할 우 | 優優優優優優優優優優 | 영 enough 중 优 yōu 일 ユウ(すぐれる) |

| 柔 부드러울 유 | 柔柔柔柔柔柔柔柔柔 | 영 soft 중 柔 róu 일 ジュウ(やわらか) |

| 不 아닐 부 | 不不不不 | 영 not 중 不 bù 일 フ・ブ |

| 斷(断) 끊을 단 | 斷斷斷斷斷斷斷斷斷斷斷 | 영 cut off 중 断 duàn 일 断 ダン(たつ) |

[3II급] 危機一髮 위기일발

한 올의 머리털에 불과할 정도의 위급한 시기라는 뜻으로, 조금도 여유가 없이 위급한 고비에 다다른 절박한 순간을 말함.
유 위여일발(危如一髮), 초미지급(焦眉之急)

| 危 위태할 위 | 危危危危危危 | 영 danger 중 危 wēi 일 キ |

| 機 틀 기 | 機機機機機機機機機機機機 | 영 machine 중 机 jī 일 キ(はた) |

| 一 한 일 | 一 | 영 one 중 一 yī 일 イチ(ひと) |

| 髮 머리털 발 | 髮髮髮髮髮髮髮髮髮髮 | 영 hair 중 发 fā/fà 일 髪 ハツ(かみ) |

類類相從 유유상종

[3II급]

같은 무리끼리 서로 어울린다는 뜻으로, 비슷한 사람끼리는 서로 왕래하여 모이기 쉽다는 말.

유 동기상구(同氣相求), 동병상련(同病相憐)

類 무리 유	類類類類類类类類類類類	영 crowd 중 类 lèi 일 ルイ(たぐい)
	類 類 類 類 類	

類 무리 유	類類類類類类类類類類類	영 crowd 중 类 lèi 일 ルイ(たぐい)
	類 類 類 類 類	

相 서로 상	相相相相相相相相相	영 mutually 중 相 xiàng 일 ショウ(あい)
	相 相 相 相 相	

從 从 따를 종	從從從從從從從從從從從	영 obey 중 从 cóng 일 従 ジュウ(したがう)
	從 從 從 從 從	

隱忍自重 은인자중

[3II급]

밖으로 드러내지 않고 참으면서 몸가짐을 신중히 한다는 뜻으로, 마음속으로 참으면서 몸가짐을 신중히 한다는 말.

반 경거망동(輕擧妄動)

隱 隐 숨을 은	隱隱隱隱隱隱隱隱隱隱隱	영 hide 중 隐 yǐn 일 隠 イン(かくれる)
	隱 隱 隱 隱 隱	

忍 참을 인	忍忍忍忍忍忍忍	영 bear 중 忍 rěn 일 ニン(しのぶ)
	忍 忍 忍 忍 忍	

自 스스로 자	自自自自自自	영 self 중 自 zì 일 シジ(みずから)
	自 自 自 自 自	

重 무거울 중	重重重重重重重重重	영 heavy 중 重 zhòng 일 ジュウ(かさなる)
	重 重 重 重 重	

2단계 필수 고사성어 | **183**

二律背反 이율배반 〔3II급〕

두 가지 규율이 서로 반대된다는 뜻으로, 서로 모순되는 두 개의 명제가 동등한 권리로써 주장되는 일을 일컫는 말.
⊕ 자가당착(自家撞着), 자기모순(自己矛盾)

| 二 두 이 | 二二 | 영 two 중 二 èr 일 ニ(ふたつ) |

| 律 법칙 율 | 律律律律律律律 | 영 law 중 律 lǜ 일 りつ・りち |

| 背 등 배 | 背背背背背背背背 | 영 back 중 背 bèi 일 ハイ(そむく) |

| 反 돌이킬 반 | 反反反反 | 영 return 중 反 fǎn 일 ハン(そる) |

一罰百戒 일벌백계 〔3II급〕*

한 사람을 벌주어 백 사람을 경계한다는 뜻으로, 다른 이에게 경각심을 불러일으키기 위하여 본보기로 중한 처벌을 내림.
⊕ 징일여백(懲一勵百), 읍참마속(泣斬馬謖)

| 一 한 일 | 一 | 영 one 중 一 yī 일 イチ(ひと) |

| 罰 벌할 벌 | 罰罰罰罰罰罰罰罰罰罰 | 영 punish 중 罚 fá 일 バツ(つみ) |

| 百 일백 백 | 百百百百百百 | 영 hundred 중 百 bǎi 일 ヒャク(もも) |

| 戒 경계할 계 | 戒戒戒戒戒戒戒 | 영 warning 중 戒 jiè 일 カイ(いましめ) |

一絲不亂 일사불란 [3II급]

한 오라기의 실도 흐트러지지 않다는 뜻으로, 질서정연하여 조금도 헝클어지거나 어지러움이 없음을 말함.
㊒ 질서정연(秩序整然)

一 한 일 — 영 one 중 一 yī 일 イチ(ひと)

絲 〈糸〉 실 사 — 영 thread 중 丝 sī 일 糸 シ(いと)

不 아닐 불 — 영 not 중 不 bù 일 フ·ブ

亂 〈乱〉 어지러울 난 — 영 confuse 중 乱 luàn 일 乱 ラン(みだれる)

一觸卽發 일촉즉발 [3II급] *

한 번 스치기만 하여도 곧 폭발한다는 뜻으로, 조그만 일로도 계기가 되어 크게 벌어질 수 있는 절박한 상황을 말함.
㊒ 누란지세(累卵之勢), 백척간두(百尺竿頭)

一 한 일 — 영 one 중 一 yī 일 イチ(ひと)

觸 〈触〉 닿을 촉 — 영 touch 중 触 zhù 일 触 ショク(ふれる)

卽 곧 즉 — 영 directly 중 即 jí 일 ソク(すなわち)

發 〈発〉 필 발 — 영 bloom 중 发 fā 일 発 ハツ(ひらく)

2단계 필수 고사성어 | **185**

立身揚名 입(립)신양명

몸을 세상에 세우고 이름을 날린다는 뜻으로, 출세하여 세상에 명성을 떨친다는 말.
㉮ 입신출세(立身出世), 등용문(登龍門)

| 立 설립 입(립) | 立立立立立 | 영 stand 중 立 lì 일 ツ(たてる) |

| 身 몸 신 | 身身身身身身身 | 영 body 중 身 shēn 일 シン(み) |

| 揚 날릴 양 | 揚揚揚揚揚揚揚揚揚揚揚揚 | 영 raise 중 扬 yáng 일 ヨウ(あがる) |

| 名 이름 명 | 名名名名名名 | 영 name 중 名 míng 일 メイ(な) |

自強不息 자강불식

스스로 힘쓰며 쉬지 아니한다는 뜻으로, 스스로 쉬지 않고 끊임없이 노력함을 말함.
㉮ 발분망식(發憤忘食), 자강불식(自彊不息)

| 自 스스로 자 | 自自自自自自 | 영 self 중 自 zì 일 シ·ジ(みずから) |

| 強 굳셀 강 | 強強強強強強強強強強 | 영 strong 중 强 qiáng 일 キョウ(しいる) |

| 不 아닐 불 | 不不不不 | 영 not 중 不 bù 일 フ·ブ |

| 息 쉴 식 | 息息息息息息息息 | 영 child 중 息 xī 일 ソク(いき) |

自畫自讚 자화자찬

자기가 그린 그림을 자기 스스로 칭찬한다는 뜻으로, 곧 자기가 한 일을 자기 스스로 자랑함을 이르는 말.
유 모수자천(毛遂自薦), 자화찬(自畵讚)

自 스스로 자	自 self / 自 zì / シジ(みずから)
畫 그림 화	畫 picture / 畫 huà / 画 ガ·カク(えがく)
自 스스로 자	自 self / 自 zì / シジ(みずから)
讚 칭찬할 찬	讚 praise / 赞 zàn / サン(たたえる)

前人未踏 전인미답

이제까지 아무도 가보지 않음이라는 뜻으로, 아무도 해보지 않은 새 분야를 가리키는 말.
유 전인미도(前人未到), 파천황(破天荒)

前 앞 전	front / 前 qián / ゼン(まえ)
人 사람 인	person / 人 rén / ジン·ニン(ひと)
未 아닐 미	not / 未 wèi / ミ·ビ(いまだ)
踏 밟을 답	tread / 踏 tà / トウ(ふむ)

酒池肉林 주지육림 [3II급]

술은 못을 이루고 고기는 숲을 이룬다는 뜻으로, 호화스럽게 차려놓고 흥청망청하는 잔치를 일컫는 말.
⊕ 육산주지(肉山酒池), 육산포림(肉山脯林)

| 酒 술 주 | 酒酒酒酒酒酒酒酒酒酒 | 영 wine, liquor 중 酒 jiǔ 일 シュ(さけ) |

| 池 못 지 | 池池池池池池 | 영 pond 중 池 zhí 일 チ(いけ) |

| 肉 고기 육 | 肉肉肉肉肉肉 | 영 meat 중 肉 ròu 일 ニク(しし) |

| 林 수풀 림 | 林林林林林林林林 | 영 forest 중 林 lín 일 リン(はやし) |

天生緣分 천생연분 [3II급]

하늘이 미리 마련하여준 인연이라는 뜻으로, 잘 어울리는 한 쌍의 부부를 이르는 말.
⊕ 천생배필(天生配匹), 천상연분(天上緣分)

| 天 하늘 천 | 天天天天 | 영 heaven 중 天 tiān 일 テン(そう) |

| 生 날 생 | 生生生生生 | 영 born 중 生 shēng 일 セイ(なま) |

| 緣 인연 연 | 緣緣緣緣緣緣緣緣緣緣緣 | 영 affinity, fate 중 缘 yuán 일 縁 エン(ふち) |

| 分 나눌 분 | 分分分分 | 영 divide 중 分 fēn 일 フン(わける) |

千差萬別 천차만별 [3II급]

수많은 차이와 구별이라는 뜻으로, 여러 가지 사물이 모두 차이와 구별이 있다는 뜻.
유 천태만상(千態萬象)

| 千 일천 천 | 千千千 | 영 thousand 중 千 qiān 일 セン(ち) |

| 差 다를 차 | 差差差差差差差差差 | 영 difference 중 差 chā 일 サ(さす) |

| 萬 (万) 일만 만 | 萬萬萬萬萬萬萬萬萬萬 | 영 ten thousand 중 万 wàn 일 万 マン(よろず) |

| 別 다를 별 | 別別別別別別別 | 영 different 중 別 bié 일 ベツ(わかれる) |

七步之才 칠보지재 [3II급]

일곱 걸음을 걸을 동안에 시를 짓는 재주라는 뜻으로, 아주 뛰어난 글재주를 이르는 말.
유 의마지재(倚馬之才), 칠보재(七步才)

| 七 일곱 칠 | 七七 | 영 seven 중 七 qī 일 シチ(なな) |

| 步 걸을 보 | 步步步步步步步 | 영 walk 중 步 bù 일 步 ホ·ブ(あるく) |

| 之 어조사 지 | 之之之之 | 영 go 중 之 zhī 일 シ(ゆく·これ) |

| 才 재주 재 | 才才才 | 영 talent 중 才 cái 일 サイ(もちまえ·わざ) |

3II급 破顔大笑 파안대소

얼굴에 활짝 웃음이 피어올라 얼굴빛을 환하게 하여 한바탕 크게 웃는다는 의미.

유 파안일소(破顔一笑), 가가대소(呵呵大笑)

| 破 깨뜨릴 파 | 破破破破破破破破破 破破破破破 | 영 break 중 破 pò 일 ハ(やぶる) |

| 顔 얼굴 안 | 顔顔顔顔顔顔顔顔顔顔顔 顔顔顔顔顔 | 영 face 중 顔 yán 일 ガン(かお) |

| 大 큰 대 | 大大大 大大大大大 | 영 great 중 大 dà 일 タイ(おおきい) |

| 笑 웃을 소 | 笑笑笑笑笑笑笑笑笑笑 笑笑笑笑笑 | 영 laugh 중 笑 xiào 일 ショウ(わらう) |

3II급 表裏不同 표리부동

겉과 속이 같지 않다는 뜻으로, 사람이 음충맞아서 표면과 내심이 같지 않음을 가리키는 말.

유 동상이몽(同床異夢) 반 표리일체(表裏一體)

| 表 겉 표 | 表表表表表表表表 表表表表表 | 영 surface 중 表 biǎo 일 ヒョウ(おもて) |

| 裏 속 리 | 裏裏裏裏裏裏裏裏裏裏裏 裏裏裏裏裏 | 영 inside 중 裏 lǐ 일 リ(うら·うち) |

| 不 아닐 부 | 不不不不 不不不不不 | 영 not 중 不 bù 일 フ·ブ |

| 同 한 가지 동 | 同同同同同同 同同同同同 | 영 same 중 同 tóng 일 トウ(おなじ) |

虛張聲勢 허장성세 [3II급]

헛되이 목소리만 드높인다는 뜻으로, 실력은 없으면서 거짓으로 부풀려 큰소리친다는 말.

유 호왈백만(號曰百萬), 공성계(空城計)

虛 헛될 허
영 empty 중 虚 xū 일 虚 キョ(むなしい)

張 펼칠 장
영 give, extend 중 张 zhāng 일 チョウ(はる)

聲 소리 성
영 voice 중 声 shēng 일 声 セイ(こえ)

勢 기세 세
영 force, power 중 势 shì 일 セイ(いきおい)

虎死留皮 호사유피 [3II급]

호랑이는 죽어서 가죽을 남긴다는 뜻으로, 사람은 죽어서 명성을 남김을 비유적으로 이르는 말.

유 표사유피(豹死留皮), 인사유명(人死留名)

虎 범 호
영 tiger 중 虎 hǔ 일 コ(とら)

死 죽을 사
영 die 중 死 sǐ 일 シ(しぬ)

留 머무를 유
영 stay 중 留 liú 일 リュウ(とめる)

皮 가죽 피
영 skin 중 皮 pí 일 ヒ(かわ)

2단계 필수 고사성어

會者定離 회자정리 [3II급]

만나는 사람은 반드시 헤어질 운명에 있다는 뜻으로, 인생의 무상함을 일컫는 말.
반 거자필반(去者必反), 유 생자필멸(生者必滅)

한자	필순	영	중	일
會 (会) 모일 회	會會會會會會會會會會會會會會會	gather	会 huì	会 カイ(あう)
者 놈 자	者者者者者者者者者	person, man	者 zhě	シャ(もの)
定 반드시 정	定定定定定定定定	settle	定 dìng	テイ(さだめる)
離 떠날 리	離離離離離離離離離離離離	surely	离 lí	リ(はなれる)

興亡盛衰 흥망성쇠 [3II급]

흥하고 망하고 성하고 쇠한다는 뜻으로, 사람의 운수는 돌고 돌아 늘 변한다는 말.
유 영고성쇠(榮枯盛衰)

한자	필순	영	중	일
興 (兴) 흥할 흥	興興興興興興興興興興興興	cheerful	兴 xīng	コウ(おこる)
亡 망할 망	亡亡亡	ruin	亡 wáng	ボウ(ほろびる)
盛 성할 성	盛盛盛成成成成成盛盛	thriving	盛 shèng	セイ(さかり)
衰 쇠할 쇠	衰衰衰衰衰衰衰衰衰	decline	衰 shuāi	スイ(おとろえる)

3단계 고사성어 故事成語 쓰기교본 Part III

3단계

● 핵심 고사성어 ●
(고급 단계)

肝膽相照 간담상조 [2급]

간과 쓸개를 서로 내놓고 보인다는 뜻으로, 서로 속마음을 터놓고 가까이 사귐을 말함.

⊕ 문경지교(刎頸之交), 문경지우(刎頸之友)

| 肝 간 간 | 영 liver 중 肝 gān 일 カン(きも) |

| 膽 쓸개 담 | 영 gall bladder 중 胆 dǎn 일 胆 タン(きも) |

| 相 서로 상 | 영 mutually 중 相 xiàng 일 ショウ(あい) |

| 照 비출 조 | 영 illumine 중 照 zhào 일 ショウ(てる) |

感慨無量 감개무량 [2급]

감개가 한이 없다는 뜻으로, 지난 일이나 자취에 대해 느끼는 회포가 한량없이 깊고 크다는 말.

⊕ 감개읍하(感慨泣下)

| 感 느낄 감 | 영 feel 중 感 gǎn 일 カン(かんずる) |

| 慨 탄식할 개 | 영 lament 중 慨 kǎi 일 ガイ(なげく) |

| 無 (无) 없을 무 | 영 nothing 중 无 wú 일 ム(ない) |

| 量 양 량 | 영 amount 중 量 liàng 일 リョウ(はかる) |

改過遷善 개과천선 [2급]

허물을 고치고 착해진다는 뜻으로, 예전의 잘못된 행동이나 습관을 고치고 착한 사람으로 거듭남을 말함.

유 개과자신(改過自新)

改 고칠 개	改改改改改改改	영 improve 중 改 gǎi 일 カイ(あらためる)
過 허물 과	過過過過過過過過過過過過	영 excess 중 过 guò 일 カ(すぎる)
遷 옮길 천 (迁)	遷遷遷遷遷遷遷遷遷遷	영 move 중 迁 qiān 일 セン(うつる)
善 착할 선	善善善善善善善善善善	영 good 중 善 shàn 일 ゼン(よい)

牽强附會 견강부회 [2급]

억지로 끌어다 갖다 붙인다는 뜻으로, 가당치 않은 말을 억지로 끌어다 붙여서 조건이나 이치에 맞추려고 우겨댄다는 말.

유 추주어륙(推舟於陸), 아전인수(我田引水)

牽 끌 견	牽牽牽牽牽牽牽牽牽	영 draw 중 牵 qiān 일 ケン
强 굳셀 강	强强强强强强强强强强强	영 strong 중 强 qiáng 일 キョウ(しいる)
附 붙일 부	附附附附附附附附	영 attach 중 附 fù 일 フ(つく)
會 모을 회 (会)	會會會會會會會會會會會	영 gather 중 会 huì 일 会 カイ(あう)

3단계 핵심 고사성어

經天緯地 경천위지

온 천하를 경륜하여 다스린다는 뜻으로, 온 세상을 통솔력을 가지고 잘 다스린다는 뜻.
유 경천위지지재(經天緯地之才), 동량지재(棟樑之材)

經 지날 경 — 영 classics 중 经 jīng 일 経 ケイ(たていと)

天 하늘 천 — 영 heaven 중 天 tiān 일 テン(そう)

緯 씨 위 — 영 woof 중 纬 wěi 일 イ(よこいと)

地 땅 지 — 영 earth, land 중 地 dì 일 チ(つち)

鷄鳴狗盜 계명구도

닭의 울음소리를 잘 내는 사람과 개의 울음소리 흉내를 잘 내는 좀도둑이라는 뜻으로, 천한 재주를 가진 사람도 때로는 요긴하게 쓸모가 있음을 비유한 말.

鷄 닭 계 — 영 cock 중 鸡 jī 일 鶏 ケイ(にわとり)

鳴 울 명 — 영 chirp 중 鸣 míng 일 メイ(なく)

狗 개 구 — 영 dog 중 狗 gǒu 일 ク(いぬ)

盜 도적 도 — 영 thief 중 盗 dào 일 トウ(ぬすむ)

高官大爵 고관대작 [2급]

지위가 높은 큰 벼슬자리라는 뜻으로, 높은 벼슬자리. 또는, 그 직위에 있는 사람을 가리키는 말.

반 미관말직(微官末職)

高 높을 고	高高高高高高高高高 / 高高高高高	영 high 중 高 gāo 일 コウ(たかい)
官 벼슬 관	官官官官官官官官 / 官官官官官	영 official rank 중 官 guān 일 カン(つかさ)
大 큰 대	大大大 / 大大大大大	영 great 중 大 dà 일 タイ(おおきい)
爵 작위 작	爵爵爵爵爵爵爵爵爵爵爵爵 / 爵爵爵爵爵	영 government office 중 爵 jué 일 シャク

枯木生花 고목생화 [2급]

마른 나무에 꽃이 핀다는 뜻으로, 곤궁한 사람이 뜻밖의 행운을 만나게 됨을 비유한 말.

유 고수생화(枯樹生花), 고목발영(枯木發榮)

枯 마를 고	枯枯枯枯枯枯枯枯 / 枯枯枯枯枯	영 wither 중 枯 kū 일 コ(からす)
木 나무 목	木木木木 / 木木木木木	영 tree 중 木 mù 일 ボク(き)
生 날 생	生生生生生 / 生生生生生	영 born 중 生 shēng 일 セイ(なま)
花 꽃 화	花花花花花花花花 / 花花花花花	영 flower 중 花 huā 일 カ(はな)

3단계 핵심 고사성어 | 197

2급 高溫多濕 고온다습

기온이 높고 매우 습하며 열대해안 지대의 기후 특성을 말함.

高 높을 고	高高高高高高高高高	영 high 중 高 gāo 일 コウ(たかい)
溫 따뜻할 온	溫溫溫溫溫溫溫溫溫溫溫溫溫	영 warm 중 温 wēn 일 温 オン(あたたか)
多 많을 다	多多多多多多	영 many 중 多 duō 일 タ(おおい)
濕 젖을 습 (湿)	濕濕濕濕濕濕濕濕濕濕濕	영 wet 중 湿 shī 일 湿 シツ(しめる)

2급 公卿大夫 공경대부

삼공(三公)·구경(九卿)·대부(大夫)의 뜻으로, 벼슬이 높은 사람을 이르는 말.
유 고관대작(高官大爵), 반 사서인(士庶人)

公 공변될 공	公公公公	영 public 중 公 gōng 일 コウ(おおやけ)
卿 벼슬 경	卿卿卿卿卿卿卿卿	영 sir 중 卿 qīng 일 ケイ(くげ)
大 큰 대	大大大	영 great 중 大 dà 일 タイ(おおきい)
夫 지아비 부	夫夫夫夫	영 husband 중 夫 fū 일 フ(おっと)

管鮑之交 관포지교 [2급]

춘추 시대 제나라의 관중과 포숙아가 나눈 절친한 사귐이란 뜻으로, 우정이 돈독한 친구를 이르는 말.
유 문경지교(刎頸之交), 반 시도지교(市道之交)

管 대롱 관	管管管管管管管管管管管管	영 pipe, manage 중 管 guǎn 일 カン(くだ)
鮑 생선 포	鮑鮑鮑鮑鮑鮑鮑鮑鮑鮑	영 salted fish 중 鮑 bào 일 ホウ(しおづけ)
之 갈 지	之之之之	영 go 중 之 zhī 일 シ(ゆく·これ)
交 사귈 교	交交交交交交	영 associate 중 交 jiāo 일 コウ(まじわる)

矯角殺牛 교각살우 [2급]

쇠뿔을 바로잡으려다가 소를 죽인다는 뜻으로, 결점이나 흠을 고치려는 일이 지나쳐 도리어 일을 그르칠 때 사용하는 말.
유 교왕과정(矯枉過正), 소탐대실(小貪大失)

矯 바로잡을 교	矯矯矯矯矯矯矯矯矯矯	영 reform 중 矫 jiǎo 일 キョウ(ためる·なおす)
角 뿔 각	角角角角角角角	영 horn 중 角 jiǎo 일 カク(つの)
殺 죽일 살	殺殺殺殺殺殺殺殺殺殺殺	영 kill 중 杀 shā 일 サツ(ころす)
牛 소 우	牛牛牛牛	영 ox·cow 중 牛 niú 일 ギユウ(うし)

3단계 핵심 고사성어 | **199**

口尚乳臭 구상유취 [2급]

입에서 아직도 젖내가 난다는 뜻으로, 말과 하는 짓이 유치한 것을 비유하여 일컫는 말. 〔유〕 황구유취(黃口乳臭)

口 입 구
口口口
영 mouth / 중 口 kǒu / 일 コウ(くち)

尚 오히려 상
尚尚尚尚尚尚尚尚
영 rather / 중 尚 shuàng / 일 ショウ(なお)

乳 젖 유
乳乳乳乳乳乳乳乳
영 milk / 중 乳 rǔ / 일 ニュウ(ち)

臭 냄새 취
臭臭臭臭臭臭臭臭臭
영 smell / 중 臭 chòu / 일 シュウ(くさい)

勸善懲惡 권선징악 [2급]

선을 권하고 악을 벌한다는 뜻으로, 착한 행실을 널리 권장하고 악한 행실을 벌준다는 말. 〔유〕 권징(勸懲), 창선징악(彰善懲惡)

勸(劝) 권할 권
勸勸勸勸勸勸勸勸勸勸勸勸
영 advise / 중 劝 quàn / 일 勧 カン(すすめる)

善 착할 선
善善善善善善善善善善
영 good / 중 善 shàn / 일 ゼン(よい)

懲 혼날 징
懲懲懲懲懲懲懲懲懲懲
영 punish / 중 惩 chéng / 일 チョウ(こらす)

惡(恶) 악할 악
惡惡惡惡惡惡惡惡惡惡
영 bad / 중 恶 è / 일 悪 アク(わるい)

謹賀新年 근하신년

[2급] 삼가 새해를 축하한다는 뜻으로 새해의 복을 비는 인사말.
㊠ 공하신년(恭賀新年), 공하신희(恭賀新禧)

| 謹 삼갈 근 | 謹謹謹謹謹謹謹謹謹謹謹謹謹 / 謹 謹 謹 謹 謹 | 영 be careful | 중 谨 jǐn | 일 キン(つつしむ) |

| 賀 하례할 하 | 賀賀賀賀賀賀賀賀賀賀賀 / 賀 賀 賀 賀 賀 | 영 congratulate | 중 贺 hè | 일 ガ(いわう) |

| 新 새 신 | 新新新新新新新新新新新新新 / 新 新 新 新 新 | 영 new | 중 新 xīn | 일 シン(あたらしい) |

| 年 해 년 | 年年年年年年 / 年 年 年 年 年 | 영 year | 중 年 nián | 일 ネン(とし) |

南柯之夢 남가지몽

[2급] 당나라 소설 「남가태수전」에 실린, 남가군을 다스린 꿈이란 뜻으로, 한때의 헛된 부귀영화를 말함.
㊠ 일장춘몽(一場春夢), 남가일몽(南柯一夢)

| 南 남녘 남 | 南南南南南南南南 / 南 南 南 南 南 | 영 south | 중 南 nán | 일 ナン(みなみ) |

| 柯 가지 가 | 柯柯柯柯柯柯柯柯柯 / 柯 柯 柯 柯 柯 | 영 branch | 중 柯 kē | 일 カ(えだ) |

| 之 갈 지 | 之之之之 / 之 之 之 之 之 | 영 go | 중 之 zhī | 일 シ(ゆく·これ) |

| 夢 (梦) 꿈 몽 | 夢夢夢夢夢夢夢夢夢夢夢 / 夢 夢 夢 夢 夢 | 영 dream | 중 梦 mèng | 일 ム(ゆめ) |

2급 内政干涉 내정간섭

다른 나라의 정치나 외교에 참여함으로써 그 주권을 속박하고 침해하는 일을 말함.

内 안 내
内内内内
영 inside 중 内 nèi 일 内 ナイ(うち)

政 정사 정
政政政政政政政政
영 politice 중 政 zhèng 일 セイ(まつりごと)

干 방패 간
干干干
영 shield 중 干 gān 일 カン(ほす)

涉 건널 섭
涉涉涉涉涉涉涉涉涉涉
영 cross 중 涉 shè 일 ショウ(わたる)

2급 勞心焦思 노심초사

애를 쓰고 속을 태운다는 뜻으로, 성적이 나쁜 자식을 생각하는 부모의 고뇌를 말함.
유 초로(焦勞), 초심고려(焦心苦慮)

勞(劳) 일할 노
勞勞勞勞勞勞勞勞勞勞勞勞
영 endeavor 중 劳 láo 일 労 ロウ(いたわる)

心 마음 심
心心心心
영 heart 중 心 xīn 일 シン(こころ)

焦 애탈 초
焦焦焦焦焦焦焦焦焦焦焦焦
영 scorch 중 焦 jiāo 일 ショウ(こがす)

思 생각할 사
思思思思思思思思思
영 think 중 思 sī 일 シ(おもう)

累卵之危 누란지위 [2급]

쌓아올린(포개 놓은) 새알이라는 뜻으로, 쌓아올린 새알처럼 매우 불안정하고 위험한 상태를 말함.

윤 누란지세(累卵之勢), 위여누란(危如累卵)

| 累 포갤 누 | 累累累累累累累累累累累 | 영 pile up 중 累 lěi 일 ルイ(しばる) |

| 卵 알 란 | 卵卵卵卵卵卵卵 | 영 egg 중 卵 luǎn 일 ラン(たまご) |

| 之 갈 지 | 之之之之 | 영 go 중 之 zhī 일 シ(ゆく・これ) |

| 危 위험할 위 | 危危危危危危 | 영 danger 중 危 wēi 일 キ |

能小能大 능소능대 [?급]

크고 작은 일에 두루 능하다는 뜻으로, 모든 일에 두루 능통함을 가리킴.

| 能 능할 능 | 能能能能能能能能能能 | 영 able 중 能 néng 일 ノウ(よく) |

| 小 작을 소 | 小小小 | 영 small 중 小 xiǎo 일 ショウ(ちいさい) |

| 能 능할 능 | 能能能能能能能能能能 | 영 able 중 能 néng 일 ノウ(よく) |

| 大 클 대 | 大大大 | 영 great 중 大 dà 일 タイ(おおきい) |

3단계 핵심 고사성어 | 203

多岐亡羊 다기망양 *2급*

갈래 길이 많아 양을 잃는다는 뜻으로, 학문의 길이 다방면으로 갈라져 있어 어느 것을 택할지 망설이게 된다는 말.

㊠ 망양지탄(亡羊之嘆), 기로망양(岐路亡羊)

| 多 많을 다 | 多多多多多多 | 영 many 중 多 duō 일 タ(おおい) |

| 岐 갈림길 기 | 岐岐岐岐岐岐 | 영 forked road 중 岐 qí 일 キ(えだみち) |

| 亡 잃을 망 | 亡亡亡 | 영 ruin 중 亡 wáng 일 ボウ(ほろびる) |

| 羊 양 양 | 羊羊羊羊羊羊 | 영 sheep 중 羊 yáng 일 ヨウ(ひつじ) |

同病相憐 동병상련 *2급*

같은 병자끼리 불쌍히 여긴다는 뜻으로, 어려운 처지에 놓인 사람들끼리 서로를 돕는다는 말.

㊠ 오월동주(吳越同舟), 초록동색(草綠同色)

| 同 같을 동 (소) | 同同同同同同 | 영 same 중 同 tóng 일 トウ(おなじ) |

| 病 병들 병 | 病病病病病病病病病 | 영 illness 중 病 bìng 일 ビョウ(やむ) |

| 相 서로 상 | 相相相相相相相相 | 영 mutually 중 相 xiàng 일 ショウ(あい) |

| 憐 불쌍히 여길 련 | 憐憐憐憐憐憐憐憐憐憐 | 영 pity 중 怜 lián 일 レン(あわれむ) |

凍氷寒雪 동빙한설 [2급]

얼어붙은 얼음과 차가운 눈이라는 뜻으로, 몹시 추운 겨울. 또는 곤궁에 처해 헐벗은 상태를 일컫는 말.
⊕ 화풍난양(和風暖陽), 동장군(冬將軍)

凍 얼 동	凍凍凍凍凍凍凍凍凍凍	영 freeze　중 冻 dòng　일 トウ(こおる)
氷 얼음 빙	氷氷氷氷氷	영 ice　중 冰 bīng　일 ヒョウ(こおり)
寒 찰 한	寒寒寒寒寒寒寒寒寒寒寒寒	영 cold　중 寒 hán　일 カン(さむい)
雪 눈 설	雪雪雪雪雪雪雪雪雪雪雪	영 snow　중 雪 xuě　일 セツ(ゆき)

得所失多 득소실다 [2급]

얻은 것은 적고 잃은 것은 많다는 뜻으로, 소득보다 손실이 크다는 말.
⊕ 득불보실(得不補失)

得 얻을 득	得得得得得得得得得得	영 get　중 得 dé　일 トク(える)
所 장소 소	所所所所所所所所	영 place　중 所 suǒ　일 リク(あやまる)
失 잃을 실	失失失失失	영 lose　중 失 shī　일 シツ(うしなう)
多 많을 다	多多多多多多	영 many　중 多 duō　일 タ(おおい)

3단계 핵심 고사성어 | 205

莫無可奈 막무가내 [2급]

도무지 융통성이 없고 고집이 세어 어찌할 수가 없음을 이르는 말.
㈜ 막가내하(莫可奈何), 무가내하(無可奈何)

| 莫 없을 막 | 莫莫莫莫莫莫莫莫莫莫 | ⑲ not ⓒ 莫 mò ⓙ バク(ない) |

| 無 (无) 없을 무 | 無無無無無無無無無無 | ⑲ nothing ⓒ 无 wú ⓙ ム(ない) |

| 可 옳을 가 | 可可可可可 | ⑲ right ⓒ 可 kě ⓙ カ(よい) |

| 奈 어찌 내 | 奈奈奈奈奈奈奈奈 | ⑲ how ⓒ 奈 nài ⓙ ナ(いかに) |

萬事亨通 만사형통 [2급]

모든 일이 뜻한 바대로 잘 이루어짐을 일컬음.

| 萬 (万) 일만 만 | 萬萬萬萬萬萬萬萬萬萬 | ⑲ ten thousand ⓒ 万 wàn ⓙ 万 マン(よろず) |

| 事 일 사 | 事事事事事事事事 | ⑲ work ⓒ 事 shì ⓙ ジ(こと) |

| 亨 형통할 형 | 亨亨亨亨亨亨亨 | ⑲ go well ⓒ 亨 hēng ⓙ キョウ(とおる) |

| 通 통할 통 | 通通通通通通通通通通 | ⑲ go through ⓒ 通 tōng ⓙ ツ(とおす) |

茫然自失 (망연자실) [2급]

정신이 멍하게 자신을 잃는다는 뜻으로, 큰 충격이나 놀라는 일로 인해 멍하니 제정신을 잃고 있는 모양.

㈜ 대경실색(大驚失色), 혼비백산(魂飛魄散)

茫 아득할 망	茫茫茫茫茫茫茫茫茫	영 remote 중 茫 máng 일 ボウ(とおい)
然 그러할 연	然然然然然然然然然然然然	영 so, such 중 然 rán 일 ゼン(しかり)
自 스스로 자	自自自自自自	영 self 중 自 zì 일 シジ(みずから)
失 잃을 실	失失失失失	영 lose 중 失 shī 일 シツ(うしなう)

孟母三遷 (맹모삼천) [2급]

맹자의 어머니가 세 번 이사 간다라는 뜻으로, 맹자의 어머니가 맹자의 교육을 위해 세 번이나 이사를 한 가르침을 말함.

㈜ 삼천(三遷), 삼천지교(三遷之教)

孟 맏 맹	孟孟孟孟孟孟孟孟	영 first 중 孟 mèng 일 モウ(はじめ)
母 어미 모	母母母母母	영 mother 중 母 mǔ 일 ボ(はは)
三 석 삼	三三三	영 three 중 三 sān 일 サン(みっつ)
遷 (迁) 옮길 천	遷遷遷遷遷遷遷遷遷遷	영 move 중 迁 qiān 일 セン(うつる)

3단계 핵심 고사성어

某月某日 모월모일   어느 달, 어떤 날

某 아무 모	某某某某某某某某某 某 某 某 某 某	영 someone 중 某 mǒu 일 ボウ(それがし)

月 달 월	月月月月 月 月 月 月 月	영 moon 중 月 yuè 일 ゲツ(つき)

某 아무 모	某某某某某某某某某 某 某 某 某 某	영 someone 중 某 mǒu 일 ボウ(それがし)

日 날 일	日日日日 日 日 日 日 日	영 day, sun 중 日 rì 일 ジツ·ニチ(ひ)

武陵桃源 무릉도원

무릉 사람이 발견한 복숭아 꽃이 만발한 곳이라는 뜻으로, 사람들이 화목하고 행복하게 살 수 있다는 이상향을 가리킴.
유 도원경(桃源境), 별천지(別天地)

武 호반 무	武武武武武武武武 武 武 武 武 武	영 military 중 武 wǔ 일 ブ(たけしい)

陵 언덕 릉	陵陵陵陵陵陵陵陵陵陵 陵 陵 陵 陵 陵	영 hill 중 凌 líng 일 リョウ(みささぎ)

桃 복숭아 도	桃桃桃桃桃桃桃桃桃桃 桃 桃 桃 桃 桃	영 peach 중 挑 tiāo 일 チョウ(いどむ)

源 근원 원	源源源源源源源源源源源 源 源 源 源 源	영 source 중 源 yuán 일 ゲン(みなもと)

2급 無賃乘車 무임승차

차비를 내지 않고 차를 타는 것을 말함.

無 없을 무	영 nothing 중 无 wú 일 ム(ない)
賃 품삯 임	영 wages 중 赁 lìn 일 チン(やとう)
乘 탈 승	영 ride 중 乘 chéng 일 乗 ジョウ(のる)
車 수레 차	영 cart 중 车 jū chē 일 シャ(くるま)

2급 拔本塞源 발본색원

뿌리를 뽑고 근원을 막는다는 뜻으로, 잘못된 것의 근본적인 원인을 찾아 뿌리째 없애 버린다는 뜻.

유 전초제근(剪草除根), 삭주굴근(削株堀根)

拔 뽑을 발	영 pull out 중 拔 bá 일 バシ(ぬく)
本 근본 본	영 origin 중 本 běn 일 ホン(もと)
塞 막을 색	영 block 중 塞 sài 일 サイ(とりで)
源 근원 원	영 source 중 源 yuán 일 ゲン(みなもと)

3단계 핵심 고사성어 | 209

2급 傍若無人 방약무인

곁에 사람이 없는 것과 같다는 뜻으로, 곁에 사람이 없는 것처럼 아무 거리낌 없이 함부로 말하고 행동함을 말함.
㊌ 오안불손(傲岸不遜), 안중무인(眼中無人)

傍 곁 방	傍傍傍傍傍傍傍傍傍	영 beside 중 傍 páng 일 ボウ(かたわら)
若 같을 약	若若若若若若若若若	영 like 중 若 ruò 일 ジャク(なんじ)
無 (无) 없을 무	無無無無無無無無無無無	영 nothing 중 无 wú 일 ム(ない)
人 사람 인	人人	영 person 중 人 rén 일 ジン・ニン(ひと)

2급 伯仲之勢 백중지세

맏형과 둘째형의 기세라는 뜻으로, 양자의 재능이 엇비슷하여 우열을 가릴 수가 없다는 말.
㊌ 난형난제(難兄難弟), 백중지간(伯仲之間)

伯 맏 백	伯伯伯伯伯伯伯	영 eldest 중 伯 bó 일 ハク
仲 버금 중	仲仲仲仲仲仲	영 next 중 仲 zhòng 일 チュウ(なか)
之 갈 지	之之之之	영 go 중 之 zhī 일 シ(ゆく・これ)
勢 기세 세	勢勢勢勢勢勢勢勢勢勢勢	영 force, power 중 势 shì 일 セイ(いきおい)

百八煩惱 백팔번뇌

불교에서 이르는 인간의 과거·현재·미래에 걸친 고락 등 108가지의 번뇌를 이르는 말.
⟨유⟩ 백팔(百八)

百 일백 백
百百百百百百
영 hundred 중 百 bǎi 일 ヒャク(もも)

八 여덟 팔
八八
영 eight 중 八 bā 일 ハチ・ハツ(やっつ)

煩 번거로울 번
煩煩煩煩煩煩煩煩煩煩煩
영 troublesome 중 烦 fán 일 ハン(わずらわしい)

惱 괴로워할 뇌
惱惱惱惱惱惱惱惱惱惱惱
영 vexed 중 恼 nǎo 일 悩 ノウ(なやむ)

附和雷同 부화뇌동

천둥이 치면 함께 움직인다는 뜻으로, 뚜렷한 소신이나 주관 없이 남의 의견이나 행동을 따라 한다는 말.
⟨유⟩ 부부뇌동(附付雷同), 경거망동(輕擧妄動)

附 붙을 부
附附附附附附附附
영 attach 중 附 fù 일 フ(つく)

和 화합할 화
和和和和和和和
영 harmony 중 和 hé 일 ワ(あえる)

雷 천둥 뇌
雷雷雷雷雷雷雷雷雷雷雷
영 thunder 중 雷 léi 일 ライ(かみなり)

同 한 가지 동
同同同同同同
영 same 중 同 tóng 일 トウ(おなじ)

[2급] 焚書坑儒 분서갱유

책을 불사르고 선비를 구덩이에 파묻는다는 뜻으로, 진나라의 시황제가 책을 불태우고 학자를 생매장한 사건을 가리킴.

④ 갱유분서(坑儒焚書), 진화(秦火)

焚 불사를 분
焚焚焚焚焚焚焚焚焚焚焚焚
영 burn 중 焚 fén 일 フン(やく)

書 글 서
書書書書書書書書書書
영 writing 중 书 shū 일 ショ(かく)

坑 구덩이 갱
坑坑坑坑坑坑坑
영 hole 중 阬 kēng 일 コウ(あな)

儒 선비 유
儒儒儒儒儒儒儒儒儒儒
영 scholar 중 儒 rú 일 ジュ

[2급] 不俱戴天 불구대천

함께 하늘을 받들 수 없는 원수 사이라는 뜻으로, 세상을 함께 살 수 없을 정도의 원수를 가리킴.

④ 불공재천(不共戴天)

不 아닐 불
不不不不
영 not 중 不 bù 일 フ・ブ

俱 함께 구
俱俱俱俱俱俱俱俱俱
영 together 중 俱 jù 일 グ(ともに)

戴 일 대
戴戴戴戴戴戴戴戴戴戴戴
영 carry on 중 戴 dài 일 タイ(いただく)

天 하늘 천
天天天天
영 heaven 중 天 tiān 일 テン(そう)

不撓不屈 불요불굴 [2급]

한번 먹은 마음이 흔들리거나 굽힘이 없음.
유 백절불굴(百折不屈), 백절불요(百折不撓)

| 不 아닐 불 | 不不不不 | 영 not | 중 不 bù | 일 フ・ブ |

| 撓 어지러울 요 | 撓撓撓撓撓撓撓撓撓 | 영 dizzy | 중 撓 náo | 일 (たわわ) |

| 不 아닐 불 | 不不不不 | 영 not | 중 不 bù | 일 フ・ブ |

| 屈 굽힐 굴 | 屈屈屈屈屈屈屈屈 | 영 stooped | 중 屈 qū | 일 クツ(かがむ) |

不撤晝夜 불철주야 [2급]

밤낮을 가리지 않는다라는 뜻으로, 조금도 쉴 사이 없이 일에 힘쓰는 것을 말함.
유 야이계주(夜以繼晝), 주이계야(晝而繼夜)

| 不 아닐 불 | 不不不不 | 영 not | 중 不 bù | 일 フ・ブ |

| 撤 거둘 철 | 撤撤撤撤撤撤撤撤撤撤撤 | 영 vacate | 중 彻 chè | 일 テツ(のぞく) |

| 晝 낮 주 | 晝晝晝晝晝晝晝晝晝晝 | 영 day time | 중 昼 zhòu | 일 昼 チュウ(ひる) |

| 夜 밤 야 | 夜夜夜夜夜夜夜夜 | 영 night | 중 夜 yè | 일 ヤ(よる) |

3단계 핵심 고사성어

非夢似夢 비몽사몽

꿈이 아니면서 꿈인 것 같다는 뜻으로, 꿈인지 생시인지 어렴풋하고 흐리멍덩한 상태를 말함.

유 비몽사몽간(非夢似夢間), 사몽비몽(似夢非夢)

| 非 아닐 비 | 非非非非非非非 | 영 not 중 非 fēi 일 ヒ(あらず) |

| 夢 꿈 몽 | 夢夢夢夢夢夢夢夢夢夢夢 | 영 dream 중 梦 mèng 일 ム(ゆめ) |

| 似 같을 사 | 似似似似似似 | 영 same 중 似 sì 일 シ·ジ(にる) |

| 夢 꿈 몽 | 夢夢夢夢夢夢夢夢夢夢夢 | 영 dream 중 梦 mèng 일 ム(ゆめ) |

四顧無親 사고무친

사방을 돌아보아도 친한 사람이 없다라는 뜻으로, 의지할 만한 사람이 전혀 없음을 가리킴.

유 고립무원(孤立無援), 고성낙일(孤城落日)

| 四 넉 사 | 四四四四四 | 영 four 중 四 sì 일 シ(よ·よつ) |

| 顧 돌아볼 고 | 顧顧顧顧顧顧顧顧 | 영 look after 중 顾 gù 일 コ(かえりみる) |

| 無 없을 무 | 無無無無無無無無無無無 | 영 nothing 중 无 wú 일 ム(ない) |

| 親 친할 친 | 親親親親親親親親親親 | 영 friendly 중 亲 qīn 일 シン(おや·したしい) |

四面楚歌 사면초가 [2급]

사방에서 들리는 초나라의 노래라는 뜻으로, 사방을 적이 둘러싸고 있어서 완전히 고립된 상태를 말함.

윤 고립무원(孤立無援), 진퇴양난(進退兩難)

四 사방 사
四四四四四
영 four 중 四 sì 일 シ(よ·よつ)

面 낯 면
面面面面面面面面面
영 face 중 面 miàn 일 メン(かお)

楚 초나라 초
楚楚楚楚楚楚楚楚楚楚
영 chu 중 楚 chǔ 일 ソ(いばら)

歌 노래 가
歌歌歌歌歌歌歌歌歌歌歌歌
영 song 중 歌 gē 일 カ(うた)

桑田碧海 상전벽해 [2급]

뽕나무 밭이 바다로 변한다는 뜻으로, 세상일이 덧없이 변천함을 일컫는 말.

윤 창해상전(滄海桑田), 상해지변(桑海之變)

桑 뽕나무 상 (桒)
桑桑桑桑桑桑桑桑桑
영 mulberry 중 桑 sāng 일 ソウ(くわ)

田 밭 전
田田田田田
영 field 중 田 tián 일 デン(た)

碧 푸를 벽
碧碧碧碧碧碧碧碧碧碧碧
영 blue 중 碧 bì 일 ヘキ(あおい)

海 바다 해
海海海海海海海海海
영 sea 중 海 hǎi 일 カイ(うみ)

3단계 핵심 고사성어

2급 塞翁之馬 새옹지마

변방 늙은이의 말이라는 뜻으로, 길흉화복이 시시각각으로 변화함을 가리킴.

유 전화위복(轉禍爲福), 새옹마(塞翁馬)

| 塞 변방 새 | 塞塞塞塞塞塞塞塞塞塞塞塞塞 | 영 block | 중 塞 sài | 일 サイ(とりで) |

塞 塞 塞 塞 塞

| 翁 늙은이 옹 | 翁翁翁翁翁翁翁翁翁翁 | 영 old man | 중 翁 wēng | 일 オウ(おきな) |

翁 翁 翁 翁 翁

| 之 갈 지 | 之之之之 | 영 go | 중 之 zhī | 일 シ(ゆく·これ) |

之 之 之 之 之

| 馬 말 마 | 馬馬馬馬馬馬馬馬馬馬 | 영 horse | 중 马 mǎ | 일 バ(うま) |

馬 馬 馬 馬 馬

*2급 首丘初心 수구초심

여우가 죽을 때는 자기가 살던 언덕 쪽으로 머리를 향한다는 뜻으로, 고향을 그리는 마음을 비유한 말.

유 호사수구(狐死首丘), 호마망북(胡馬望北)

| 首 머리 수 | 首首首首首首首首首 | 영 head | 중 首 shǒu | 일 シュ(くび) |

首 首 首 首 首

| 丘 언덕 구 | 丘丘丘丘丘 | 영 hill | 중 丘 qiū | 일 キュウ(おか) |

丘 丘 丘 丘 丘

| 初 처음 초 | 初初初初初初初 | 영 beginning | 중 初 chū | 일 ショ(はつ) |

初 初 初 初 初

| 心 마음 심 | 心心心心 | 영 heart | 중 心 xīn | 일 シン(こころ) |

心 心 心 心 心

守株待兔 수주대토

그루터기를 지켜 토끼를 기다린다는 뜻으로, 융통성 없이 옛 관습만 따진다는 말.

⊕ 각주구검(刻舟求劍), 미생지신(尾生之信)

守 지킬 수	守守守守守守	영 keep	중 守 shǒu	일 シユ(まもる)
株 그루터기 주	株株株株株株株株株株	영 stump	중 株 zhū	일 シユ(かぶ)
待 기다릴 대	待待待待待待待待	영 wait	중 待 dài	일 タイ(まつ)
兔 토끼 토	兔兔兔兔兔兔兔兔	영 rabbit	중 兔 tǔ	일 ト(うさぎ)

乘勝長驅 승승장구

싸움에서 이긴 기세를 타고 계속 적을 몰아치는 것을 말함.

乘 탈 승	乘乘乘乘乘乘乘乘乘乘	영 ride	중 乘 chéng	일 乗 ジョウ(のる)
勝 이길 승	勝勝勝勝勝勝勝勝勝勝勝勝	영 win	중 胜 shèng	일 ショウ(かつ)
長 길 장	長長長長長長長長	영 long	중 长 cháng	일 チョウ(ながい)
驅 몰 구	驅驅驅驅驅驅驅驅驅驅驅	영 drive	중 驱 qū	일 駆 ク(かける)

3단계 핵심 고사성어 | **217**

試行錯誤 시행착오

학습 양식의 한 가지로 실패를 거듭하여 적용하는 일로 몬다이크의 관찰로 이론화되었음. ㈜ 시오법(試誤法)

試 시험 시	試試試試試試試試	영 test 중 试 shī 일 シ(こころみる)
行 다닐 행	行行行行行行	영 go 중 行 xíng 일 コウ(いく)
錯 어긋날 착	錯錯錯錯錯錯錯錯錯錯錯	영 error 중 错 cuò 일 サク·ソ(まじる)
誤 그르칠 오	誤誤誤誤誤誤誤誤誤誤誤誤	영 mistake 중 误 wù 일 ゴ(あやまる)

哀乞伏乞 애걸복걸

애처롭게 빌고 굽실거리며 빈다는 뜻으로, 연방 굽실거리며 애처롭게 구걸하듯이 상대에게 빈다는 의미. ㈜ 만단애걸(萬端哀乞)

哀 슬플 애	哀哀哀哀哀哀哀哀	영 sad 중 哀 āi 일 アイ(あわれ)
乞 빌 걸	乞乞乞	영 beg 중 乞 qǐ 일 コツ(こう)
伏 엎드릴 복	伏伏伏伏伏伏	영 lie face down 중 伏 fú 일 フク(ふす)
乞 빌 걸	乞乞乞	영 beg 중 乞 qǐ 일 コツ(こう)

羊頭狗肉 양두구육 [2급]

양의 머리를 내걸고 개고기를 판다는 뜻으로, 겉과 속이 일치하지 않거나, 겉은 훌륭하게 보이나 속은 변변치 않음을 말함.
유 표리부동(表裏不同), 양질호피(羊質虎皮)

| 羊 양 양 | 羊羊羊羊羊羊 | 영 sheep 중 羊 yáng 일 ヨウ(つじ) |

| 頭 머리 두 | 頭頭頭頭頭頭頭頭頭頭頭頭頭頭 | 영 head 중 头 tóu 일 トウ(あたま) |

| 狗 개 구 | 狗狗狗狗狗狗狗狗 | 영 dog 중 狗 gǒu 일 ク(いぬ) |

| 肉 고기 육 | 肉肉肉肉肉肉 | 영 meat 중 肉 ròu 일 ニク(しし) |

梁上君子 양상군자 [2급]

대들보 위의 군자라는 뜻으로, 도둑을 빗대어 일컫거나 천정의 쥐를 재미있게 표현한 말.
유 녹림호걸(綠林豪傑), 무본대상(無本大商)

| 梁 들보 양 | 梁梁梁梁梁梁梁梁梁梁梁 | 영 crossbeam 중 liáng 일 リョウ(おおあわ) |

| 上 위 상 | 上上上 | 영 upper 중 上 shàng 일 ジョウ(うえ) |

| 君 임금 군 | 君君君君君君 | 영 king 중 君 jūn 일 クン(きみ) |

| 子 아들 자 | 子子子 | 영 son 중 子 zǐ 일 シ·ス(こ) |

3단계 핵심 고사성어 | 219

2급 榮枯盛衰 영고성쇠

영화롭고 쇠하며, 융성하고 쇠락하다는 뜻으로, 성함과 쇠함이 무상하여 일정하지 않음과 같이 성함과 쇠함이 서로 뒤바뀌면서 세상의 변화가 무상함을 일컬음.

榮 (栄) 영화 영	榮榮榮榮榮榮榮榮榮榮 / 榮榮榮榮榮	영 glory 중 荣 róng 일 栄 エイ(さかえる)
枯 마를 고	枯枯枯枯枯枯枯枯枯 / 枯枯枯枯枯	영 wither 중 枯 kū 일 コ(からす)
盛 성할 성	丿厂厂戊成成成盛盛盛 / 盛盛盛盛盛	영 thriving 중 盛 shèng 일 セイ(さかり)
衰 쇠할 쇠	衰衰衰衰衰衰衰衰衰 / 衰衰衰衰衰	영 decline 중 衰 shuāi 일 スイ(おとろえる)

2급 五里霧中 오리무중

사방 오 리에 걸친 깊은 안개 속이라는 뜻으로, 사물의 행방이나 사태의 추이가 어디에 있는지 찾을 길이 없음을 일컫는 말.
㈜ 오리무(五里霧)

五 다섯 오	五五五五 / 五五五五五	영 five 중 五 wǔ 일 ゴ(いつつ)
里 마을 리	里里里里里里里 / 里里里里里	영 village 중 里 lǐ 일 リ(さと)
霧 안개 무	霧霧霧霧霧霧霧霧霧霧 / 霧霧霧霧霧	영 fog 중 雾 wù 일 ム・ブ(きり)
中 가운데 중	中中中中 / 中中中中中	영 middle 중 中 zhōng 일 チユウ(なか)

2급 烏飛梨落 오비이락

까마귀 날자 배 떨어진다는 뜻으로, 공교롭게 우연의 일치로 어떤 일이 일어나 의심을 받게 됨을 말함.

烏 까마귀 오 — 영 crow / 중 乌 wū / 일 ウ(からす)

飛 날 비 — 영 fly / 중 飞 fēi / 일 ヒ(とぶ)

梨 배 이 — 영 pear tree / 중 lí / 일 リ(なし)

落 떨어질 락 — 영 fall / 중 落 luò / 일 ラク(おちる)

2급 傲霜孤節 오상고절

서릿발이 심해도 굴하지 아니하고 외로이 지키는 절개라는 뜻으로, '국화'를 비유적으로 이르는 말.

유 세한고절(歲寒孤節)

傲 거만할 오 — 영 haughty / 중 傲 ào / 일 ゴウ(おごる)

霜 서리 상 — 영 frost / 중 霜 shuāng / 일 ソウ(しも)

孤 외로울 고 — 영 lonely / 중 孤 gū / 일 コ(みなしご)

節 마디 절 — 영 joint / 중 节 jié / 일 セツ(ふし)

吳越同舟 오월동주

적대 관계에 있는 오나라 사람과 월나라 사람이 같은 배를 타고 있다는 뜻으로, 서로 적이지만 일시적으로 협력함을 가리킴. 윤 동주상구(同舟相救), 동주제강(同舟濟江)

吳 오나라 오 — 吳吳吳吳吳吳吳 — 영 Wu(state) 중 吳 wú 일 ゴ(くれ)

越 월나라 월 — 越越越越越越越越越越 — 영 Yue(state) 중 越 yuè 일 エツ(こす)

同 한 가지 동 — 同同同同同同 — 영 same 중 同 tóng 일 トウ(おなじ)

舟 배 주 — 舟舟舟舟舟舟 — 영 ship 중 舟 zhōu 일 シュウ(ふね)

屋上架屋 옥상가옥

지붕 위에 또 지붕을 얹는다는 뜻으로, 쓸데없이 더 보태어 하는 일을 비유하여 일컫는 말. 윤 옥상옥(屋上屋)

屋 집 옥 — 屋屋屋屋屋屋屋屋 — 영 house 중 屋 wū 일 オク(や)

上 위 상 — 上上上 — 영 upper 중 上 shàng 일 ジョウ(うえ)

架 시렁 가 — 架架架架架架架架架 — 영 shelf 중 架 jià 일 カ(かかる)

屋 집 옥 — 屋屋屋屋屋屋屋屋 — 영 house 중 屋 wū 일 オク(や)

搖之不動 요지부동

흔들어도 움직이지 않는다는 뜻으로, 아무리 힘이나 노력을 가하더라도 조금도 움직이거나 변하지 않음을 가리킴.

搖 흔들 요 — 영 shake 중 摇 yáo 일 ヨウ(ゆる)

之 갈 지 — 영 go 중 之 zhī 일 シ(ゆく・これ)

不 아닐 부 — 영 not 중 不 bù 일 フ・ブ

動 움직일 동 — 영 move 중 动 dòng 일 ドウ(うごかす)

右往左往 우왕좌왕

우왕좌왕 좌로 갔다 우로 갔다는 뜻으로, 이랬다저랬다 종잡지 못하고 헤매는 것을 의미함.

右 오른 우 — 영 right 중 右 yòu 일 ユウ(みぎ)

往 갈 왕 — 영 go 중 往 wǎng 일 オウ(ゆく)

左 왼 좌 — 영 left 중 左 zuǒ 일 サ(ひだり)

往 갈 왕 — 영 go 중 往 wǎng 일 オウ(ゆく)

旭日昇天 욱일승천 [2급]

아침 해가 떠오른다는 뜻으로, 왕성한 기세나 그런 세력을 비유하여 일컫는 말.

참 승승장구(乘勝長驅), 파죽지세(破竹之勢)

旭 아침해 욱	旭旭旭旭旭旭	영 sun 중 xù 일 キョク(あきらか)
日 날 일	日日日日	영 day, sun 중 日 rì 일 ジツ・ニチ(ひ)
昇 오를 승	昇昇昇昇昇昇昇	영 rise 중 昇 shēng 일 ショウ(のぼる)
天 하늘 천	天天天天	영 heaven 중 天 tiān 일 テン(そう)

遠禍召福 원화소복 [2급]

화를 멀리하고 복을 불러들인다는 뜻으로, 재앙을 멀리하고 복된 일을 맞이한다는 뜻.

遠 멀 원	遠遠遠遠遠遠遠遠遠遠遠	영 far 중 远 yuǎn 일 エン(とおい)
禍 재앙 화	禍禍禍禍禍禍禍禍禍禍	영 disaster 중 祸 huò 일 カ(わざわい)
召 부를 소	召召召召召	영 call 중 召 zhào 일 ショウ(めす)
福 복 복	福福福福福福福福福福	영 fortune 중 福 fú 일 フク(さいわい)

韋編三絕 위편삼절 [2급]

죽으로 맨 책의 끈이 세 번이나 닳아 끊어지다는 뜻으로, 독서에 힘씀을 이르는 말.
⊕ 삼절(三絕)

| 韋 가죽 위 | 韋韋韋韋韋韋韋韋 | 영 leather 중 韋 wéi 일 イ(なめしがわ) |

韋 韋 韋 韋 韋

| 編 엮을 편 | 編編編編編編編編編編編編編 | 영 weave 중 编 biān 일 ヘン(あむ) |

編 編 編 編 編

| 三 석 삼 | 三三三 | 영 three 중 三 sān 일 サン(みっつ) |

三 三 三 三 三

| 絕 끊을 절 | 絕絕絕絕絕絕絕絕絕絕絕 | 영 cut off 중 绝 jué 일 ゼツ(たえる) |

絕 絕 絕 絕 絕

一網打盡 일망타진 [2급]

한 번의 그물질로 모든 것을 잡는다는 뜻으로, 범죄자나 어떤 무리를 한꺼번에 모조리 잡는다는 뜻.
⊕ 망타(網打)

| 一 한 일 | 一 | 영 one 중 一 yī 일 イチ(ひと) |

一 一 一 一 一

| 網 그물 망 | 網網網網網網網網網網網網網 | 영 net 중 網 wǎng 일 ボウ(あみ) |

網 網 網 網 網

| 打 칠 타 | 打打打打打 | 영 strike, hit 중 打 dǎ 일 ダ(うつ) |

打 打 打 打 打

| 盡 다할 진 (尽) | 盡盡盡盡盡盡盡盡盡盡盡盡盡盡 | 영 exhaust 중 尽 jìn 일 尽 ジン(つまる) |

盡 盡 盡 盡 盡

2급 一魚濁水 일어탁수

한 마리의 물고기가 온물을 흐리게 한다라는 뜻으로, 한 사람의 잘못으로 여러 사람이 그 해를 입게 됨을 일컫는 말.
- 일개어 혼전천(一箇魚 渾全川)

一 한 일
一 一 一 一 一 一
- 영 one 중 一 yī 일 イチ(ひと)

魚 물고기 어
魚 魚 魚 魚 魚 魚 魚 魚 魚 魚
魚 魚 魚 魚 魚
- 영 fish 중 鱼 yú 일 ギョ(さかな)

濁 흐릴 탁
濁 濁 濁 濁 濁 濁 濁 濁 濁 濁
濁 濁 濁 濁 濁
- 영 cloudy 중 浊 zhuó 일 ダク(にごる)

水 물 수
水 水 水 水
水 水 水 水 水
- 영 water 중 水 shuǐ 일 スイ(みず)

2급 自暴自棄 자포자기

스스로 몸을 해쳐 스스로를 버린다는 뜻으로, 실망이나 불만으로 절망 상태에 빠져서 자신을 버리고 돌보지 아니한다는 말.
- 자기(自棄), 자포(自暴)

自 스스로 자
自 自 自 自 自 自
自 自 自 自 自
- 영 self 중 自 zì 일 シジ(みずから)

暴 사나울 포
暴 暴 暴 暴 暴 暴 暴 暴 暴 暴 暴
暴 暴 暴 暴 暴
- 영 wild 중 暴 bào 일 ボウ(あばれる)

自 스스로 자
自 自 自 自 自 自
自 自 自 自 自
- 영 self 중 自 zì 일 シジ(みずから)

棄(弃) 버릴 기
棄 棄 棄 棄 棄 棄 棄 棄 棄 棄 棄
棄 棄 棄 棄 棄
- 영 abandon 중 弃 qì 일 キ(すてる)

戰戰兢兢 전전긍긍

겁먹고 떠는 모양과 몸을 조심하는 모양을 나타내는 뜻으로, 위기에 닥쳐 몹시 두려워하는 모습.

반 포호빙하(暴虎憑河), 유 소심익익(小心翼翼)

| 戰 싸움 전 | 戰戰戰戰戰戰戰戰戰戰戰戰戰戰戰戰 | 영 war 중 战 zhàn 일 戦 セン(たたかう) |

| 戰 싸움 전 | 戰戰戰戰戰戰戰戰戰戰戰戰戰戰戰戰 | 영 war 중 战 zhàn 일 戦 セン(たたかう) |

| 兢 조심할 긍 | 兢兢兢兢兢兢兢兢兢兢兢兢 | 영 caution 중 兢 jīng 일 キョウ(つつしむ) |

| 兢 조심할 긍 | 兢兢兢兢兢兢兢兢兢兢兢兢 | 영 caution 중 兢 jīng 일 キョウ(つつしむ) |

切齒腐心 절치부심

이를 갈고 속을 썩인다는 뜻으로, 분을 이기지 못하며 몹시 노함을 가리키는 말.

유 절치액완(切齒扼腕)

| 切 끊을 절 | 切切切切 | 영 cut, all 중 切 qiē 일 セツ(きる) |

| 齒 이 치 | 齒齒齒齒齒齒齒齒齒齒齒齒 | 영 tooth 중 齿 chǐ 일 歯 シ(は) |

| 腐 썩을 부 | 腐腐腐腐腐腐腐腐腐腐腐腐 | 영 rotten 중 腐 fǔ 일 フ(くさる) |

| 心 마음 심 | 心心心心 | 영 heart 중 心 xīn 일 シン(こころ) |

2급 指鹿爲馬 지록위마

사슴을 가리켜 말이라고 우긴다는 뜻으로, 교묘한 꾀로 윗사람을 농락하며 권세를 마음대로 휘두름을 나타내는 말.
㊠ 이록위마(以鹿爲馬)

| 指 가리킬 지 | 指指指指指指指指指 | 영 point 중 指 zhǐ 일 シ (ゆび) |

| 鹿 사슴 록 | 鹿鹿鹿鹿鹿鹿鹿鹿鹿鹿 | 영 deer 중 鹿 lù 일 ロク (しか) |

| 爲 (為) 할 위 | 爲爲爲爲爲爲爲爲爲 | 영 for 중 为 wèi 일 為 イ (なす・ため) |

| 馬 말 마 | 馬馬馬馬馬馬馬馬馬 | 영 horse 중 马 mǎ 일 バ (うま) |

2급 滄海一粟 창해일속

큰 바다에 있는 좁쌀 한 톨이라는 뜻으로, 아주 미약한 존재라는 말.
㊠ 창해일적(滄海一滴), 대해일속(大海一粟)

| 滄 큰바다 창 | 滄滄滄滄滄滄滄滄滄滄滄 | 영 ocean 중 沧 cāng 일 ソウ |

| 海 바다 해 | 海海海海海海海海海 | 영 sea 중 海 hǎi 일 カイ (うみ) |

| 一 한 일 | 一 | 영 one 중 一 yī 일 イチ (ひと) |

| 粟 조 속 | 粟粟粟粟粟粟粟粟粟粟 | 영 millet 중 粟 sù 일 ゾク (あわ) |

2급 天衣無縫 천의무봉

꿰맨 흔적이 없는 하늘의 옷이라는 뜻으로, 완벽하거나 작은 흠점도 없는 경우를 일컫는 말.

| 天 하늘 천 | 天天天天 | 영 heaven 중 天 tiān 일 テン(そら) |

| 衣 옷 의 | 衣衣衣衣衣衣 | 영 clothing 중 衣 yī 일 イ(ころも) |

| 無(无) 없을 무 | 無無無無無無無無無無 | 영 nothing 중 无 wú 일 ム(ない) |

| 縫 꿰맬 봉 | 縫縫縫縫縫縫縫縫縫縫 | 영 sew 중 缝 féng 일 ホウ(ぬう) |

2급 卓上空論 탁상공론

탁상 위에서만 펼치는 헛된 논설이란 뜻으로 현실성이 없는 허황한 이론이나 논의를 이르는 말.
유 궤상공론(机上空論), 지상병담(紙上兵談)

| 卓 책상 탁 | 卓卓卓卓卓卓卓卓 | 영 desk 중 卓 zhuó 일 タク |

| 上 위 상 | 上上上 | 영 upper 중 上 shàng 일 ジョウ(うえ) |

| 空 빌 공 | 空空空空空空空空 | 영 empty 중 空 kōng 일 クウ(そら) |

| 論 논의할 론 | 論論論論論論論論論論論論 | 영 discuss 중 论 lùn 일 ロン |

3단계 핵심 고사성어

貪官汚吏 탐관오리

2급

탐관과 오리라는 뜻으로, 탐욕이 많고 행실이 깨끗하지 못한 관리를 일컫는 말.
반 청백리(淸白吏)

貪 탐낼 탐	貪貪貪貪貪貪貪貪貪貪	영 covet 중 贪 tān 일 タン(むさぼる)
	貪 貪 貪 貪 貪	

官 벼슬 관	官官官官官官官官	영 official rank 중 官 guān 일 カン(つかさ)
	官 官 官 官 官	

汚 더러울 오	汚汚汚汚汚汚	영 dirty 중 污 wū 일 オ(けがす·よごす)
	汚 汚 汚 汚 汚	

吏 관리 리	吏吏吏吏吏吏	영 government 중 吏 lì 일 リ(つかさ)
	吏 吏 吏 吏 吏	

破瓜之年 파과지년

2급

참외를 깨는 나이라는 뜻으로, 여자의 나이 16세를 가리키는 말.
준 파과(破瓜)

破 깨뜨릴 파	破破破破破破破破破	영 break 중 破 pò 일 ハ(やぶる)
	破 破 破 破 破	

瓜 오이 과	瓜瓜瓜瓜瓜	영 cucumber 중 瓜 guā 일 カ(り)
	瓜 瓜 瓜 瓜 瓜	

之 갈 지	之之之之	영 go 중 之 zhī 일 シ(ゆく·これ)
	之 之 之 之 之	

年 해 년	年年年年年年	영 year 중 年 nián 일 ネン(とし)
	年 年 年 年 年	

螢雪之功 형설지공 [2급]

반딧불과 눈[雪] 빛으로 공부한 공이라는 뜻으로, 온갖 고생을 하며 공부해서 얻은 성공을 일컫는 말.
㈜ 손강영설(孫康映雪), 차윤성형(車胤盛螢)

螢 반딧불 형	螢螢螢螢螢螢螢螢螢螢螢螢螢	영 firefly 중 萤 yíng 일 蛍 ケイ(ほたる)
雪 눈 설	雪雪雪雪雪雪雪雪雪雪	영 snow 중 雪 xuě 일 セツ(ゆき)
之 갈 지	之之之之	영 go 중 之 zhī 일 シ(ゆく・これ)
功 공 공	功功功功功	영 merits 중 功 gōng 일 コウ(いさお)

弘益人間 홍익인간 [2급]

널리 인간을 이롭게 한다는 뜻으로, 단군의 건국이념으로 우리나라 정치와 교육의 기본 정신을 규정한 말.

弘 넓을 홍	弘弘弘弘弘	영 extensive 중 弘 hóng 일 グ・コウ(ひろい)
益 더할 익	益益益益益益益益益益	영 increase 중 益 yì 일 エキ(ます)
人 사람 인	人人	영 person 중 人 rén 일 ジン・ニン(ひと)
間 사이 간	間間間間間間間間間間	영 gap 중 间 jiān 일 カン(あいだま)

3단계 핵심 고사성어

2급 畫蛇添足 화사첨족

뱀을 그리고 발을 더하여 원래 모양과 다르게 되었다는 뜻으로, 쓸데없는 군일을 하다가 도리어 실패함. 무용지물(無用之物)의 비유한 말.
유 사족(蛇足)

| 畫 그림 화 | 畫畫畫畫畫畫畫畫畫畫畫 | 영 picture, draw 중 画 huà 일 画 ガ(えがく) |

| 蛇 뱀 사 | 蛇蛇蛇蛇蛇蛇蛇蛇蛇蛇 | 영 snake 중 蛇 shé 일 ジャ(へび) |

| 添 더할 첨 | 添添添添添添添添添添添 | 영 add 중 添 tiān 일 テン(そえる) |

| 足 발 족 | 足足足足足足足 | 영 foot 중 足 zú 일 ソク(あし) |

2급 換骨奪胎 환골탈태

뼈를 바꾸고 태를 빼앗는다는 뜻으로, 얼굴이 전보다 변해 아름답게 됨. 또는 남의 시나 문장 따위의 발상이나 표현을 본떠서 자기 작품처럼 꾸미는 말.

| 換 바꿀 환 | 換換換換換換換換換換 | 영 exchange 중 换 huàn 일 カン(とりかえる) |

| 骨 뼈 골 | 骨骨骨骨骨骨骨骨骨 | 영 bone 중 骨 gǔ 일 コツ(ほね) |

| 奪 빼앗을 탈 | 奪奪奪奪奪奪奪奪奪奪奪奪 | 영 rob 중 夺 duó 일 ダツ(うばう) |

| 胎 아이밸 태 | 胎胎胎胎胎胎胎胎胎 | 영 conceive 중 胎 tāi 일 タイ(はらむ) |

*2급 後生可畏 후생가외

젊은 후배들은 두려워할 만하다는 뜻으로, 젊은이는 장차 얼마나 큰 역량을 나타낼지 모르기 때문에 함부로 대하기가 어렵다는 말.

後 뒤 후	後後後後後後後後後 / 後 後 後 後 後	영 back 중 后 hòu 일 コウ(あと)
生 날 생	生生生生生 / 生 生 生 生 生	영 born 중 生 shēng 일 セイ(なま)
可 옳을 가	可可可可可 / 可 可 可 可 可	영 right 중 可 kě 일 カ(よい)
畏 두려울 외	畏畏畏畏畏畏畏畏畏 / 畏 畏 畏 畏 畏	영 fear 중 畏 wèi 일 イ(おそれる)

*1급 邯鄲之夢 한단지몽

노생이 한단에서 여옹의 베개를 베고 자다 꾼 꿈이라는 뜻으로, 인생의 부귀영화가 덧없음을 비유한 말.
⊕ 일취지몽(一炊之夢), 한단침(邯鄲枕)

邯 땅이름 한	邯邯邯邯邯邯邯 / 邯 邯 邯 邯 邯	영 land name 중 邯 hán 일 カン
鄲 땅이름 단	鄲鄲鄲鄲鄲鄲鄲鄲鄲鄲鄲鄲鄲鄲鄲 / 鄲 鄲 鄲 鄲 鄲	영 land name 중 郸 dān 일 タン
之 갈 지	之之之之 / 之 之 之 之 之	영 go 중 之 zhī 일 シ(ゆく·これ)
夢 꿈 몽 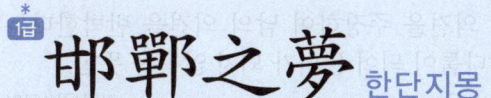	夢夢夢夢夢夢夢夢夢夢 / 夢 夢 夢 夢 夢	영 dream 중 梦 mèng 일 ム(ゆめ)

甘呑苦吐 감탄고토

달면 삼키고 쓰면 뱉는다는 뜻으로, 사리의 옳고 그름에는 관계없이 자기 비위에 맞으면 좋아하고 맞지 않으면 싫어함을 뜻함.
㊤ 염량세태(炎涼世態)

甘 달 감 — 甘甘甘甘甘 — 영 sweet 중 甘 gān 일 カン(あまい)

呑 삼킬 탄 — 呑呑呑呑呑呑呑 — 영 swallow 중 呑 tūn 일 ドン(のむ)

苦 쓸 고 — 苦苦苦苦苦苦苦苦苦 — 영 bitter 중 苦 kǔ 일 ク(くるしい)

吐 뱉을 토 — 吐吐吐吐吐 — 영 vomit 중 吐 tǔ 일 ト(はく)

甲論乙駁 갑론을박

서로 자기 의견을 주장하여 남의 의견을 반박한다는 뜻으로, 말다툼이 되어 논의가 되지 않음을 뜻함.
㊗ 갑론을박하다

甲 갑옷 갑 — 甲甲甲甲甲 — 영 armor 중 甲 jiǎ 일 コウ(よろい)

論 논할 론 — 論論論論論論論論論論論論論 — 영 discuss 중 论 lùn 일 ロン

乙 새 을 — 乙 — 영 bird 중 乙 yǐ 일 オツ(きのと)

駁 논박할 박 — 駁駁駁駁駁駁駁駁駁駁駁 — 영 refute 중 驳 bó 일 ハク(ただす)

去頭截尾 거두절미

머리와 꼬리를 잘라 버린다는 뜻으로, 앞뒤의 설명을 빼고 요점만을 말한다는 말.
유 단도직입(單刀直入)

去 갈 거	영 leave 중 去 qù 일 キョ(さる)
頭 머리 두	영 head 중 头 tóu 일 トウ(あたま)
截 끊을 절	영 cut 중 截 jié 일 セツ(たつ)
尾 꼬리 미	영 tail 중 尾 wěi 일 ビ(お)

乾坤一擲 건곤일척

하늘과 땅을 걸고 한 번 던진다는 뜻으로, 운명을 하늘에 맡기고 승부나 성패를 겨룬다는 말.
유 사생결단(死生決斷), 중원축록(中原逐鹿)

乾 하늘 건	영 heaven 중 乾 qián 일 ケン(てん)
坤 땅 곤	영 earth 중 坤 kūn 일 コン(つち)
一 한 일	영 one 중 一 yī 일 イチ(ひと)
擲 던질 척	영 throw 중 掷 zhì 일 テキ(なげうつ)

1급 隔靴搔痒 격화소양

신을 신은 채 가려운 데를 긁는다는 뜻으로, 어떤 일을 하느라고 애를 쓰는데 성에 차지 않음의 비유하는 말.
유 격화파양(隔靴爬癢), 반 마고소양(麻姑搔痒)

한자	훈음	영	중	일
隔	사이뜰 격	separate	隔 gé	カク(へだたる)
靴	가죽신 화	footgear	xuē	カ(くつ)
搔	긁을 소	scratch	sāo	ソウ(かく)
痒	가려울 양	itch	yǎng	ヨウ(かさ)

1급* 見蚊拔劍 견문발검

모기 보고 칼 빼기라는 뜻으로, 작은 일에 지나치게 큰 대책을 세운다는 말이나 소견이 좁은 사람을 가리킴.
유 노승발검(怒蠅拔劍)

한자	훈음	영	중	일
見	볼 견	see, watch	见 jiàn	ケン(みる)
蚊	모기 문	mosquito	wén	ブン(か)
拔	뽑을 발	pull out	拔 bá	バツ(ぬく)
劍	칼 검	sword	剑 jiàn	ケン(つるぎ)

膏粱珍味 고량진미 [1급]

기름지고 좋은 곡식의 진귀한 맛이라는 뜻으로, 기름진 고기와 맛좋은 곡식으로 만든 맛있는 음식을 말함.
⊕ 산해진미(山海珍味), 용미봉탕(龍味鳳湯)

| 膏 살찔 고 | 膏膏膏膏膏膏膏膏膏膏膏 | 영 fat 중 膏 gāo 일 コウ(あぶら) |

| 粱 기장 량 | 粱粱粱粱粱粱粱粱粱粱粱 | 영 millet 중 粱 liáng 일 リョウ(はり) |

| 珍 보배 진 | 珍珍珍珍珍珍珍珍珍 | 영 treasure 중 珍 zhēn 일 チン(めずらしい) |

| 味 맛 미 | 味味味味味味味味 | 영 taste 중 味 wèi 일 ミ(あじ) |

刮目相對 괄목상대 [1급]

눈을 비비고 다시 본다는 뜻으로, 주로 손아랫사람의 학식이나 재주가 놀랍도록 향상된 경우에 쓰임.
⊕ 일진월보(日進月步), 일취월장(日就月將)

| 刮 비빌 괄 | 刮刮刮刮刮刮刮刮 | 영 scratch 중 刮 guā 일 カツ(けずる) |

| 目 눈 목 | 目目目目目 | 영 eye 중 目 mù 일 モク(め) |

| 相 서로 상 | 相相相相相相相相相 | 영 mutually 중 相 xiàng 일 ショウ(あい) |

| 對 [对] 대할 대 | 對對對對對對對對對對對 | 영 reply 중 对 duì 일 対 タイ(こたえる) |

狗尾續貂 구미속초 [1급]

담비의 꼬리가 모자라 개꼬리로 잇는다는 뜻으로, 벼슬을 함부로 줌을 비유하여 일컬음.

㈜ 속초지기(續貂之譏)

| 狗 개 구 | 狗狗狗狗狗狗狗狗 | 영 dog 중 狗 gǒu 일 ク(いぬ) |

| 尾 꼬리 미 | 尾尾尾尾尾尾尾 | 영 tail 중 尾 wěi 일 ビ(お) |

| 續(続) 이을 속 | 續續續續續續續續續續 | 영 continue 중 续 xù 일 続 ゾク(つづく) |

| 貂 담비 초 | 貂貂貂貂貂貂貂貂貂貂 | 영 marten 중 貂 diāo 일 チョウ(てん) |

捲土重來 권토중래 [1급]*

흙을 말아 올릴 기세로 다시 쳐들어온다는 뜻으로, 한 번 실패한 자가 힘을 길러 흙먼지를 일으키며 다시 찾아온다는 말.

㈜ 사회부연(死灰復燃), ㈝ 일패도지(一敗塗地)

| 捲 말 권 | 捲捲捲捲捲捲捲捲捲捲 | 영 clench 중 捲 juǎn 일 ケン(こぶし) |

| 土 흙 토 | 土土土 | 영 soil, earth 중 土 tǔ 일 ト・ド(つち) |

| 重 무거울 중 | 重重重重重重重重 | 영 heavy 중 重 zhòng 일 ジュウ(かさなる) |

| 來(来) 올 래 | 來來來來來來來來 | 영 come 중 来 lái 일 来 ライ(きたる) |

囊中之錐 낭중지추 [1급]

주머니 속의 송곳이란 뜻으로, 재능이 뛰어난 사람은 숨어 있어도 그 재능이 드러나게 된다는 말.

유 학립계군(鶴立鷄群), 추처낭중(錐處囊中)

囊 주머니 낭	囊囊囊囊囊囊囊囊囊囊囊	영 sack 중 囊 náng 일 ノウ(ふくろ)
中 가운데 중	中中中中	영 middle 중 中 zhōng 일 チユウ(なか)
之 갈 지	之之之之	영 go 중 之 zhī 일 シ(ゆく・これ)
錐 송곳 추	錐錐錐錐錐錐錐錐錐錐錐	영 gimlet 중 錐 zhuī 일 スイ(きり)

拈華微笑 염화미소 [1급]

연꽃을 들어 미소 짓는다는 뜻으로, 말로 하지 않고 마음에서 마음으로 전하는 일을 뜻하는 말.

유 염화시중(拈華示衆), 이심전심(以心傳心)

拈 집을 염	拈拈拈拈拈拈拈拈	영 pick 중 拈 niān 일 デン(つまむ)
華 빛날 화	華華華華華華華華	영 brilliant 중 华 huá 일 カ(はな)
微 작을 미	微微微微微微微微微微	영 tiny 중 微 wēi 일 ビ(かすか)
笑 웃을 소	笑笑笑笑笑笑笑笑笑	영 laugh 중 笑 xiào 일 ショウ(わらう)

3단계 핵심 고사성어 | 239

1급 大器晚成 대기만성

큰 그릇은 늦게 만들어진다는 뜻으로, 크게 될 사람은 늦게 성공한다는 말. 과거에 낙방한 선비를 위로하는 말.
유 대기난성(大器難成), 대재만성(大才晚成)

| 大 큰 대 | 大大大 | 영 great 중 大 dà 일 タイ(おおきい) |

| 器 그릇 기 | 器器器器器器器器器器 | 영 vessel 중 器 qì 일 キ(うつわ) |

| 晚 늦을 만 | 晚晚晚晚晚晚晚晚晚晚 | 영 late 중 晚 wǎn 일 バン(おくれる) |

| 成 이룰 성 | 成成成成成成成 | 영 accomplish 중 成 chéng 일 セイ(なる) |

1급* 大悟覺醒 대오각성

진실을 깊이 깨닫고 올바르게 정신을 가다듬는다는 말.
유 대오대철(大悟大徹), 대오철저(大悟徹底)

| 大 큰 대 | 大大大 | 영 great 중 大 dà 일 タイ(おおきい) |

| 悟 깨달을 오 | 悟悟悟悟悟悟悟悟悟 | 영 awake 중 悟 wù 일 ゴ(さとる) |

| 覺 (觉) 깨달을 각 | 覺覺覺覺覺覺覺覺覺覺覺 | 영 conscious 중 觉 jué 일 覚 カク(おぼえる) |

| 醒 깰 성 | 醒醒醒醒醒醒醒醒醒 | 영 perceive 중 醒 xǐng 일 セイ(さとる) |

[1급] 桃園結義 도원결의

복숭아 동산에서 유비·관우·장비가 의형제를 맺었다는 뜻으로, 서로 의기투합해서 함께 사업이나 일을 추진함을 비유하는 말.
⊕ 결의형제(結義兄弟)

桃 복숭아 도	桃桃桃桃桃桃桃桃桃桃	영 peach　중 挑 tiāo　일 チョウ(いどむ)

園 동산 원	園園園園園園園園園園園園	영 garden　중 园 yuán　일 エン(その)

結 맺을 결	結結結結結結結結結結	영 join·tie　중 结 jié　일 ケツ(むすぶ)

義 옳을 의	義義義義義義義義義義義義	영 righteous　중 义 yì　일 ギ(よし)

[1급] 讀書三昧 독서삼매

오직 책 읽기에만 골몰한 경지를 가리키는 말, 또는 한 곳에 정신을 집중하는 것을 뜻함.
참 독서삼도(讀書三到), 독서삼여(讀書三餘)

讀 [読] 읽을 독	讀讀讀讀讀讀讀讀讀讀讀讀	영 read　중 读 dú　일 読 ドク(よむ)

書 글 서	書書書書書書書書書書	영 writing　중 书 shū　일 ショ(かく)

三 석 삼	三三三	영 three　중 三 sān　일 サン(みっつ)

昧 어두울 매	昧昧昧昧昧昧昧昧	영 dark　중 昧 mèi　일 バイ(よあけ)

斗酒不辭 두주불사

말술도 사양하지 않는다는 뜻으로, 주량이 매우 세다는 말.

斗 말 두	斗斗斗斗	영 star names 중 斗 dǒu 일 ト(ます)
酒 술 주	酒酒酒酒酒酒酒酒酒酒	영 wine, liquor 중 酒 jiǔ 일 シユ(さけ)
不 아닐 불	不不不不	영 not 중 不 bù 일 フ·ブ
辭 말씀 사 (辞)	辭辭辭辭辭辭辭辭辭辭	영 speech 중 辞 cí 일 辞 ジ(ことば)

滿身瘡痍 만신창이

온몸이 성한 데 없는 상처투성이라는 뜻으로, 아주 형편없이 엉망임을 가리키는 말.

滿 찰 만	滿滿滿滿滿滿滿滿滿滿滿	영 full 중 满 mǎn 일 満 マン(みちる)
身 몸 신	身身身身身身身	영 body 중 身 shēn 일 シン(み)
瘡 부스럼 창	瘡瘡瘡瘡瘡瘡瘡瘡瘡瘡	영 tumor 중 瘡 chuāng 일 ソウ(きず)
痍 상처 이	痍痍痍痍痍痍痍痍痍	영 wound, injury 중 痍 yí 일 イ(きず)

[1급] 刎頸之交 문경지교

목을 벨 수 있는 벗이라는 뜻으로, 생사를 함께 할 수 있는 소중한 친구를 말함.

㊄ 관포지교(管鮑之交), 금석지교(金石之交)

刎 목자를 문	刎刁刎刎刎刎	영 behead 중 刎 wěn 일 フン(はねる)
頸 목 경	頸頸頸頸頸頸頸頸頸頸頸頸頸	영 neck 중 頸 jǐng 일 ケイ(くび)
之 갈 지	之之之之	영 go 중 之 zhī 일 シ(ゆく·これ)
交 사귈 교	交交交交交交	영 associate 중 交 jiāo 일 コウ(まじわる)

[1급] 反目嫉視 반목질시

서로 미워하고 시기하고 질투하는 눈으로 본다는 말.

㊄ 백안시(白眼視), ㊁ 청안시(靑眼視)

反 돌이킬 반	反反反反	영 return 중 反 fǎn 일 ハン(そる)
目 눈 목	目目目目目	영 eye 중 目 mù 일 モク(め)
嫉 시기할 질	嫉嫉嫉嫉嫉嫉嫉嫉嫉嫉	영 hate 중 嫉 jí 일 シツ(ねたむ)
視 볼 시	視視視視視視視視視視	영 look at 중 視 shì 일 シ(みる)

3단계 핵심 고사성어 | **243**

反哺之孝 반포지효 [1급]

까마귀 새끼가 자란 뒤에 늙은 어미에게 먹을 것을 물어다 주는 효라는 뜻으로, 자식이 커서 부모를 봉양함을 말함.
유 반의지희(斑衣之戲), 혼정신성(昏定晨省)

反 돌이킬 반 — 영 return 중 反 fǎn 일 ハン(そる)

哺 먹일 포 — 영 eat 중 哺 bù 일 ホ(くらう)

之 갈 지 — 영 go 중 之 zhì 일 シ(ゆく·これ)

孝 효도 효 — 영 filial duty 중 孝 xiào 일 コウ(まこと)

坊坊曲曲 방방곡곡 [1급]

마을마다 고을마다라는 뜻으로, 한 군데도 빼놓지 아니한 모든 곳을 이르는 말.
유 도처(到處), 면면촌촌(面面村村)

坊 동네 방 — 영 village 중 坊 fāng, fáng 일 ボウ(ちまた)

坊 동네 방 — 영 village 중 坊 fāng, fáng 일 ボウ(ちまた)

曲 굽을 곡 — 영 bent 중 曲 qǔ 일 キョク(まげる)

曲 굽을 곡 — 영 bent 중 曲 qǔ 일 キョク(まげる)

百年偕老 백년해로 [1급]

백년을 함께 늙는다는 뜻으로, 부부가 되어 한평생을 서로 사이좋고 화락하게 함께 늙음을 일컫는 말.
유 백년해락(百年偕樂), 해로동혈(偕老同穴)

| 百 일백 백 | 百百百百百百 | 영 hundred 중 百 bǎi 일 ヒャク(もも) |

| 年 해 년 | 年年年年年年 | 영 year 중 年 nián 일 ネン(とし) |

| 偕 함께 해 | 偕偕偕偕偕偕偕偕偕偕 | 영 together 중 偕 xié 일 カイ(ともに) |

| 老 늙을 로 | 老老老老老老 | 영 old 중 老 lǎo 일 ロウ(おいる) |

百尺竿頭 백척간두 [1급]

백 자나 되는 높은 장대 끝이라는 뜻으로, 높은 장대 끝에 오른 것처럼 매우 위태롭고 어려운 상황을 말함.
유 간두지세(竿頭之勢), 누란지세(累卵之勢)

| 百 일백 백 | 百百百百百百 | 영 hundred 중 百 bǎi 일 ヒャク(もも) |

| 尺 자 척 | 尺尺尺尺 | 영 ruler 중 尺 chǐ 일 シャク(ものさし) |

| 竿 장대 간 | 竿竿竿竿竿竿竿竿竿 | 영 pole 중 竿 gān 일 カン(さお) |

| 頭 머리 두 | 頭頭頭頭頭頭頭頭頭頭頭頭 | 영 head 중 头 tóu 일 トウ(あたま) |

3단계 핵심 고사성어

粉骨碎身 분골쇄신

[1급] 뼈가 가루가 되고 몸이 부서진다는 뜻으로, 있는 힘을 다하여 노력하거나 그렇게 힘써 일한다는 말.
유 견마지로(犬馬之勞), 분신쇄골(粉身碎骨)

粉 가루 분	粉粉粉粉粉粉粉粉粉	영 powder 중 粉 fěn 일 フン(こな)
	粉 粉 粉 粉 粉	

骨 뼈 골	骨骨骨骨骨骨骨骨骨	영 bone 중 骨 gǔ 일 コツ(ほね)
	骨 骨 骨 骨 骨	

碎 부술 쇄	碎碎碎碎碎碎碎碎碎碎	영 break 중 碎 suì 일 サイ(くだく)
	碎 碎 碎 碎 碎	

身 몸 신	身身身身身身身	영 body 중 身 shēn 일 シン(み)
	身 身 身 身 身	

悲憤慷慨 비분강개

[1급] 슬프고 분한 마음을 느낀다는 뜻으로, 의롭지 못하거나 잘못되어 가는 일에 대해 슬프고 분한 마음을 느낀다는 말.
유 비가강개(悲歌慷慨), 함분축원(含憤蓄怨)

悲 슬플 비	悲悲悲悲悲悲悲悲悲悲悲	영 sad 중 悲 bēi 일 ヒ(かなしい)
	悲 悲 悲 悲 悲	

憤 분할 분	憤憤憤憤憤憤憤憤憤憤憤	영 indignant 중 愤 fèn 일 フン(いきどおる)
	憤 憤 憤 憤 憤	

慷 슬플 강	慷慷慷慷慷慷慷慷慷慷	영 sorrowful 중 慷 kāng 일 コウ(なげく)
	慷 慷 慷 慷 慷	

慨 슬플 개	慨慨慨慨慨慨慨慨慨	영 sad 중 慨 kǎi 일 ガイ(なげく)
	慨 慨 慨 慨 慨	

髀肉之嘆 비육지탄 [1급]

영웅이 전쟁에 나가지 못하고 넓적다리만 살찜을 한탄한다는 뜻으로, 곧 성공하지 못하고 한갓 세월만 보내는 일을 탄식함을 말함.
⊕ 비리생육(髀裏生肉)

| 髀 넓적다리 비 | 髀髀髀髀髀髀髀髀髀髀 | 영 thigh 중 髀 pí 일 ヒ(ひぞう) |

| 肉 고기 육 | 肉肉肉肉肉肉 | 영 meat 중 肉 ròu 일 ニク(しし) |

| 之 갈 지 | 之之之之 | 영 go 중 之 zhī 일 シ(ゆく·これ) |

| 嘆 탄식할 탄 | 嘆嘆嘆嘆嘆嘆嘆嘆嘆嘆嘆嘆嘆 | 영 sigh 중 叹 tàn 일 タン(なげく) |

袖手傍觀 수수방관 [1급]

팔짱을 끼고 그냥 보고만 있다라는 뜻으로, 간섭하거나 거들지 않고 그저 옆에서 보고 있기만 하는 것을 말함.
⊕ 오불관언(吾不關焉)

| 袖 소매 수 | 袖袖袖袖袖袖袖袖袖 | 영 sleeve 중 袖 xiù 일 シュウ(そで) |

| 手 손 수 | 手手手手 | 영 hand 중 手 shǒu 일 シュ(て) |

| 傍 곁 방 | 傍傍傍傍傍傍傍傍傍傍傍傍 | 영 beside 중 傍 páng 일 ボウ(かたわら) |

| 觀 (观) 볼 관 | 觀觀觀觀觀觀觀觀觀 | 영 see 중 观 guān 일 觀 カン(みる) |

3단계 핵심 고사성어 | **247**

十匙一飯 십시일반 [1급]

열 사람이 한 술씩만 보태어도 한 사람이 먹을 밥은 된다는 뜻으로, 여러 사람이 힘을 합하면 한 사람쯤은 구제하기 쉬움을 말함.

㊠ 고장난명(孤掌難鳴)

| 十 열 십 | 영 ten 중 十 shí 일 ジュウ(とお) |

| 匙 숟가락 시 | 영 spoon 중 chí, shi 일 シ(さじ) |

| 一 한 일 | 영 one 중 一 yī 일 イチ(ひと) |

| 飯 밥 반 | 영 boiled rice 중 饭 fàn 일 ハン(めし) |

阿鼻叫喚 아비규환 [1급]

아비지옥과 규환지옥이라는 뜻으로, 고통 속에서 헤어나려 울부짖고 괴로워하는 상황을 말함.

㊠ 아비지옥(阿鼻地獄), 규환지옥(叫喚地獄)

| 阿 언덕 아 | 영 hill 중 阿 ē 일 ア(おか) |

| 鼻 코 비 | 영 nose 중 鼻 bí 일 ゼ(はな) |

| 叫 울부짖을 규 | 영 cry 중 叫 jiào 일 キユウ(さけぶ) |

| 喚 부를 환 | 영 call 중 喚 huàn 일 カン(よぶ) |

暗中摸索 암중모색

어둠 속에서 더듬어 찾다라는 뜻으로, 물건을 어둠속에서 더듬어 찾음. 어림짐작으로 무엇을 찾아내려 한다는 말.
🔂 암중모착(暗中摸捉), 암색(暗索)

暗 어두울 암
暗暗暗暗暗暗暗暗暗暗暗暗暗
영 dark 중 暗 àn 일 アン(くらい)

中 가운데 중
中中中中
영 middle 중 中 zhōng 일 チユウ(なか)

摸 본뜰 모
摸摸摸摸摸摸摸
영 imitate 중 摸 mō 일 ボ(うつす)

索 찾을 색
索索索索索索索索索索
영 find 중 索 suǒ 일 サク(なわ)

曖昧模糊 애매모호

말이나 태도 따위가 희미하고 흐려 분명하지 아니함을 뜻함.
🔂 알쏭달쏭

曖 희미할 애
曖曖曖曖曖曖曖曖曖曖曖曖
영 dim 중 曖 ài 일 アイ(かげる)

昧 어두울 매
昧昧昧昧昧昧昧
영 dark 중 昧 mèi 일 バイ(よあけ)

模 본뜰 모
模模模模模模模模模模模模模模
영 imitate 중 模 mó 일 モ(のり)

糊 풀칠할 호
糊糊糊糊糊糊糊糊糊糊糊
영 paste 중 糊 hú, hū, hù 일 コ(のり)

臥薪嘗膽 와신상담 [1급]

섶에 누워 잠을 자고 쓸개를 맛본다는 뜻으로, 어떤 목적을 이루거나 원수를 갚기 위해 괴로움을 참고 견딘다는 말.
유 회계지치(會稽之恥), 반 불념구악(不念舊惡)

臥 누울 와	臥臥臥臥臥臥臥	영 lie 중 卧 wò 일 ガ(ふす)
	臥 臥 臥 臥 臥	

薪 땔나무 신	薪薪薪薪薪薪薪薪薪	영 brushwood 중 薪 xīn 일 シン(たきぎ)
	薪 薪 薪 薪 薪	

嘗 맛볼 상 (尝)	嘗嘗嘗嘗嘗嘗嘗嘗嘗嘗嘗嘗	영 taste 중 尝 cháng 일 ショウ(なめる·かつて)
	嘗 嘗 嘗 嘗 嘗	

膽 쓸개 담	膽膽膽膽膽膽膽膽膽	영 gall bladder 중 胆 dǎn 일 胆 タン(きも)
	膽 膽 膽 膽 膽	

迂餘曲折 우여곡절 [1급]

멀리까지 굽고 꺾였다는 뜻으로, 여러 가지로 뒤얽힌 복잡한 사정이나 변화를 말함.
참 다사다난(多事多難)

迂 에돌 우	迂迂迂迂迂迂迂	영 circuitous 중 yū 일 ウ(まがる)
	迂 迂 迂 迂 迂	

餘 남을 여 (余)	餘餘餘餘餘餘餘餘餘餘	영 remain 중 余 yú 일 余 ヨ(あまる)
	餘 餘 餘 餘 餘	

曲 굽을 곡	曲曲曲曲曲曲	영 bent 중 曲 qǔ 일 キョク(まげる)
	曲 曲 曲 曲 曲	

折 꺾을 절	折折折折折折折	영 break off 중 折 zhé 일 セツ(おり)
	折 折 折 折 折	

雨後竹筍 우후죽순 [1급]

비가 온 뒤에 부쩍 솟는 죽순이라는 뜻으로, 어떤 일이 한때에 많이 생겨남을 비유하는 말.
유 우후춘순(雨後春筍)

雨 비 우	영 rain 중 雨 yǔ 일 ウ(あめ)
後 뒤 후	영 back 중 后 hòu 일 コウ(あと)
竹 대나무 죽	영 bamboo 중 竹 zhú 일 チク(たけ)
筍 죽순 순	영 bamboo shout 중 笋 sǔn

泣斬馬謖 읍참마속 [1급]

울면서 마속의 목을 벤다는 뜻으로, 군율을 세우기 위해서는 사랑하고 아끼는 사람도 버린다는 말.
유 일벌백계(一罰百戒)

泣 울 읍	영 weep 중 泣 qì 일 リユウ(なく)
斬 벨 참	영 cut 중 斩 zhǎn 일 ザン(きる)
馬 말 마	영 horse 중 马 mǎ 일 バ(うま)
謖 일어날 속	영 raise 중 谡 sù 일 シュク(たつ)

3단계 핵심 고사성어 | 251

意氣銷沈 의기소침 [1급]

의기가 쇠하여 사그라진다는 뜻으로, 의지와 용기가 쇠퇴하여 풀이 죽은 상황. 즉 기운이 쇠하여 활기가 없다는 말. 윤 의기저상(意氣沮喪), 반 의기양양(意氣揚揚)

| 意 뜻 의 | 意意意意意意意意意意意意 | 영 intention, will 중 意 yì 일 イ |

| 氣 기운 기 | 氣氣氣氣氣氣氣氣氣氣 | 영 energy 중 气 qì 일 気 キ |

| 銷 녹일 소 | 銷銷銷銷銷銷銷銷銷銷 | 영 melt 중 銷 xiāo 일 ショウ(とける) |

| 沈(沉) 잠길 침 | 沈沈沈沈沈沈沈 | 영 sink 중 沈 shěn 일 チン(しずむ) |

離合集散 이합집산 [1급]

헤어졌다가 모였다가 하는 일이라는 뜻으로, 집단이나 개인의 이익에 따라 뭉치고 흩어짐을 뜻하는 말. 윤 합종연횡(合從連行)

| 離 떠날 이 | 離離離離離離離離離離離離 | 영 surely 중 离 lí 일 リ(はなれる) |

| 合 합할 합 | 合合合合合合 | 영 unite 중 合 hé 일 ゴウ(あう) |

| 集 모을 집 | 集集集集集集集集集集 | 영 assemble 중 集 jí 일 シュウ(あつまる) |

| 散 흩어질 산 | 散散散散散散散散散散散 | 영 scatter 중 散 sǎn 일 サン(ちらす) |

1급 一目瞭然 일목요연

한 번 보는 것이 분명하다는 뜻으로, 잠깐 보고도 환하게 알 수 있음을 이르는 말.
유 명약관화(明若觀火)

| 一 한 일 | 一 | 영 one 중 一 yī 일 イチ(ひと) |

| 目 눈 목 | 目目目目目 | 영 eye 중 目 mù 일 モク(め) |

| 瞭 눈 밝을 요 | 目 盯 眵 眵 眵 眵 眵 瞭 瞭 瞭 瞭 | 영 clear sighted 중 瞭 liǎo 일 リョウ(あきらか) |

| 然 그러할 연 | 夕 夕 夕 夕 夕 狄 狄 狄 然 然 然 然 | 영 so, such 중 然 rán 일 ゼン(しかり) |

*1급 立錐之地 입추지지

송곳 하나 꽂을 만한 땅이라는 뜻으로, 매우 좁아 조금의 여유도 없음. 또는 매우 좁은 땅이라는 말.
유 탄환지지(彈丸之地), 치추지지(置錐之地)

| 立 설 입 | 立立立立立 | 영 stand 중 立 lì 일 ツ(たてる) |

| 錐 송곳 추 | 錐錐錐錐錐錐錐錐錐錐錐錐錐錐錐錐 | 영 gimlet 중 錐 zhuī 일 スイ(きり) |

| 之 갈 지 | 之之之之 | 영 go 중 之 zhī 일 シ(ゆく・これ) |

| 地 땅 지 | 地地地地地地 | 영 earth, land 중 地 dì 일 チ(つち) |

自家撞着 자가당착

1급

자신이 친 것이 그대로 자신에게 붙는다는 뜻으로, 같은 사람의 언행이 앞뒤가 맞지 않아 전후가 모순됨을 말함.

㊥ 모순당착(矛盾撞着), 이율배반(二律背反)

| 自 스스로 자 | 自自自自自自 | 영 self 중 自 zì 일 シジ(みずから) |

| 家 집 가 | 家家家家家家家家家家 | 영 house 중 家 jiā 일 カ・ケ(いえ) |

| 撞 칠 당 | 撞撞撞撞撞撞撞撞撞撞撞 | 영 hit 중 撞 zhuàng 일 トウ(つく) |

| 着 붙을 착 | 着着着着着着着着着着着 | 영 attach 중 着 zháo 일 チャク(きる) |

自繩自縛 자승자박

1급

자기가 꼰 새끼로 자기를 묶는다는 뜻으로, 스스로의 언행 때문에 자신이 얽매이게 된다는 말.

㊥ 자가당착(自家撞着)

| 自 자기 자 | 自自自自自自 | 영 self 중 自 zì 일 シジ(みずから) |

| 繩 줄 승 | 繩繩繩繩繩繩繩繩繩繩 | 영 rope 중 繩 shéng 일 ジョウ(なわ) |

| 自 자기 자 | 自自自自自自 | 영 self 중 自 zì 일 シジ(みずから) |

| 縛 얽을 박 | 縛縛縛縛縛縛縛縛縛縛縛 | 영 enwreathe 중 缚 bó 일 ハク(かた) |

[1급] 賊反荷杖 적반하장

도적이 도리어 몽둥이를 든다는 뜻으로, 잘못한 사람이 오히려 큰소리를 치며 잘한 사람을 탓하는 형세를 나타내는 말.
⊕ 주객전도(主客顚倒), 객반위주(客反爲主)

| 賊 도둑 적 | 賊賊賊賊賊賊賊賊賊賊賊賊 | 영 thief 중 贼 zéi 일 ゾク |

| 反 도리어 반 | 反反反反 | 영 return 중 反 fǎn 일 ハン(そる) |

| 荷 멜 하 | 荷荷荷荷荷荷荷 | 영 load 중 荷 hé 일 カ(はす) |

| 杖 지팡이 장 | 杖杖杖杖杖杖杖 | 영 stick 중 zhàng 일 ジョウ(つえ) |

[1급] 輾轉反側 전전반측

누워서 이리저리 뒤척거린다는 뜻으로, 걱정 때문에 몸을 이리저리 뒤척이며 잠을 못 이룬다는 말.
⊕ 전전불매(輾轉不寐), 오매불망(寤寐不忘)

| 輾 돌 전 | 輾輾輾輾輾輾輾輾輾輾輾 | 영 turn on one's side 중 辗 zhǎn 일 テン(まろぶ) |

| 轉 구를 전 | 轉轉轉轉轉轉轉轉轉轉 | 영 roll 중 转 zhuǎn 일 転 テン(ころぶ) |

| 反 돌이킬 반 | 反反反反 | 영 return 중 反 fǎn 일 ハン(そる) |

| 側 곁 측 | 側側側側側側側側側 | 영 side 중 侧 cè 일 ソク(かたはら) |

3단계 핵심 고사성어 | **255**

切磋琢磨 절차탁마

옥이나 돌 따위를 자르고 닦아 쪼며 갈아 빛을 낸다는 뜻으로, 학문이나 인격을 갈고 닦음을 나타내는 말.

유 절마(切磨)

| 切 끊을 절 | 切切切切 | 영 cut, all 중 切 qiē 일 セツ(きる) |

切 切 切 切 切

| 磋 갈 차 | 磋磋磋磋磋磋磋磋磋磋 | 영 grind 중 cuō 일 サ(みがく) |

磋 磋 磋 磋 磋

| 啄 쪼을 탁 | 啄啄啄啄啄啄啄啄啄啄 | 영 peck 중 zhuó 일 タク(ついばむ) |

啄 啄 啄 啄 啄

| 磨 갈 마 | 磨磨磨磨磨磨磨磨磨磨 | 영 whet 중 磨 mó 일 マ(みがく) |

磨 磨 磨 磨 磨

糟糠之妻 조강지처

술지게미와 쌀겨로 이어가며 가난한 살림을 해온 아내라는 뜻으로, 가난할 때부터 함께 고생했던 아내를 가리킴.

유 조강(糟糠)

| 糟 지게미 조 | 糟糟糟糟糟糟糟糟糟糟 | 영 lees 중 糟 zāo 일 ソウ(かす) |

糟 糟 糟 糟

| 糠 겨 강 | 糠糠糠糠糠糠糠糠糠糠 | 영 chaffs 중 糠 kāng 일 コウ(ぬか) |

糠 糠 糠 糠

| 之 갈 지 | 之之之之 | 영 go 중 之 zhì 일 シ(ゆく·これ) |

之 之 之 之 之

| 妻 아내 처 | 妻妻妻妻妻妻妻 | 영 wife 중 妻 qī 일 サイ(つま) |

妻 妻 妻 妻 妻

朝飯夕粥 조반석죽

아침에는 밥을 먹고 저녁에는 죽을 먹는다라는 뜻으로, 몹시 가난한 살림살이를 일컫는 말.

| 朝 아침 조 | 朝朝朝朝朝朝朝朝朝朝 | 영 morning 중 朝 zhāo 일 チョウ(あさ) |

| 飯 밥 반 | 飯飯飯飯飯飯飯飯飯飯飯飯 | 영 boiled rice 중 饭 fàn 일 ハン(めし) |

| 夕 저녁 석 | 夕夕夕 | 영 evening 중 夕 xī 일 セキ(ゆう) |

| 粥 죽 죽 | 粥粥粥粥粥粥粥粥粥粥粥粥 | 영 gruel 중 粥 zhōu 일 シュク(かゆ) |

主客顚倒 주객전도

주인과 손님이 뒤바뀌다라는 뜻으로, 사물의 경중이나 완급, 중요성에 비춘 앞뒤가 서로 뒤바뀜을 나타내는 말.
유 본말전도(本末顚倒), 객반위주(客反爲主)

| 主 주인 주 | 主主主主主 | 영 lord 중 主 zhǔ 일 ショウ(うける) |

| 客 손 객 | 客客客客客客客客客 | 영 guest 중 客 kè 일 キャク(まらうど) |

| 顚 엎드러질 전 | 顚顚顚顚顚顚顚顚顚顚 | 영 fall down 중 颠 diān 일 テン(いただき) |

| 倒 넘어질 도 | 倒倒倒倒倒倒倒倒倒 | 영 fall 중 倒 dǎo 일 トウ(たおれる) |

1급 走馬加鞭 주마가편

달리는 말에 채찍을 가한다는 뜻으로, 열심히 하는 사람을 더 부추기거나 몰아친다는 말.

유 동충서돌(東衝西突)

| 走 달릴 주 | 走走走走走走走 | 영 run, rush 중 走 zǒu 일 ソウ(はしる) |

| 馬 말 마 | 馬馬馬馬馬馬馬馬馬馬 | 영 horse 중 马 mǎ 일 バ(うま) |

| 加 더할 가 | 加加加加加 | 영 add 중 加 jiā 일 カ(くわえる) |

| 鞭 채찍 편 | 鞭鞭鞭鞭鞭鞭鞭鞭鞭鞭 | 영 whip 중 鞭 biān 일 ベン(むち) |

1급 竹杖芒鞋 죽장망혜

대지팡이와 짚신이라는 뜻으로, 먼 길을 떠날 때의 아주 간편한 차림을 일컫는 말.

| 竹 대 죽 | 竹竹竹竹竹竹 | 영 bamboo 중 竹 zhú 일 チク(たけ) |

| 杖 지팡이 장 | 杖杖杖杖杖杖杖 | 영 stick 중 杖 zhàng 일 ジョウ(つえ) |

| 芒 까끄라기 망 | 芒芒芒芒芒芒芒 | 영 awn 중 芒 máng 일 ボウ(のぎ) |

| 鞋 신 혜 | | 영 shoes 중 鞋 xié 일 アイ(くつ) |

[1급] 芝蘭之交 지란지교

쇠붙이를 끊을 수 있을 만큼 단단한 교분이라는 뜻으로, 친구 사이의 매우 두터운 우정을 이르는 말.
유 백아절현(伯牙絶絃), 반 시도지교(市道之交)

芝 지초 지	芝芝芝芝芝芝芝	영 ganoderma lucidum 중 芝 zhī 일 シ(ひじりだけ)
蘭 난초 란	蘭蘭蘭蘭蘭蘭蘭蘭蘭蘭蘭	영 orchid 중 兰 lán 일 ラン(あららぎ)
之 갈 지	之之之之	영 go 중 之 zhī 일 シ(ゆく·これ)
交 사귈 교	交交交交交交	영 associate 중 交 jiāo 일 コウ(まじわる)

[1급] 珍羞盛饌 진수성찬

진귀한 음식과 성대한 반찬이라는 뜻으로, 썩 좋은 맛과 맛 좋은 음식이나 보기 드물게 잘 차려진 좋은 음식을 가리키는 말.
유 산해진미(山海珍味), 고량진미(膏粱珍味)

珍 보배 진	珍珍珍珍珍珍珍珍	영 treasure 중 珍 zhēn 일 チン(めずらしい)
羞 음식 수	羞羞羞羞羞羞羞羞羞	영 food 중 羞 xiū 일 シュウ(はじる)
盛 성할 성	盛盛盛盛盛盛盛盛盛盛	영 thriving 중 盛 shèng 일 セイ(さかり)
饌 반찬 찬	饌饌饌饌饌饌饌饌饌饌	영 side dish 중 馔 zhuàn 일 セン(そなえもの)

青天霹靂 청천벽력

[1급] 맑게 갠 하늘의 날벼락이란 뜻으로 뜻밖에 일어난 큰 변동, 전혀 예상치 못한 재난이나 변고를 일컫는 말.
⊕ 청천비벽력(靑天飛霹靂)

青 푸를 청	영 blue 중 青 qīng 일 セイ(あおい)
天 하늘 천	영 heaven 중 天 tiān 일 テン(そう)
霹 벼락 벽	영 thunderclap 중 霹 pī 일 ヘキ(かみなり)
靂 벼락 력	영 thunderclap 중 靂 lì 일 レキ(かみなり)

七顚八倒 칠전팔도

[1급] 일곱 번 구르고 여덟 번 넘어진다는 뜻으로, 수없이 실패를 거듭하거나 몹시 고생함을 이르는 말.
⊕ 십전구도(十顚九倒)

七 일곱 칠	영 seven 중 七 qī 일 シチ(なな)
顚 엎드러질 전	영 fall down 중 顚 diān 일 テン(いただき)
八 여덟 팔	영 eight 중 八 bā 일 ハチ・ハツ(やっつ)
倒 넘어질 도	영 fall 중 倒 dǎo 일 トウ(たおれる)

針小棒大 침소봉대

바늘만한 것을 몽둥이만 하다고 한다는 뜻으로, 작은 일을 크게 허풍떤다는 말.
⊕ 허장성세(虛張聲勢)

| 針 바늘 침 | 針針針針針針針針針針 | 영 needle 중 针 zhēn 일 シン(はり) |

| 小 적을 소 | 小小小 | 영 small 중 小 xiǎo 일 ショウ(ちいさい) |

| 棒 몽둥이 봉 | 棒棒棒棒棒棒棒棒棒棒棒 | 영 club 중 棒 bàng 일 ホウ(つえ) |

| 大 큰 대 | 大大大 | 영 great 중 大 dà 일 タイ(おおきい) |

兔死狗烹 토사구팽

토끼를 잡으면 사냥하던 개를 삶아 먹는다는 뜻으로, 필요할 때 요긴하게 쓰던 것이 필요 없어지면 버린다는 뜻.
⊕ 교토사양구팽(狡兔死良狗烹)

| 兔 토끼 토 | 兔兔兔兔兔兔兔兔 | 영 rabbit 중 兔 tǔ 일 ト(うさぎ) |

| 死 죽을 사 | 死死死死死死 | 영 die 중 死 sǐ 일 シ(しぬ) |

| 狗 개 구 | 狗狗狗狗狗狗狗狗 | 영 dog 중 狗 gǒu 일 ク(いぬ) |

| 烹 삶을 팽 | 烹烹烹烹烹烹烹烹 | 영 boil, cook 중 烹 pēng 일 ホウ(にる) |

3단계 핵심 고사성어 | **261**

波瀾萬丈 파란만장

물결의 흐름이 매우 높다는 뜻으로, 생활이나 일의 진행이 몹시 기복이나 변화가 심함을 일컫는 말.

유 파란중첩(波瀾重疊)

波 물결 파	영 wave 중 波 bō 일 ハ(なみ)
瀾 큰물결 란	영 billow 중 瀾 lán 일 ラン(おおなみ)
萬 (万) 일만 만	영 ten thousand 중 万 wàn 일 万 マン(よろず)
丈 길이 장	영 elder 중 丈 zhàng 일 ジョウ(たけ)

敝袍破笠 폐포파립

해진 옷과 부서진 갓이라는 뜻으로, 너절하고 구차한 차림새를 비유적으로 이르는 말.

유 폐의파관(敝衣破冠), 봉두구면(蓬頭垢面)

敝 해질 폐	영 worn out 중 敝 bì 일 ヘイ(やぶれる)
袍 도포 포	영 robe 중 袍 páo 일 ホウ(うえのころも)
破 깨뜨릴 파	영 break 중 破 pò 일 ハ(やぶる)
笠 삿갓 립	영 bamboo-hot 중 笠 lì 일 リツ(かさ)

飽食煖衣 포식난의

배부르게 먹고 따뜻하게 입는다는 뜻으로, 생활이 넉넉함을 이르는 말. ⊕ 호의호식(好衣好食), 난의포식(暖衣飽食)

| 飽 배부를 포 | 飽飽飽飽飽飽飽飽飽飽飽飽 | 영 satiated 중 饱 bǎo 일 ホウ(あきる) |

| 食 먹을 식 | 食食食食食食食食食 | 영 food, eat 중 食 shí 일 ショク(たべる) |

| 煖 따뜻할 난 | 煖煖煖煖煖煖煖煖煖煖 | 영 warm 중 煖 nuǎn 일 ダン(あたたか) |

| 衣 옷 의 | 衣衣衣衣衣衣 | 영 clothing 중 衣 yī 일 イ(ころも) |

風飛雹散 풍비박산

우박이 바람에 날려 흩어진다는 뜻으로, 사방으로 날아 흩어짐을 가리킴. ⊕ 풍지박산(風地雹散), 풍산(風散)

| 風 바람 풍 | 風風風風風風風風風 | 영 wind 중 风 fēng 일 フウ(かぜ) |

| 飛 날 비 | 飛飛飛飛飛飛飛飛飛 | 영 fly 중 飞 fēi 일 ヒ(とぶ) |

| 雹 우박 박 | 雹雹雹雹雹雹雹雹雹 | 영 hail 중 雹 báo 일 ハク(ひょう) |

| 散 흩어질 산 | 散散散散散散散散散散散 | 영 scatter 중 散 sǎn 일 サン(ちらす) |

風樹之嘆 풍수지탄 [1급]

나무는 고요히 있기를 원하나 바람이 부는 것에 대한 한탄이라는 뜻으로, 부모를 봉양코자 하나 이미 돌아가심을 한탄하는 말.
윾 풍수지감(風樹之感)

| 風 바람 풍 | 風風風風風風風風風 | 영 wind | 중 风 fēng | 일 フウ(かぜ) |

風 風 風 風 風

| 樹 나무 수 | 樹樹樹樹樹樹樹樹樹樹樹樹樹樹 | 영 tree | 중 树 shù | 일 ジュ(き) |

樹 樹 樹 樹 樹

| 之 갈 지 | 之之之之 | 영 go | 중 之 zhī | 일 シ(ゆく・これ) |

之 之 之 之 之

| 嘆 탄식할 탄 | 嘆嘆嘆嘆嘆嘆嘆嘆嘆嘆嘆嘆嘆 | 영 sigh | 중 叹 tàn | 일 タン(なげく) |

嘆 嘆 嘆 嘆 嘆

含哺鼓腹 함포고복 [1급]

실컷 먹고 배를 두드린다는 뜻으로, 먹을 것이 풍족하여 즐겁게 지냄을 이르는 말.
준 함포(含哺), 윾 고복격앙(鼓腹擊壤)

| 含 머금을 함 | 含含含含含含含 | 영 contain | 중 含 hán | 일 ガン(ふくめる) |

含 含 含 含 含

| 哺 먹일 포 | 哺哺哺哺哺哺哺哺哺 | 영 eat | 중 哺 bǔ | 일 ホ(くらう) |

哺 哺 哺 哺 哺

| 鼓 북 고 | 鼓鼓鼓鼓鼓鼓鼓鼓鼓鼓鼓鼓鼓 | 영 drum | 중 鼓 gǔ | 일 コ(つづみ) |

鼓 鼓 鼓 鼓 鼓

| 腹 배 복 | 腹腹腹腹腹腹腹腹腹腹腹 | 영 belly | 중 腹 fù | 일 フク(はら) |

腹 腹 腹 腹 腹

[1급] 孑孑單身 혈혈단신

외롭고 외로운 홀몸이라는 뜻으로, 아무에게도 의지할 곳이 없는 홀몸을 가리키는 말.
⊕ 고혈단신(孤孑單身), 단독일신(單獨一身)

| 孑 외로울 혈 | 孑孑孑 | 영 solitary 중 jié 일 ケツ(ひとり) |

| 孑 외로울 혈 | 孑孑孑 | 영 solitary 중 jié 일 ケツ(ひとり) |

| 單 홑 단 | 單單單單單單單單單單單單 | 영 single 중 单 dān 일 単 タン(ひとえ) |

| 身 몸 신 | 身身身身身身身 | 영 body 중 身 shēn 일 シン(み) |

[1급] 狐假虎威 호가호위

여우가 호랑이의 위엄을 빌어 제 위엄으로 삼는다는 뜻으로, 남의 힘에 의지해 위세를 부린다는 말.
⊕ 가호위호(假虎爲狐), 차호위호(借虎威狐)

| 狐 여우 호 | 狐狐狐狐狐狐狐狐 | 영 fox 중 hú 일 コ(きつね) |

| 假 (仮) 빌릴 가 | 假假假假假假假假假假 | 영 borrow 중 假 jiǎ 일 仮 カ・ケ(かり) |

| 虎 범 호 | 虎虎虎虎虎虎虎虎 | 영 tiger 중 虎 hǔ 일 コ(とら) |

| 威 위엄 위 | 威威威威威威威威威 | 영 dignity 중 威 wēi 일 イ(たけし) |

糊口之策 호구지책

입에 풀칠하는 꾀라는 뜻으로, 겨우 생계를 유지할 수 있을 정도의 일을 말함.

⊕ 구식지계(口食之計), 호구지계(糊口之計)

| 糊 풀칠할 호 | 糊糊糊糊糊糊糊糊糊糊糊糊 | 영 paste 중 hú, hū, hù 일 コ(のり) |

糊 糊 糊 糊 糊

| 口 입구 | 口口口 | 영 mouth 중 口 kǒu 일 コウ(くち) |

口 口 口 口 口

| 之 갈지 | 之之之之 | 영 go 중 之 zhī 일 シ(ゆく·これ) |

之 之 之 之 之

| 策 책략 책 | 策策策策策策策策策策 | 영 plan 중 策 cè 일 サク(はかりごと) |

策 策 策 策 策

畵龍點睛 화룡(용)점정

용을 그리고 나서 마지막으로 눈동자를 그려 완성한다는 뜻으로, 가장 중요한 부분을 마무리함으로써 일을 완성시키고 일자체가 돋보이는 것을 비유한 말.

| 畵 그림 화 | 畵畵畵畵畵畵畵畵畵畵畵畵 | 영 picture 중 畵 huà 일 画 ガ·カク(えがく) |

畵 畵 畵 畵 畵

| 龍 용 룡(용) | 龍龍龍龍龍龍龍龍龍龍龍龍 | 영 dragon 중 龙 lóng 일 竜 リュウ |

龍 龍 龍 龍 龍

| 點 (点) 점 점 | 點點點點點點點點點點點 | 영 dot 중 點 diǎn 일 点 テン(てん) |

點 點 點 點 點

| 睛 눈동자 정 | 睛睛睛睛睛睛睛睛睛睛 | 영 pupil 중 睛 jīng 일 セイ(ひとみ) |

睛 睛 睛 睛 睛

畵中之餠 화중지병

그림의 떡이라는 뜻으로, 볼 수만 있을 뿐 실제 얻거나 쓸 수는 없다는 말.
(유) 귀화병(歸畫餠)

畵 그림 화	畵 picture 畵 huà 画 ガ・カク(えがく)
中 가운데 중	中 middle 中 zhōng チュウ(なか)
之 갈 지	之 go 之 zhī シ(ゆく・これ)
餠 떡 병	餠 flour cake 餠 bǐng ヘイ(もち)

膾炙人口 회자인구

사람의 입에 오르내린다는 뜻으로, 널리 칭찬을 받아 사람들의 입에 오르내린다는 말.
(준) 회자(膾炙)

膾 회칠 회	膾 slice raw fish 膾 huì カイ(なます)
炙 고기구울 자	炙 roast 炙 zhì ジャ(あぶる)
人 사람 인	人 person 人 rén ジン・ニン(ひと)
口 입 구	口 mouth 口 kǒu コウ(くち)

橫說竪說 횡설수설

1급

이리저리 멋대로 말한다는 뜻으로, 조리가 없는 말을 되는 대로 지껄임을 가리키는 말.

㈜ 횡수설거(橫竪說去), 중언부언(重言復言)

橫 가로 횡	橫橫橫橫橫橫橫橫橫橫橫橫	영 width 중 横 héng 일 オウ(よこ)
	橫 橫 橫 橫 橫	

說 말씀 설	說說說說說說說說說說說說說	영 speak 중 说 shuō 일 セツ(とく)
	說 說 說 說 說	

竪 세울 수	竪竪竪竪竪竪竪竪竪竪竪竪	영 vertical 중 竖 shù 일 ジュ(たてる)
	竪 竪 竪 竪 竪	

說 말씀 설	說說說說說說說說說說說	영 speak 중 说 shuō 일 セツ(とく)
	說 說 說 說 說	

3단계 고사성어 故事成語 쓰기교본

부록

- 부수(部首) 일람표
- 두음법칙(頭音法則) 한자
- 동자이음(同字異音) 한자
- 약자(略字)·속자(俗字)
- 찾아보기(색인)

부수(部首) 일람표

一 [한 일]	가로의 한 획으로 수(數)의 '하나'의 뜻을 나타냄 (지사자)
丨 [뚫을 곤]	세로의 한 획으로, 상하(上下)로 통하는 뜻을 지님 (지사자)
丶 [점 주(점)]	불타고 있어 움직이지 않는 불꽃을 본뜬 모양 (지사자)
丿 [삐칠 별(삐침)]	오른쪽에서 왼쪽으로 삐쳐 나간 모습을 그린 글자 (상형자)
乙(乚) [새 을]	갈지자형을 본떠, 사물이 원활히 나아가지 않는 상태를 나타냄 (상형자)
亅 [갈고리 궐]	거꾸로 휘어진 갈고리 모양을 본뜬 글자 (상형자)
二 [두 이]	두 개의 가로획으로 수사(數詞)의 '둘'의 뜻을 나타냄 (상형자)
亠 [머리 두(돼지해머리)]	亥에서 亠을 따 왔기 때문에 돼지해밑이라고 함 (상형자)
人(亻) [사람 인(인변)]	사람, 백성 등이 팔을 뻗쳐 서있는 것을 옆에서 본 모양 (상형자)
儿 [어진사람 인]	사람 두 다리를 뻗치고 서있는 모습 (상형자)
入 [들 입]	하나의 줄기가 갈라져 땅속으로 들어가는 모양 (상형자)
八 [여덟 팔]	사물이 둘로 나뉘어 등지고 있는 모습 (지사자)
冂 [멀 경(멀경몸)]	세로의 두 줄에 가로 줄을 그어, 멀리 떨어진 막다른 곳을 뜻함 (상형자)
冖 [덮을 멱(민갓머리)]	집 또는 지붕을 본떠 그린 글자 (상형자)
冫 [얼음 빙(이수변)]	얼음이 언 모양을 그린 글자 (상형자)
几 [안석 궤(책상궤)]	발이 붙어 있는 대의 모양 (상형자)
凵 [입벌릴 감(위터진입구)]	땅이 움푹 들어간 모양 (상형자)
刀(刂) [칼 도]	날이 구부정하게 굽은 칼 모양 (상형자)
力 [힘 력]	팔이 힘을 주었을 때 근육이 불거진 모습 (상형자)
勹 [쌀 포]	사람이 몸을 구부리고 보따리를 싸서 안고 있는 모양 (상형자)
匕 [비수 비]	끝이 뾰쪽한 숟가락 모양 (상형자)
匚 [상자 방(터진입구)]	네모난 상자의 모양을 본뜸 (상형자)
匸 [감출 혜(터진에운담)]	물건을 넣고 뚜껑을 덮어 가린다는 뜻 (회의자)
十 [열 십]	동서남북이 모두 추어진 모양
卜 [점 복]	점을 치기 위하여 소뼈나 거북의 등딱지를 태워서 갈라진 모양

㔾(卩) [병부 절]	사람이 무릎을 꿇은 모양을 본떠, '무릎 관절'의 뜻을 나타냄 (상형자)
厂 [굴바위 엄(민엄호)]	언덕의 위부분이 튀어나와 그 밑에서 사람이 살 수 있는 곳 (상형자)
厶 [사사로울 사(마늘모)]	자신의 소유품을 묶어 싸놓고 있음을 본뜸 (지사자)
又 [또 우]	오른손의 옆모습을 본뜬 글자 (상형자)
口 [입 구]	사람의 입모양을 나타냄 (상형자)
囗 [에울 위(큰입구)]	둘레를 에워싼 선에서, '에워싸다', '두루다'의 뜻을 나타냄 (지사자)
土 [흙 토]	초목의 새싹이 땅 위로 솟아오르며 자라는 모양을 본뜬 글자 (상형자)
士 [선비 사]	一에서 十까지의 기수(基數)로 선비가 학업에 입문하는 것 (상형자)
夂 [뒤져올 치]	아래를 향한 발의 상형으로, '내려가다'의 뜻을 나타냄 (상형자)
夊 [천천히걸을 쇠]	아래를 향한 발자국의 모양으로, 가파른 언덕을 머뭇거리며 내려가다는 뜻을 나타냄 (상형자)
夕 [저녁 석]	달이 반쯤 보이기 시작할 때 즉 황혼 무렵의 저녁을 말함 (상형자)
大 [큰 대]	정면에서 바라 본 사람의 머리, 팔, 머리를 본뜸 (상형자)
女 [계집 녀]	여자가 무릎을 굽히고 얌전히 앉아 있는 모습 (상형자)
子 [아들 자]	사람의 머리와 수족을 본뜸 (상형자)
宀 [집 면(갓머리)]	지붕이 사방으로 둘러싸인 집 (상형자)
寸 [마디 촌]	손가락 하나 굵기의 폭 (지사자)
小 [작을 소]	작은 점의 상형으로 '작다'의 뜻 (상형자)
尢(尣) [절름발이 왕]	한쪽 정강이뼈가 굽은 모양을 본뜸 (상형자)
尸 [주검 시]	사람이 배를 깔고 드러누운 모양 (상형자)
屮(艸) [싹날 철]	풀의 싹이 튼 모양을 본뜸 (상형자)
山 [메 산]	산모양을 본떠, '산'의 뜻을 나타냄 (상형자)
巛(川) [개미허리(내 천)]	물이 굽이쳐 흐르는 모양 (상형자)
工 [장인 공]	천지 사이에 대목이 먹줄로 줄을 튕기고 있는 모습 (상형자)
己 [몸 기]	사람이 자기 몸을 굽히고 있는 모양을 본뜬 글자 (상형자)
巾 [수건 건]	허리띠에 천을 드리우고 있는 모양 (상형자)
干 [방패 간]	끝이 쌍갈래진 무기의 상형으로, '범하다', '막다'의 뜻을 나타냄 (상형자)
幺 [작을 요]	갓 태어난 아이를 본뜸 (상형자)

广 [집 엄(엄호)]	가옥의 덮개에 상당하는 지붕의 모습을 본뜸 (상형자)
廴 [길게 걸을 인(민책받침)]	길게 뻗은 길을 간다는 뜻 (지사자)
廾 [손맞잡을 공(밑스물입)]	두 손으로 받들 공 왼손과 오른손을 모아 떠받들고 있는 모습 (회의자)
弋 [주살 익]	작은 가지에 지주(支柱)를 바친 모양 (상형자)
弓 [활 궁]	화살을 먹이지 않은 활의 모양을 본뜸 (상형자)
彑(彐) [돼지머리 계(터진가로왈)]	돼지머리의 모양을 본뜬 모양 (상형자)
彡 [터럭 삼(삐친석삼)]	터럭을 빗질하여 놓은 모양 (상형자)
彳 [조금걸을 척(중인변)]	넓적다리, 정강이, 발의 세 부분을 그려서 처음 걷기 시작함을 나타냄 (상형자)
心(忄·㣺) [마음 심(심방 변)]	사람의 심장의 모양을 본뜬 모양 (상형자)
戈 [창 과]	주살 익(弋)에 一을 덧붙인 날이 옆에 있는 주살 (상형자)
戶 [지게 호]	지게문의 상형으로, '문', '가옥'의 뜻을 지님 (상형자)
手(扌) [손 수(재방변)]	다섯 손가락을 펼치고 있는 손의 모양 (상형자)
支 [지탱할 지]	대나무의 한 쪽 가지를 나누어 손으로 쥐고 있는 모양 (상형자)
攴(攵) [칠 복(등글월문)]	손으로 북소리가 나게 두드린다는 뜻 (상형자)
文 [글월 문]	사람의 가슴을 열어, 거기에 먹으로 표시한 모양 (상형자)
斗 [말 두]	자루가 달린 용량을 계측하는 말을 본뜸 (상형자)
斤 [도끼 근(날근)]	날이 선, 자루가 달린 도끼로 그 밑에 놓인 물건을 자르려는 모양 (상형자)
方 [모 방]	두 척의 조각배를 나란히 하여 놓고 그 이름을 붙여 놓은 모양 (상형자)
无(旡) [없을 무(이미기방)]	사람의 머리 위에 一의 부호를 더하여 머리를 보이지 않게 한 것 (지사자)
日 [날 일]	태양의 모양을 본뜸 (상형자)
曰 [가로 왈]	입과 날숨을 본뜸 (상형자)
月 [달 월]	달의 모양을 본뜸 (상형자)
木 [나무 목]	나무의 줄기와 가지와 뿌리가 있는 서 있는 나무를 본뜸 (상형자)
欠 [하품 흠]	사람의 립에서 입김이 나오는 모양 (상형자)
止 [그칠 지]	초목에서 싹이 돋아날 무렵의 뿌리 부분의 모양 (상형자)
歹(歺) [뼈앙상할 알(죽을 사변)]	살이 깎여 없어진 사람의 백골 시체의 모양 (상형자)
殳 [칠 수(갖은등글월문)]	오른손에 들고 있는 긴 막대기의 무기 모양 (상형자)
毋 [말 무]	毋말무 여자를 함부로 범하지 못하도록 막아 지킨다는 뜻 (상형자)

比 [견줄 비]	人을 반대 방향으로 나란히 세워 놓은 모양 (상형자)
毛 [터럭 모]	사람이나 짐승의 머리털을 본뜸 (상형자)
氏 [각시 씨]	산기슭에 튀어나와 있는 허물어져가는 언덕의 모양 (상형자)
气 [기운 기]	구름이 피어오르는 모양. 또는 김이 곡선을 그으면서 솟아오르는 모양 (상형자)
水(氵) [물 수(삼수변)]	물이 끊임없이 흐르는 모양 (상형자)
火(灬) [불 화]	불이 활활 타오르는 모양 (상형자)
爪(爫) [손톱 조]	손으로 아래쪽의 물건을 집으려는 모양 (상형자)
父 [아비 부]	손으로 채찍을 들고 가족을 거느리며 가르친다는 뜻 (상형자)
爻 [점괘 효]	육효(六爻)의 머리가 엇갈린 모양을 본뜸 (상형자)
爿 [조각널 장(장수장변)]	나무의 한 가운데를 세로로 자른 그 왼쪽 반의 모양 (상형자)
片 [조각 편]	나무의 한 가운데를 세로로 자른 그 오른 쪽 반의 모양 (상형·지사자)
牙 [어금니 아]	입을 다물었을 때 아래 위의 어금니가 맞닿은 모양 (상형자)
牛(牜) [소 우]	머리와 두 뿔이 솟고, 꼬리를 늘어뜨리고 있는 소의 모양 (상형자)
犬(犭) [개 견]	개가 옆으로 보고 있는 모양 (상형자)
老(耂) [늙을 로]	늙어서 머리털이 변한 모양 (상형자)
玉(王) [구슬 옥]	가로 획은 세 개의 옥돌, 세로 획은 옥 줄을 꿴 끈을 뜻함 (상형자)
艸(艹) [풀 초(초두)]	초목이 처음 돋아나오는 모양 (상형자)
辵(辶) [쉬엄쉬엄갈 착 (책받침)]	가다가는 쉬고 쉬다가는 간다는 뜻 (회의자)
玄 [검을 현]	'亠'과 '幺'이 합하여 그윽하고 멀다는 의미를 지님 (상형자)
瓜 [오이 과]	'八'는 오이의 덩굴을 , '厶'는 오이의 열매를 본뜸 (상형자)
瓦 [기와 와]	진흙으로 구운 질그릇의 모양 (상형자)
甘 [달 감]	'口'와 '一'을 합한 것으로 입 안에 맛있는 것이 들어있음을 뜻함 (지사자)
生 [날 생]	초목이 나고 차츰 자라서 땅 위에 나온 모양 (상형자)
田 [밭 전]	'口'은 사방의 경계선을 '十'은 동서남북으로 통하는 길을 본뜸 (상형자)
疋 [필 필]	무릎 아래의 다리 모양 (상형자)
疒 [병들 녁(병질엄)]	사람이 병들어 침대에 기댄 모양 (회의자)
癶 [걸을 발(필발머리)]	두 다리를 뻗친 모양 (상형자)
白 [흰 백]	저녁의 어스레한 물색을 희다고 본데서 '희다'의 뜻을 나타냄 (상형자)

皮 [가죽 피]	손으로 가죽을 벗기는 모습 (상형자)
皿 [그릇 명]	그릇의 모양 (상형자)
目(罒) [눈 목]	사람의 눈의 모양 (상형자)
矛 [창 모]	병거(兵車)에 세우는 장식이 달리고 자루가 긴 창의 모양 (상형자)
矢 [화살 시]	화살의 모양 (상형자)
石 [돌 석]	언덕 아래 굴러있는 돌멩이 모양 (상형자)
示(礻) [보일 시]	인간에게 길흉을 보여 알림을 뜻함 (상형자)
禸 [짐승발자국 유]	짐승의 뒷발이 땅을 밟고 있는 모양 (상형자)
禾 [벼 화]	줄기와 이삭이 드리워진 모양 (상형자)
穴 [구멍 혈]	움을 파서 그 속에서 살 혈거주택을 본 뜬 모양 (상형자)
立 [설 립]	사람이 땅 위에 서 있는 모양 (상형자)
衣(衤) [옷 의]	사람의 윗도리를 가리는 옷이라는 뜻 (상형자)
竹 [대 죽]	대나무의 줄기와 대나무의 잎이 아래로 드리워진 모양 (상형자)
米 [쌀 미]	네 개의 점은 낟알을 뜻하고 十은 낟알이 따로따로 있음을 뜻함 (상형자)
糸 [실 사]	실타래를 본뜬 모양 (상형자)
缶 [장군 부]	장군을 본뜬 모양 (상형자)
网(罓·罒) [그물 망]	그물을 본뜬 모양 (상형자)
羊 [양 양]	양의 뿔과 네 다리를 나타낸 모양 (상형자)
羽 [깃 우]	새의 날개를 본뜬 모양 (상형자)
而 [말이을 이]	코 밑 수염을 본뜬 모양 (상형자)
耒 [쟁기 뢰]	우거진 풀을 나무로 만든 연장으로 갈아 넘긴다는 뜻으로 쟁기를 의미함 (상형자)
耳 [귀 이]	귀를 본뜬 모양 (상형자)
聿 [붓 율]	대쪽에 재빠르게 쓰는 물건 곧 붓을 뜻함 (상형자)
肉(月) [고기 육(육달월변)]	잘라낸 고기 덩어리를 본뜬 모양 (상형자)
臣 [신하 신]	임금 앞에 굴복하고 있는 모양 (상형자)
自 [스스로 자]	코를 본뜬 모양 (상형자)
至 [이를 지]	새가 날아 내려 땅에 닿음을 나타냄 (지사자)
臼 [절구 구(확구)]	확을 본뜬 모양 (상형자)

舌 [혀 설]	口와 干을 합하여 혀를 나타냄 (상형자)
舛(牟) [어그러질 천]	사람과 사람이 서로 등지고 반대 된다는 뜻 (상형·회의자)
舟 [배 주]	배의 모양을 본뜬 모양 (상형자)
艮 [그칠 간]	눈이 나란하여 서로 물러섬이 없다는 뜻 (회의자)
色 [빛 색]	사람의 심정이 얼굴빛에 나타난 모양 (회의자)
虍 [범의문채 호(범호)]	호피의 무늬를 본뜬 모양 (상형자)
虫 [벌레 충(훼)]	살무사가 몸을 도사리고 있는 모양 (상형자)
血 [피 혈]	제기에 담아서 신에게 바치는 희생의 피를 나타냄 (상형자)
行 [다닐 행]	좌우의 발을 차례로 옮겨 걸어감을 의미함 (상형자)
襾 [덮을 아]	그릇의 뚜껑을 본뜬 모양 (지사자)
見 [볼 견]	사람이 눈으로 보는 것을 뜻함 (회의자)
角 [뿔 각]	짐승의 뿔을 본뜬 모양 (상형자)
言 [말씀 언]	불신(不信)이 있을 대는 죄를 받을 것을 맹세한다는 뜻
谷 [골 곡]	샘물이 솟아 산 사이를 지나 바다에 흘러들어 가기까지의 사이를 뜻함 (회의자)
豆 [콩 두]	굽이 높은 제기를 본뜬 모양 (상형자)
豕 [돼지 시]	돼지가 꼬리를 흔드는 모양 (상형자)
豸 [발없는벌레 치(갖은돼지시변)]	짐승이 먹이를 노려 몸을 낮추어 이제 곧 덮치려 하고 있는 모양 (상형자)
貝 [조개 패]	조개를 본뜬 모양 (상형자)
赤 [붉을 적]	불타 밝은데서 밝게 드러낸다는 뜻 (회의자)
走 [달아날 주]	사람이 다리를 굽혔다 폈다 하면서 달리는 모양 (회의자)
足 [발 족]	무릎부터 다리까지를 본뜬 모양 (상형자)
身 [몸 신]	아이가 뱃속에서 움직이는 모양 (상형자)
車 [수레 거]	외바퀴차를 본뜬 모양 (상형자)
辛 [매울 신]	문신을 하기 위한 바늘을 본뜬 모양 (상형자)
辰 [별 진]	조개가 조가비를 벌리고 살을 내놓은 모양 (상형자)
邑(⻏) [고을 읍(우부방)]	사람이 모여 사는 마을을 뜻함 (회의자)
酉 [닭 유]	술두루미를 본뜬 모양 (상형자)
釆 [분별할 변]	짐승의 발톱이 갈라져 있는 모양 (상형자)

里 [마을 리]	밭도 있고 흙도 있어서 사람이 살만한 곳을 뜻함 (회의자)
金 [쇠 금]	땅 속에 묻혔으면서 빛을 가진 광석에서 가장 귀한 것을 뜻함 (상형·형성자)
長(镸) [길 장]	사람의 긴 머리를 본뜬 모양 (상형자)
門 [문 문]	두 개의 문짝을 달아놓은 모양 (상형자)
阜(阝) [언덕 부(좌부방)]	층이 진 흙산을 본뜬 모양 (상형자)
隶 [미칠 이]	손으로 꼬리를 붙잡기 위해 뒤에서 미친다는 뜻 (회의자)
隹 [새 추]	꽁지가 짧은 새를 본뜬 모양 (상형자)
雨 [비 우]	하늘의 구름에서 물방울이 뚝뚝 떨어지는 모양 (상형자)
靑 [푸를 청]	싹도 우물물도 맑은 푸른빛을 뜻함 (형성자)
非 [아닐 비]	새가 날아 내릴 때 날개를 좌우로 날아 드리운 모양 (상형자)
面 [낯 면]	사람의 머리에 얼굴의 윤곽을 본뜬 모양 (지사자)
革 [가죽 혁]	두 손으로 짐승의 털을 뽑는 모양 (상형자)
韋 [다룸가죽 위]	어떤 장소에서 다른 방향으로 발걸음을 내디디는 모양 (회의자)
韭 [부추 구]	땅 위에 무리지어 나있는 부추의 모양 (상형자)
音 [소리 음]	말이 입 밖에 나올 때 성대를 울려 가락이 있는 소리를 내는 모양 (지사자)
頁 [머리 혈]	사람의 머리를 강조한 모양 (상형자)
風 [바람 풍]	공기가 널리 퍼져 움직임을 따라 동물이 깨어나 움직인다는 뜻 (상형·형성자)
飛 [날 비]	새가 하늘을 날 때 양쪽 날개를 쭉 펴고 있는 모양 (상형자)
食 [밥 식(변)]	식기에 음식을 담고 뚜껑을 덮은 모양 (상형자)
首 [머리 수]	머리털이 나있는 머리를 본뜬 모양 (상형자)
香 [향기 향]	기장을 잘 익혔을 때 나는 냄새를 뜻함 (회의자)
馬 [말 마]	말을 본뜬 모양 (상형자)
骨 [뼈 골]	고기에서 살을 발라내고 남은 뼈를 뜻함 (회의자)
高 [높을 고]	출입문 보다 누대는 엄청 높다는 뜻 (상형자)
髟 [머리털늘어질 표(터럭발)]	긴 머리털을 뜻함 (회의자)
鬥 [싸울 투]	두 사람이 손에 병장기를 들고 서로 대항하는 모양 (상형자)
鬯 [술 창]	곡식의 낟알이 그릇에 담겨 괴어 액체가 된 것을 숟가락으로 뜬다는 뜻 (회의자)
鬲 [솥 력]	솥과 비슷한 다리 굽은 솥의 모양 (상형자)

鬼 [귀신 귀]	사람을 해치는 망령 곧 귀신을 뜻함 (상형자)
魚 [물고기 어]	물고기를 본뜬 모양 (상형자)
鳥 [새 조]	새를 본뜬 모양 (상형자)
鹵 [소금밭 로]	서쪽의 소금밭을 가리킴 (상형자)
鹿 [사슴 록]	사슴의 머리, 뿔, 네 발을 본뜬 모양 (상형자)
麥 [보리 맥]	겨울에 뿌리가 땅속에 깊이 박힌 모양 (회의자)
麻 [삼 마]	삼의 껍질을 가늘게 삼은 것을 뜻함 (회의자)
黃 [누를 황]	밭의 색은 황토색이기 때문에 '노랗다'는 것을 뜻함 (상형자)
黍 [기장 서]	술의 재료로 알맞은 기장을 뜻함 (상형·회의자)
黑 [검을 흑]	불이 활활 타올라 나가는 창인 검은 굴뚝을 뜻함 (상형자)
黹 [바느질할 치]	바늘에 꿴 실로서 수를 놓는 옷감을 그린 모양 (상형자)
黽 [맹꽁이 맹]	맹꽁이를 본뜬 모양 (상형자)
鼎 [솥 정]	발이 세 개, 귀가 두개인 솥의 모양 (상형자)
鼓 [북 고]	장식이 달린 아기를 오른손으로 친다는 뜻 (회의자)
鼠 [쥐 서]	쥐의 이와 배, 발톱과 꼬리의 모양 (상형자)
鼻 [코 비]	공기를 통하는 '코'를 뜻함 (회의·형성자)
齊 [가지런할 제]	곡식의 이삭이 피어 끝이 가지런한 모양 (상형자)
齒 [이 치]	이가 나란히 서 있는 모양
龍 [용 룡]	끝이 뾰족한 뿔과 입을 벌린 기다란 몸뚱이를 가진 용의 모양 (상형자)
龜 [거북 귀(구)]	거북이를 본뜬 모양 (상형자)
龠 [피리 약]	부는 구멍이 있는 관(管)을 나란히 엮은 모양 (상형자)

두음법칙(頭音法則) 한자

한자음에서 첫머리나 음절의 첫소리에서 발음되는 것을 피하기 위해 다른 소리로 바꾸어 발음하는 것으로 즉, 'ㅣ, ㅑ, ㅕ, ㅛ, ㅠ' 앞에서 'ㄹ과 ㄴ'이 'ㅇ'이 되고, 'ㅏ, ㅓ, ㅗ, ㅜ, ㅡ, ㅐ, ㅔ, ㅚ' 앞의 'ㄹ'은 'ㄴ'으로 변하는 것을 말한다.

ㄴ→ㅇ로 발음

尿(뇨)	뇨-糖尿病(당뇨병) 요-尿素肥料(요소비료)	尼(니)	니-比丘尼(비구니) 이-尼僧(이승)	泥(니)	니-雲泥(운니) 이-泥土(이토)
溺(닉)	닉-眈溺(탐닉) 익-溺死(익사)	女(녀)	여-女子(여자) 녀-小女(소녀)	匿(닉)	닉-隱匿(은닉) 익-匿名(익명)
紐(뉴)	뉴-結紐(결뉴) 유-紐帶(유대)	念(념)	념-理念(이념) 염-念佛(염불)	年(년)	년-數十年(수십년) 연-年代(연대)

ㄹ→ㄴ,ㅇ로 발음

洛(락)	락-京洛(경락) 낙-洛東江(낙동강)	蘭(란)	란-香蘭(향란) 난-蘭草(난초)	欄(란)	란-空欄(공란) 난-欄干(난간)
藍(람)	람-甘藍(감람) 남-藍色(남색)	濫(람)	람-氾濫(범람) 남-濫發(남발)	拉(랍)	랍-被拉(피랍) 납-拉致(납치)
浪(랑)	랑-放浪(방랑) 낭-浪說(낭설)	廊(랑)	랑-舍廊(사랑) 낭-廊下(낭하)	涼(량)	량-淸涼里(청량리) 양-涼秋(양추)
諒(량)	량-海諒(해량) 양-諒解(양해)	慮(려)	려-憂慮(우려) 여-慮外(여외)	勵(려)	려-獎勵(장려) 여-勵行(여행)
曆(력)	력-陽曆(양력) 역-曆書(역서)	蓮(련)	련-水蓮(수련) 연-蓮根(연근)	戀(련)	련-悲戀(비련) 연-戀情(연정)
劣(렬)	렬-拙劣(졸렬) 열-劣等(열등)	廉(렴)	렴-淸廉(청렴) 염-廉恥(염치)	嶺(령)	령-大關嶺(대관령) 영-嶺東(영동)

동자이음(同字異音) 한자

한자	뜻	음	예	한자	뜻	음	예
降	내릴 항복할	강 항	降雨(강우) 降伏(항복)	更	다시 고칠	갱 경	更生(갱생) 更張(경장)
車	수레 수레	거 차	車馬(거마) 車票(차표)	乾	하늘, 마를 마를	건 간	乾燥(건조) 乾物(간물)
見	볼 나타날, 뵐	견 현	見聞(견문) 謁見(알현)	串	버릇 땅이름	관 곶	串童(관동) 甲串(갑곶)
告	알릴 뵙고청할	고 곡	告示(고시) 告寧(곡녕)	奈	나락 어찌	나 내	奈落(나락) 奈何(내하)
帑	처자 나라곳집	노 탕	妻帑(처노) 帑庫(탕고)	茶	차 차	다 차	茶菓(다과) 茶禮(차례)
宅	댁 집	댁 택	宅內(댁내) 宅地(택지)	度	법도 헤아릴	도 탁	度數(도수) 忖度(촌탁)
讀	읽을 구절	독 두	讀書(독서) 吏讀(이두)	洞	마을 통할	동 통	洞里(동리) 洞察(통찰)
屯	모일 어려울	둔 준	屯田(둔전) 屯困(준곤)	反	돌이킬 뒤집을	반 번	反亂(반란) 反田(번전)
魄	넋 넋잃을	백 탁/박	魂魄(혼백) 落魄(낙탁)	便	똥오줌 편할	변 편	便所(변소) 便利(편리)
復	회복할 다시	복 부	復歸(복귀) 復活(부활)	父	아비 남자미칭	부 보	父母(부모) 尙父(상보)
否	아닐 막힐	부 비	否決(부결) 否塞(비색)	北	북녘 달아날	북 패	北進(북진) 敗北(패배)
分	나눌 단위	분 푼	分裂(분열) 分錢(푼전)	不	아니 아닐	불 부	不能(불능) 不在(부재)
沸	끓을 물용솟음칠	비 불	沸騰(비등) 沸水(불수)	寺	절 내시, 관청	사 시	寺刹(사찰) 寺人(시인)
殺	죽일 감할	살 쇄	殺生(살생) 殺到(쇄도)	狀	모양 문서	상 장	狀況(상황) 狀啓(장계)

索	찾을 쓸쓸할	색 삭	索引(색인) 索莫(삭막)	塞	막을 변방	색 새	塞源(색원) 要塞(요새)
說	말씀 달랠 기뻐할	설 세 열	說得(설득) 說客(세객) 說喜(열희)	省	살필 덜	성 생	省墓(성묘) 省略(생략)
率	거느릴 비율	솔 률/율	率先(솔선) 率身(율신)	衰	쇠할 상복	쇠 최	衰退(쇠퇴) 衰服(최복)
數	셀 자주 촘촘할	수 삭 촉	數學(수학) 數窮(삭궁) 數罟(촉고)	宿	잘 별	숙 수	宿泊(숙박) 宿曜(수요)
拾	주울 열	습 십	拾得(습득) 拾萬(십만)	瑟	악기이름 악기이름	슬 실	瑟居(슬거) 琴瑟(금실)
食	밥 먹일	식 사	食堂(식당) 簞食(단사)	識	알 기록할	식 지	識見(식견) 標識(표지)
什	열사람 세간	십 집	什長(십장) 什器(집기)	十	열 열	십 시	十干(십간) 十月(시월)
惡	악할 미워할	악 오	惡漢(악한) 惡寒(오한)	樂	풍류 즐길 좋아할	악 낙/락 요	樂聖(악성) 樂園(낙원)
若	만약 반야	약 야	若干(약간) 般若(반야)	於	어조사 탄식할	어 오	於是乎(어시호) 於兎(오토)
厭	싫어할 누를	염 엽	厭世(염세) 厭然(엽연)	葉	잎 성씨	엽 섭	葉書(엽서) 葉氏(섭씨)
六	여섯 여섯	육/륙 유/뉴	六年(육년) 六月(유월)	易	쉬울 바꿀, 주역	이 역	易慢(이만) 易學(역학)
咽	목구멍 목멜	인 열	咽喉(인후) 嗚咽(오열)	刺	찌를 수라 찌를	자 라 척	刺戟(자극) 水刺(수라) 刺殺(척살)
炙	구울 고기구이	자 적	炙背(자배) 炙鐵(적철)	著	지을 붙을	저 착	著述(저술) 著近(착근)
抵	막을 칠	저 지	抵抗(저항) 抵掌(지장)	切	끊을 모두	절 체	切迫(절박) 一切(일체)

提	끌 보리수 떼지어날	제 리 시	提携(제휴) 菩提樹(보리수) 提提(시시)	辰	지지 일월성	진 신	辰時(진시) 生辰(생신)
斟	술따를 짐작할	짐 침	斟酌(짐작) 斟量(침량)	徵	부를 음률이름	징 치	徵兵(징병)
差	어긋날 층질	차 치	差別(차별) 參差(참치)	帖	문서 체지	첩 체	帖着(첩착) 帖文(체문)
諦	살필 울	체 제	諦念(체념) 眞諦(진제)	丑	소 추	축	丑時(축시) 公孫丑(공손추)
則	법 곧	칙 즉	則效(칙효) 然則(연즉)	沈	가라앉을 성씨	침 심	沈沒(침몰) 沈氏(심씨)
拓	박을 넓힐	탁 척	拓本(탁본) 拓殖(척식)	罷	그만둘 고달플	파 피	罷業(파업) 罷勞(피로)
編	엮을 땋을	편 변	編輯(편집) 編髮(변발)	布	베 베풀	포 보	布木(포목) 布施(보시)
暴	사나울 사나울	폭 포	暴動(폭동) 暴惡(포악)	曝	볕쬘 볕쬘	폭 포	曝衣(폭의) 曝白(포백)
皮	가죽 가죽	피 비	皮革(피혁) 鹿皮(녹비)	行	다닐 항렬·줄	행 항	行樂(행락) 行列(항렬)
陜	좁을 땅이름	협 합	陜隘(협애) 陜川(합천)	滑	미끄러울 어지러울	활 골	滑降(활강) 滑稽(골계)

약자(略字)·속자(俗字)

假=仮 (거짓 가)	靈=灵 (신령 령)	嚴=岩 (바위 암)	眞=真 (참 진)
價=価 (값 가)	禮=礼 (예도 례)	壓=圧 (누를 압)	盡=尽 (다할 진)
覺=覚 (깨달을 각)	勞=労 (수고로울 로)	藥=薬 (약 약)	晉=晋 (나라 진)
擧=挙 (들 거)	爐=炉 (화로 로)	讓=譲 (사양할 양)	贊=賛 (찬성할 찬)
據=拠 (의지할 거)	綠=緑 (푸를 록)	嚴=厳 (엄할 엄)	讚=讃 (칭찬할 찬)
輕=軽 (가벼울 경)	賴=頼 (의지할 뢰)	餘=余 (남을 여)	參=参 (참여할 참)
經=経 (경서 경)	龍=竜 (용 룡)	與=与 (줄 여)	册=冊 (책 책)
徑=径 (지름길 경)	樓=楼 (다락 루)	驛=駅 (정거장 역)	處=処 (곳 처)
鷄=鶏 (닭 계)	稟=禀 (삼갈·사뢸 품)	譯=訳 (통역할 역)	淺=浅 (얕을 천)
繼=継 (이을 계)	萬=万 (일만 만)	鹽=塩 (소금 염)	鐵=鉄 (쇠 철)
館=舘 (집 관)	滿=満 (찰 만)	榮=栄 (영화 영)	廳=庁 (관청 청)
關=関 (빗장 관)	蠻=蛮 (오랑캐 만)	豫=予 (미리 예)	體=体 (몸 체)
廣=広 (넓을 광)	賣=売 (팔 매)	藝=芸 (재주 예)	觸=触 (닿을 촉)
敎=教 (가르칠 교)	麥=麦 (보리 맥)	溫=温 (따뜻할 온)	總=総 (다 총)
區=区 (구역 구)	半=半 (반 반)	圓=円 (둥글 원)	蟲=虫 (벌레 충)
舊=旧 (예 구)	發=発 (필 발)	圍=囲 (둘레 위)	齒=歯 (이 치)
驅=駆 (몰 구)	拜=拝 (절 배)	爲=為 (하 위)	恥=耻 (부끄러울 치)
國=国 (나라 국)	變=変 (변할 변)	陰=陰 (그늘 음)	稱=称 (일컬을 칭)
權=権 (권세 권)	辯=弁 (말잘할 변)	應=応 (응할 응)	彈=弾 (탄할 탄)
勸=勧 (권할 권)	邊=辺 (가 변)	醫=医 (의원 의)	澤=沢 (못 택)
龜=亀 (거북 귀)	竝=並 (아우를 병)	貳=弐 (두 이)	擇=択 (가릴 택)
氣=気 (기운 기)	寶=宝 (보배 보)	壹=壱 (하나 일)	廢=廃 (폐할 폐)
旣=既 (이미 기)	拂=払 (떨칠 불)	姊=姉 (누이 자)	豊=豊 (풍성할 풍)
內=内 (안 내)	佛=仏 (부처 불)	殘=残 (남을 잔)	學=学 (배울 학)
單=単 (홑 단)	冰=氷 (어름 빙)	潛=潜 (잠길 잠)	解=觧 (풀 해)
團=団 (둥글 단)	絲=糸 (실 사)	雜=雑 (섞일 잡)	鄕=郷 (고을 향)
斷=断 (끊을 단)	寫=写 (베낄 사)	壯=壮 (씩씩할 장)	虛=虚 (빌 허)
擔=担 (멜 담)	辭=辞 (말씀 사)	莊=庄 (별장 장)	獻=献 (드릴 헌)
當=当 (당할 당)	雙=双 (짝 쌍)	爭=争 (다툴 쟁)	驗=験 (증험할 험)
黨=党 (무리 당)	敍=叙 (펼 서)	戰=戦 (싸움 전)	顯=顕 (나타날 현)
對=対 (대할 대)	潟=潟 (개펄 석)	錢=銭 (돈 전)	螢=蛍 (반딧불 형)
德=徳 (큰 덕)	釋=釈 (풀 석)	傳=伝 (전할 전)	號=号 (부르짖을 호)
圖=図 (그림 도)	聲=声 (소리 성)	轉=転 (구를 전)	畫=画 (그림 화)
讀=読 (읽을 독)	續=続 (이을 속)	點=点 (점 점)	擴=拡 (늘릴 확)
獨=独 (홀로 독)	屬=属 (붙을 속)	靜=静 (고요 정)	歡=歓 (기쁠 환)
樂=楽 (즐길 락)	收=収 (거둘 수)	淨=浄 (깨끗할 정)	黃=黄 (누를 황)
亂=乱 (어지러울 란)	數=数 (수 수)	濟=済 (건널 제)	會=会 (모을 회)
覽=覧 (볼 람)	輸=輸 (보낼 수)	齊=斉 (다스릴 제)	回=囬 (돌아올 회)
來=来 (올 래)	肅=粛 (삼갈 숙)	條=条 (가지 조)	效=効 (본받을 효)
兩=両 (두 량)	濕=湿 (젖을 습)	弔=吊 (조상할 조)	黑=黒 (검을 흑)
凉=涼 (서늘할 량)	乘=乗 (탈 승)	從=従 (좇을 종)	戲=戯 (희롱할 희)
勵=励 (힘쓸 려)	實=実 (열매 실)	晝=昼 (낮 주)	
歷=歴 (지날 력)	兒=児 (아이 아)	卽=即 (곧 즉)	
練=練 (익힐 련)	亞=亜 (버금 아)	增=増 (더할 증)	
戀=恋 (사모할 련)	惡=悪 (악할 악)	證=証 (증거 증)	

Index
찾아보기

ㄱ

성어	쪽
家家戶戶(가가호호)	92
街談巷說(가담항설)	18
苛斂誅求(가렴주구)	19
佳人薄命(가인박명)	19
刻骨難忘(각골난망)	156
刻骨銘心(각골명심)	123
刻骨痛恨(각골통한)	54
各樣各色(각양각색)	156
刻舟求劍(각주구검)	124
肝膽相照(간담상조)	194
感慨無量(감개무량)	194
甘言利說(감언이설)	55
感之德之(감지덕지)	55
甘呑苦吐(감탄고토)	234
甲男乙女(갑남을녀)	56
甲論乙駁(갑론을박)	234
改過遷善(개과천선)	195
去頭截尾(거두절미)	235
乾坤一色(건곤일색)	157
乾坤一擲(건곤일척)	235
隔世之感(격세지감)	157
隔靴搔痒(격화소양)	236
牽強附會(견강부회)	195
犬馬之勞(견마지로)	56
見蚊拔劍(견문발검)	236
見物生心(견물생심)	15
結者解之(결자해지)	57
結草報恩(결초보은)	34
輕擧妄動(경거망동)	124
傾國之色(경국지색)	158
經世濟民(경세제민)	158
驚天緯地(경천위지)	196
鷄卵有骨(계란유골)	57
鷄鳴狗盜(계명구도)	196
季布一諾(계포일낙)	125
高官大爵(고관대작)	197
孤軍奮鬪(고군분투)	159
膏粱珍味(고량진미)	237
孤立無援(고립무원)	159
枯木生花(고목생화)	197
古色蒼然(고색창연)	125
姑息之計(고식지계)	160
高溫多濕(고온다습)	198
苦肉之策(고육지책)	126
孤掌難鳴(고장난명)	160
苦盡甘來(고진감래)	58
曲學阿世(곡학아세)	126
骨肉相殘(골육상잔)	161
骨肉相爭(골육상쟁)	58
公卿大夫(공경대부)	198
空中樓閣(공중누각)	127
公平無私(공평무사)	59
過猶不及(과유불급)	59
管鮑之交(관포지교)	199
刮目相對(괄목상대)	237
怪力亂神(괴력난신)	161
矯角殺牛(교각살우)	199
敎外別傳(교외별전)	20
交友以信(교우이신)	35
舊官名官(구관명관)	92
句句節節(구구절절)	35
狗尾續貂(구미속초)	238
口蜜腹劍(구밀복검)	127
九死一生(구사일생)	93
口尙乳臭(구상유취)	200
九十春光(구십춘광)	36
九牛一毛(구우일모)	93
九重深處(구중심처)	94
群鷄一鶴(군계일학)	128
君臣有義(군신유의)	60
群雄割據(군웅할거)	162
君爲臣綱(군위신강)	128
君子三樂(군자삼락)	60
窮餘之策(궁여지책)	129
權謀術數(권모술수)	129
勸善懲惡(권선징악)	200
捲土重來(권토중래)	238
克己復禮(극기복례)	130
近墨者黑(근묵자흑)	61
謹賀新年(근하신년)	201
金科玉條(금과옥조)	164
金蘭之契(금란지계)	164
金蘭之交(금란지교)	132
錦上添花(금상첨화)	130
金石之交(금석지교)	61
錦衣夜行(금의야행)	162
錦衣還鄕(금의환향)	131
金枝玉葉(금지옥엽)	62
氣高萬丈(기고만장)	131
起死回生(기사회생)	94
奇想天外(기상천외)	163
氣盡脈盡(기진맥진)	163

ㄴ

落落長松(낙락장송)	39
落花流水(낙화유수)	36
難攻不落(난공불락)	165
難兄難弟(난형난제)	95
南柯之夢(남가지몽)	201
南男北女(남남북녀)	14
男負女戴(남부여대)	95
囊中之錐(낭중지추)	239
內憂外患(내우외환)	62
內政干涉(내정간섭)	202
老馬之智(노(로)마지지)	165
勞心焦思(노심초사)	202
論功行賞(논공행상)	37
累卵之危(누란지위)	203
能小能大(능소능대)	203
陵遲處斬(능지처참)	203

ㄷ

多岐亡羊(다기망양)	204
多多益善(다다익선)	37
多事多難(다사다난)	96
單刀直入(단도직입)	63
大器晩成(대기만성)	240
代代孫孫(대대손손)	20
大同團結(대동단결)	166
大同小異(대동소이)	64
大明天地(대명천지)	21
大書特筆(대서특필)	38
大悟覺醒(대오각성)	240
大義名分(대의명분)	96
桃園結義(도원결의)	241
獨不將軍(독불장군)	38
讀書三昧(독서삼매)	241
獨守空房(독수공방)	97
東問西答(동문서답)	21
同病相憐(동병상련)	204
凍氷寒雪(동빙한설)	205
同床異夢(동상이몽)	132
杜門不出(두문불출)	166
斗酒不辭(두주불사)	242
得所失多(득소실다)	205
得魚忘筌(득어망전)	133
登高自卑(등고자비)	133
燈下不明(등하불명)	97
燈火可親(등화가친)	98

ㅁ

馬耳東風(마이동풍)	99
莫無可奈(막무가내)	206
莫上莫下(막상막하)	65
莫逆之間(막역지간)	99
萬頃蒼波(만경창파)	134
萬事亨通(만사형통)	206
晩時之歎(만시지탄)	168
滿身瘡痍(만신창이)	242
望洋之嘆(망양지탄)	168
茫然自失(망연자실)	207
望雲之情(망운지정)	65
梅蘭菊竹(매란국죽)	169
買占賣惜(매점매석)	169
麥秀之嘆(맥수지탄)	170
孟母三遷(맹모삼천)	207
面從腹背(면종복배)	135
明明白白(명명백백)	22
名山大川(명산대천)	16
名實相符(명실상부)	135
某月某日(모월모일)	208
目不識丁(목불식정)	66
目不忍見(목불인견)	66
無念無想(무념무상)	100
武陵桃源(무릉도원)	208
無不通知(무불통지)	22
無所不爲(무소불위)	100
無爲徒食(무위도식)	67
無賃乘車(무임승차)	209
默默不答(묵묵부답)	136
刎頸之交(문경지교)	243
文房四友(문방사우)	40
門前成市(문전성시)	40
尾生之信(미생지신)	67

ㅂ

拍掌大笑(박장대소)	170
博學多識(박학다식)	171
反目嫉視(반목질시)	243
半信半疑(반신반의)	171
反哺之孝(반포지효)	244
拔本塞源(발본색원)	209
坊坊曲曲(방방곡곡)	244
傍若無人(방약무인)	210
背恩忘德(배은망덕)	172
白骨難忘(백골난망)	68
百年佳約(백년가약)	68
百年大計(백년대계)	41
百年河淸(백년하청)	41
百年偕老(백년해로)	245
白面書生(백면서생)	23
百發百中(백발백중)	23
白衣從軍(백의종군)	101
百戰老將(백전노장)	42
百折不屈(백절불굴)	172
伯仲之勢(백중지세)	210
百尺竿頭(백척간두)	245
百八煩惱(백팔번뇌)	211
百害無益(백해무익)	42
變化無雙(변화무쌍)	136
兵家常事(병가상사)	101
本末轉倒(본말전도)	137
本然之性(본연지성)	69
夫婦有別(부부유별)	43
夫爲婦綱(부위부강)	137
父爲子綱(부위자강)	138
父子有親(부자유친)	24
父傳子傳(부전자전)	25
夫唱婦隨(부창부수)	138
附和雷同(부화뇌동)	211
粉骨碎身(분골쇄신)	246
焚書坑儒(분서갱유)	212
不可思議(불가사의)	102
不可抗力(불가항력)	173
不俱戴天(불구대천)	212
不立文字(불립문자)	24
不問可知(불문가지)	44
不問曲直(불문곡직)	43
不撓不屈(불요불굴)	213
不撤晝夜(불철주야)	213
朋友有信(붕우유신)	69
非夢似夢(비몽사몽)	214
悲憤慷慨(비분강개)	246
脾肉之嘆(비육지탄)	247
非一非再(비일비재)	102

氷山一角(빙산일각)	44	手不釋卷(수불석권)	142	梁上君子(양상군자)	219
ㅅ		袖手傍觀(수수방관)	247	魚頭肉尾(어두육미)	76
四顧無親(사고무친)	214	守株待兎(수주대토)	217	漁夫之利(어부지리)	106
事君以忠(사군이충)	70	脣亡齒寒(순망치한)	142	語不成說(어불성설)	48
四面楚歌(사면초가)	215	乘勝長驅(승승장구)	217	言中有骨(언중유골)	76
四分五裂(사분오열)	139	是是非非(시시비비)	103	與民同樂(여민동락)	106
砂上樓閣(사상누각)	173	始終如一(시종여일)	46	女必從夫(여필종부)	107
師弟同行(사제동행)	103	始終一貫(시종일관)	143	易地思之(역지사지)	77
事親以孝(사친이효)	25	施行錯誤(시행착오)	218	緣木求魚(연목구어)	77
四通八達(사통팔달)	26	識字憂患(식자우환)	74	炎凉世態(염량세태)	180
事必歸正(사필귀정)	70	信賞必罰(신상필벌)	178	拈華微笑(염화미소)	239
山戰水戰(산전수전)	26	身言書判(신언서판)	46	拈華示衆(염화시중)	63
殺生有擇(살생유택)	174	身土不二(신토불이)	27	榮枯盛衰(영고성쇠)	220
殺身成仁(살신성인)	71	實事求是(실사구시)	104	五里霧中(오리무중)	220
三綱五倫(삼강오륜)	139	深思熟考(심사숙고)	143	吾不關焉(오불관언)	144
三顧草廬(삼고초려)	140	心心相印(심심상인)	47	吾鼻三尺(오비삼척)	78
三三五五(삼삼오오)	14	十年知己(십년지기)	47	烏飛梨落(오비이락)	221
三旬九食(삼순구식)	140	十伐之木(십벌지목)	104	傲霜孤節(오상고절)	221
三十六計(삼십육계)	45	十匙一飯(십시일반)	248	吳越同舟(오월동주)	222
三人成虎(삼인성호)	71	十中八九(십중팔구)	15	屋上架屋(옥상가옥)	222
三日天下(삼일천하)	17			溫故知新(온고지신)	107
三尺童子(삼척동자)	174	**ㅇ**		臥薪嘗膽(와신상담)	250
三遷之敎(삼천지교)	175	阿鼻叫喚(아비규환)	248	外柔內剛(외유내강)	180
相扶相助(상부상조)	175	阿修羅場(아수라장)	178	樂山樂水(요산요수)	28
桑田碧海(상전벽해)	215	我田引水(아전인수)	74	搖之不動(요지부동)	223
塞翁之馬(새옹지마)	216	惡戰苦鬪(악전고투)	179	欲速不達(욕속부달)	78
先見之明(선견지명)	72	安貧樂道(안빈낙도)	105	龍頭蛇尾(용두사미)	167
先公後私(선공후사)	72	眼下無人(안하무인)	105	龍頭蛇尾(용두사미)	223
先憂後樂(선우후락)	176	暗中摸索(암중모색)	249	用意周到(용의주도)	181
雪上加霜(설상가상)	73	哀乞伏乞(애걸복걸)	218	愚問愚答(우문우답)	181
說往說來(설왕설래)	45	曖昧模糊(애매모호)	249	迂餘曲折(우여곡절)	250
世俗五戒(세속오계)	176	哀而不悲(애이불비)	75	右往左往(우왕좌왕)	223
小貪大失(소탐대실)	141	愛之重之(애지중지)	27	優柔不斷(우유부단)	182
束手無策(속수무책)	141	野壇法席(야단법석)	48	牛耳讀經(우이독경)	108
送舊迎新(송구영신)	73	夜半逃走(야반도주)	179	雨後竹筍(우후죽순)	251
首丘初心(수구초심)	216	藥房甘草(약방감초)	75	旭日昇天(욱일승천)	224
首尾一貫(수미일관)	177	良藥苦口(양(량)약고구)	98	遠禍召福(원화소복)	224
壽福康寧(수복강녕)	177	羊頭狗肉(양두구육)	219	月下氷人(월하빙인)	108

危機一髮(위기일발)	182	一字千金(일자천금)	29	切磋琢磨(절차탁마)	256
衛正斥邪(위정척사)	109	一場春夢(일장춘몽)	146	切齒腐心(절치부심)	227
韋編三絶(위편삼절)	225	一朝一夕(일조일석)	30	漸入佳境(점입가경)	148
威風堂堂(위풍당당)	109	一進一退(일진일퇴)	113	頂門一針(정문일침)	83
流水不腐(유(류)수불부)	167	一觸卽發(일촉즉발)	185	正正堂堂(정정당당)	32
有口無言(유구무언)	28	一寸光陰(일촌광음)	113	糟糠之妻(조강지처)	256
有名無實(유명무실)	49	日就月將(일취월장)	51	朝令暮改(조령모개)	83
有備無患(유비무환)	110	一波萬波(일파만파)	114	朝飯夕粥(조반석죽)	257
唯我獨尊(유아독존)	79	一片丹心(일편단심)	81	朝變夕改(조변석개)	115
類類相從(유유상종)	183	一喜一悲(일희일비)	81	朝三暮四(조삼모사)	84
唯一無二(유일무이)	144	臨機應變(임기응변)	134	鳥足之血(조족지혈)	116
隱忍自重(은인자중)	183	臨戰無退(임전무퇴)	146	縱橫無盡(종횡무진)	149
吟風弄月(음풍농월)	145	立身揚名(입(립)신양명)	186	坐不安席(좌불안석)	84
泣斬馬謖(읍참마속)	251	立身揚名(입신양명)	64	左衝右突(좌충우돌)	149
意氣銷沈(의기소침)	252	立錐之地(입추지지)	253	主客顚倒(주객전도)	257
意氣揚揚(의기양양)	79			晝耕夜讀(주경야독)	116
意味深長(의미심장)	110	**ㅈ**		走馬加鞭(주마가편)	258
異口同聲(이구동성)	80	自家撞着(자가당착)	254	走馬看山(주마간산)	117
以心傳心(이심전심)	29	自強不息(자강불식)	186	酒池肉林(주지육림)	188
以熱治熱(이열치열)	111	自問自答(자문자답)	30	竹馬故友(죽마고우)	117
利用厚生(이용후생)	39	自手成家(자수성가)	52	竹杖芒鞋(죽장망혜)	258
二律背反(이율배반)	184	自繩自縛(자승자박)	254	衆寡不敵(중과부적)	150
離合集散(이합집산)	252	自業自得(자업자득)	114	衆口難防(중구난방)	118
利害得失(이해득실)	49	子子孫孫(자자손손)	31	知己之友(지기지우)	85
因果應報(인과응보)	111	自初至終(자초지종)	115	芝蘭之交(지란지교)	259
人面獸心(인면수심)	145	自暴自棄(자포자기)	226	指鹿爲馬(지록위마)	228
人事不省(인사불성)	50	自畵自讚(자화자찬)	187	支離滅裂(지리멸렬)	150
人山人海(인산인해)	50	作心三日(작심삼일)	18	知彼知己(지피지기)	85
人之常情(인지상정)	80	長幼有序(장유유서)	82	珍羞盛饌(진수성찬)	259
一擧兩得(일거양득)	112	賊反荷杖(적반하장)	255	進退兩難(진퇴양난)	118
一網打盡(일망타진)	225	赤手空拳(적수공권)	147	進退維谷(진퇴유곡)	151
一目瞭然(일목요연)	253	電光石火(전광석화)	31		
一罰百戒(일벌백계)	184	前人未踏(전인미답)	187	**ㅊ**	
一絲不亂(일사불란)	185	戰戰兢兢(전전긍긍)	227	此日彼日(차일피일)	86
一石二鳥(일석이조)	112	輾轉反側(전전반측)	255	借廳借閨(차청차규)	151
一魚濁水(일어탁수)	226	轉禍爲福(전화위복)	147	滄海一粟(창해일속)	228
一日三秋(일일삼추)	17	絶代佳人(절대가인)	82	天崩之痛(천붕지통)	152
一字無識(일자무식)	51	絶長補短(절장보단)	148	天生緣分(천생연분)	188

千辛萬苦(천신만고)	86
天衣無縫(천의무봉)	229
天人共怒(천인공노)	52
千載一遇(천재일우)	152
千差萬別(천차만별)	189
千篇一律(천편일률)	119
靑天霹靂(청천벽력)	260
靑出於藍(청출어람)	153
淸風明月(청풍명월)	32
草綠同色(초록동색)	33
初志不變(초지불변)	53
寸鐵殺人(촌철살인)	87
秋風落葉(추풍낙엽)	53
七去之惡(칠거지악)	54
七步之才(칠보지재)	189
七顚八倒(칠전팔도)	260
針小棒大(침소봉대)	261

ㅋ

快刀亂麻(쾌도난마)	153
他山之石(타산지석)	119

ㅌ

卓上空論(탁상공론)	229
貪官汚吏(탐관오리)	230
泰山北斗(태산북두)	87
太平煙月(태평연월)	120
兎死狗烹(토사구팽)	261

ㅍ

破瓜之年(파과지년)	230
波瀾萬丈(파란만장)	262
破顔大笑(파안대소)	190
破竹之勢(파죽지세)	88
八方美人(팔방미인)	33
平地風波(평지풍파)	120
敝袍破笠(폐포파립)	262
飽食煖衣(포식난의)	263

表裏不同(표리부동)	190
風飛雹散(풍비박산)	263
風樹之嘆(풍수지탄)	264
風前燈火(풍전등화)	121
皮骨相接(피골상접)	88
匹夫匹婦(필부필부)	89
必有曲折(필유곡절)	89

ㅎ

鶴首苦待(학수고대)	154
漢江投石(한강투석)	121
邯鄲之夢(한단지몽)	233
含哺鼓腹(함포고복)	264
虛張聲勢(허장성세)	191
孑孑單身(혈혈단신)	265
螢雪之功(형설지공)	231
形形色色(형형색색)	34
狐假虎威(호가호위)	265
糊口之策(호구지책)	266
虎死留皮(호사유피)	191
浩然之氣(호연지기)	154
胡蝶之夢(호접지몽)	155
弘益人間(홍익인간)	231
畵龍點睛(화룡(용)점정)	266
畵蛇添足(화사첨족)	232
花朝月夕(화조월석)	90
畵中之餠(화중지병)	267
換骨奪胎(환골탈태)	232
膾炙人口(회자인구)	267
會者定離(회자정리)	192
橫說竪說(횡설수설)	268
後生可畏(후생가외)	233
厚顔無恥(후안무치)	155
興亡盛衰(흥망성쇠)	192
興盡悲來(흥진비래)	122
喜怒哀樂(희로애락)	122
喜色滿面(희색만면)	123

부수명칭(部首名稱)

1획

一	한 일
丨	뚫을 곤
丶	점 주 (점)
丿	삐칠 별 (삐침)
乙(乚)	새 을
亅	갈고리 궐

2획

二	두 이
亠	머리 두 (돼지해머리)
人(亻)	사람 인 (인변)
儿	어진사람 인
入	들 입
八	여덟 팔
冂	멀 경 (멀경몸)
冖	덮을 멱 (민갓머리)
冫	얼음 빙 (이수변)
几	안석 궤 (책상궤)
凵	입벌릴 감 (위터진입구)
刀(刂)	칼 도
力	힘 력
勹	쌀 포
匕	비수 비
匚	상자 방 (터진입구)
匸	감출 혜 (터진에운담)
十	열 십
卜	점 복
卩(㔾)	병부 절
厂	굴바위 엄 (민엄호)
厶	사사로울 사 (마늘모)
又	또 우

3획

口	입 구
囗	에울 위 (큰입구)
土	흙 토
士	선비 사
夂	뒤져올 치
夊	천천히걸을 쇠
夕	저녁 석
大	큰 대
女	계집 녀
子	아들 자
宀	집 면 (갓머리)
寸	마디 촌
小	작을 소
尢(尣)	절름발이 왕
尸	주검 시
屮(艸)	싹날 철
山	메 산
巛(川)	개미허리 (내 천)
工	장인 공
己	몸 기
巾	수건 건
干	방패 간
幺	작을 요
广	집 엄 (엄호)
廴	길게걸을 인 (민책받침)
廾	손맞잡을 공 (밑스물입)
弋	주살 익
弓	활 궁
彐(ヨ)	돼지머리 계 (터진가로왈)
彡	터럭 삼 (빼친석삼)
彳	조금걸을 척 (중인변)

4획

心(忄,㣺)	마음 심 (심방변)
戈	창 과
戶	지게 호
手(扌)	손 수 (재방변)
支	지탱할 지
攴(攵)	칠 복 (등글월문)
文	글월 문
斗	말 두
斤	도끼 근 (날근)
方	모 방
无(旡)	없을 무 (이미기방)
日	날 일
曰	가로 왈
月	달 월
木	나무 목
欠	하품 흠
止	그칠 지
歹(歺)	뼈앙상할 알 (죽을사변)
殳	칠 수 (갖은등글월문)
毋	말 무
比	견줄 비
毛	터럭 모
氏	각시 씨
气	기운 기
水(氵)	물 수 (삼수변)
火(灬)	불 화
爪(爫)	손톱 조
父	아비 부
爻	점괘 효
爿	조각널 장 (장수장변)
片	조각 편
牙	어금니 아
牛(牜)	소 우
犬(犭)	개 견

5획

玄	검을 현
玉(王)	구슬 옥
瓜	오이 과
瓦	기와 와
甘	달 감
生	날 생
用	쓸 용
田	밭 전
疋	필 필
疒	병들 녁 (병질엄)
癶	걸을 발 (필발머리)
白	흰 백
皮	가죽 피
皿	그릇 명
目(罒)	눈 목
矛	창 모
矢	화살 시
石	돌 석

示(礻)	보일 시	谷	골 곡	\multicolumn{2}{c|}{10 획}
禸	짐승발자국 유	豆	콩 두	馬	말 마
禾	벼 화	豕	돼지 시	骨	뼈 골
穴	구멍 혈	豸	발없는벌레 치(갖은돼지시변)	高	높을 고
立	설 립	貝	조개 패	髟	머리털늘어질 표(터럭발)
\multicolumn{2}{c|}{6 획}	赤	붉을 적	鬥	싸울 투
竹	대 죽	走	달아날 주	鬯	술 창
米	쌀 미	足(𧾷)	발 족	鬲	솥 력
糸	실 사	身	몸 신	鬼	귀신 귀
缶	장군 부	車	수레 거	\multicolumn{2}{c|}{11 획}
网(罓·罒)	그물 망	辛	매울 신	魚	물고기 어
羊	양 양	辰	별 진	鳥	새 조
羽	깃 우	辵(辶)	쉬엄쉬엄갈 착(책받침)	鹵	소금밭 로
老(耂)	늙을 로	邑(阝)	고을 읍(우부방)	鹿	사슴 록
而	말이을 이	酉	닭 유	麥	보리 맥
耒	쟁기 뢰	釆	분별할 변	麻	삼 마
耳	귀 이	里	마을 리	\multicolumn{2}{c|}{12 획}
聿	붓 율	\multicolumn{2}{c|}{8 획}	黃	누를 황
肉(月)	고기 육(육달월변)	金	쇠 금	黍	기장 서
臣	신하 신	長(镸)	길 장	黑	검을 흑
自	스스로 자	門	문 문	黹	바느질할 치
至	이를 지	阜(阝)	언덕 부(좌부방)	\multicolumn{2}{c|}{13 획}
臼	절구 구(확구)	隶	미칠 이	黽	맹꽁이 맹
舌	혀 설	隹	새 추	鼎	솥 정
舛(牟)	어그러질 천	雨	비 우	鼓	북 고
舟	배 주	靑	푸를 청	鼠	쥐 서
艮	그칠 간	非	아닐 비	\multicolumn{2}{c|}{14 획}
色	빛 색	\multicolumn{2}{c|}{9 획}	鼻	코 비
艸(艹)	풀 초(초두)	面	낯 면	齊	가지런할 제
虍	범의문채 호(범호)	革	가죽 혁	\multicolumn{2}{c|}{15 획}
虫	벌레 충(훼)	韋	다룸가죽 위	齒	이 치
血	피 혈	韭	부추 구	\multicolumn{2}{c|}{16 획}
行	다닐 행	音	소리 음	龍	용 룡
衣(衤)	옷 의	頁	머리 혈	龜	거북 귀(구)
襾	덮을 아	風	바람 풍	\multicolumn{2}{c|}{17 획}
\multicolumn{2}{c|}{7 획}	飛	날 비	龠	피리 약변
見	볼 견	食(飠)	밥 식(변)	*는	*忄 심방(변) *扌 재방(변)
角	뿔 각	首	머리 수	부수의	*氵 삼수(변) *犭 개사슴록(변)
言	말씀 언	香	향기 향	변형글자	*阝(邑) 우부(방) *阝(阜) 좌부(변)